ひょうごの遺跡が語る

まつりの古代史

大平　茂

目次

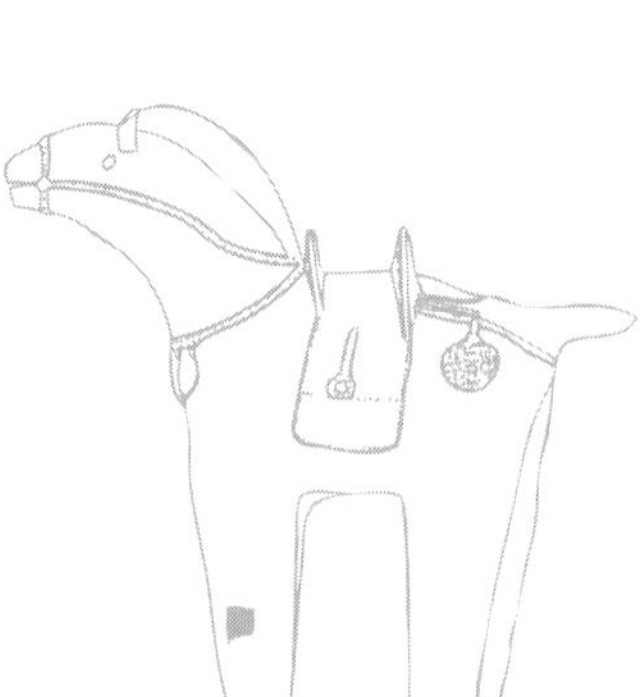

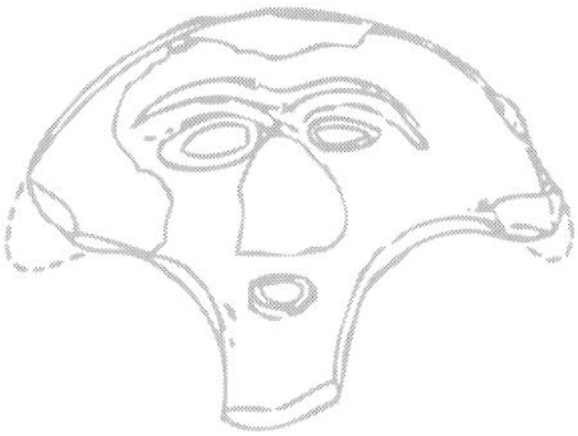

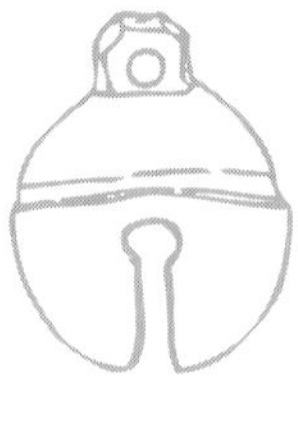

第六章　祭祀具から見た古代のまつり――通史

はじめに

祈りから祭りへ—祭祀の始まり

原始・古代の人々は、自然の厳しさと優しさの中で生きてきました。恵みの雨もあれば、洪水の時もあります。人間の業《わざ》では理解できない出来事に出会うと人間を超越した存在に思い至り、精霊や神々への祈り（信仰・祭祀）が始まります。立ち止まり跪《ひざまづ》くだけの祈りから、祭りの日だけ神を迎える祭場を設け、併せて専用の祭りの道具と神饌《しんせん》を供え、やがて神のための社を建てた恒常的な祭祀に変わってきます。

全国各地で発掘された考古資料の中には、「祭祀遺物」と呼ばれる実用品でないもの、非日常的な信仰や儀礼などの精神生活に関わるものが多く存在します。縄文時代の土偶・石棒、弥生時代の銅鐸・銅剣・銅戈、古墳時代の鏡・剣・玉類など、そしてそれらを真似た石製模造品や土製模造品、飛鳥・奈良時代の人形《ひとがた》・馬形を始めとする木製模造品などがその代表例です。

こうした祭りの道具（祭祀具）の変遷を「継承と断絶」の視点で改めて捉えると、この背景に当時の社会や国家が選んだ精神世界が浮かび上がってきます。

自然と共生し、山や井泉・石・樹木に神が宿ると信じた時代から、天皇と国家の安寧《あんねい》を祈った時代までの原始・古代祭祀の世界において、兵庫県内の各地域（摂津・播磨・丹波・但馬・淡路）

に暮らす人々が、何を継承し何が断絶（否定）したのかを、通史として考えてみましょう。

祭祀の対象と目的を探求する

これまでの祭祀（神道）考古学は、各時代の個別の祭祀遺物を詳細に研究することから始めてきました。その結果、個々の祭祀遺物の研究は大きく進んできましたが、例えば縄文時代に盛行した祭祀具（石棒・土偶）と次の弥生時代に使用された青銅器（銅鐸・銅剣・銅戈）の関係や、古墳時代の土製模造品・木製模造品と律令時代の木製模造品・土製模造品との連続性があるのかないのかなど、時代を越えたそれぞれを繋《つな》ぐ研究があまり行われていません。また、個別の祭祀遺物の出現・消失に注目しても、その祭祀の対象が山の神か水（海）の神かなども曖昧な検討のみで、さらには一番大事な祭祀の目的さえ注意されてこなかったのです。

そこで、私の考える祭祀考古学の探究方法は、まず各時代の人々が使用した祭祀具を特定し、祭祀の場と祭祀の対象が何なのかを明らかにしていくことです。つまり、対象が明確に出来ないと、まつりの実態も見えてきません。そうした後に、本来の目的を追求する必要があるのです。

本書はそういった観点に立って、日本の原始・古代祭祀の歴史を通史として体系的に捉えるために、以下幾つかの検討課題、①「縄文・石棒のマツリから弥生・銅鐸の祭りへ、その連続性」、②「銅鐸の祭りから銅鏡、そして政事（王権）の祭祀へ、断絶はあるのか」、③「古墳時代導水遺構（水）の祭りと律令制祭祀の禊《みそぎ》・祓《はらえ》は繋がっているのか」、④「古墳時代の土製模造品・木製祭祀具と律令制祭祀具との連続性」を掲げ、主に巻末に載せた兵庫県内の祭祀遺跡・祭祀遺物に分析と検討を加えてみました。

併せて、兵庫県という恵まれた考古環境（遺跡・遺物）と、兵庫県で考古学を始めてからお世話になった人達（地元の先学者・職場の同僚・市町の埋文担当者）への感謝の考古学研究となっています。この点、兵庫県教育委員会にご勧誘いただいた高校時代の恩師村上紘揚先生のお力添えがなければ、学位論文の『祭祀考古学の研究』（雄山閣、二〇〇八年）も結実しなかったことでしょう。

また、今般県内の祭祀遺跡調査の成果を、一般の方々にも理解し易く読んでもらえるように独自の研究方法で取りまとめてみましたが、こうした祭祀遺跡・遺物を世に送り出したのは紛れもなく兵庫県内で発掘に携わった考古学研究者（浅田芳朗・今里幾次・上田哲也・岡本稔・加藤史郎・栗山一夫・紅野芳雄・高井悌三郎・松岡秀夫・増田重信・松本正信・武藤誠・村川行弘・山根武・和田千吉氏等）と、山陽新幹線・中国縦貫自動車道以来の行政発掘担当者（石野博信・喜谷美宣・是川長・村上紘揚・櫃本誠一・大村敬通・松下勝・福井英治・橋爪康至・瀬戸谷晧・中村典男・輔老拓治・井守徳男氏等）だったのです。

この本を手に取っていただいた皆さん（勿論、若い考古学者の方も）、ぜひ一緒に兵庫県に暮らした原始・古代人の祭祀世界（古代・民俗宗教）への扉を開いてみましょう。

第一章

考古学で祭祀を考える

1　私の考える祭祀考古学

土器や石器などの「モノ（遺物）」と古墳・竪穴住居址・窯址などの「遺跡・遺構」を資料として、私たち祖先の暮らしや社会を復元・研究する考古学の中に大きく「宗教考古学」に含まれる「祭祀考古学（神道考古学）」という分野があります。

祭祀考古学は、形として眼に見える考古学資料を用いて、眼に見えない信仰現象である祭祀（神マツリ）・呪術行為を再構築することを目的としています（『祭祀考古学の研究』雄山閣、二〇〇八年）。簡単に言うと、祭祀遺跡（マツリを行った痕跡が残る遺跡）と祭祀遺物（マツリに使用したもの、祭器）という考古学資料を調査・研究し、原始・古代人の信仰（精神）生活を明らかにするための学問になります。國學院大學の名誉教授椙山（杉山）林継氏が師の大場磐雄博士（『神道考古学論攷』葦牙書房、一九四三年」、『祭祀遺跡』角川書店、一九七〇年）から引き継いだ「神道考古学」を発展させ、新たに創設した基層《きそう》信仰・宗教分野に関する考古学です。現在は、椙山林継先生の弟子に当たる國學院大學笹生衛教授等が継承しています。私も、その系列に属する一人です。

ただし、眼に見えない信仰現象を見てきたように復元するわけですから、問題点や課題も沢山あります。最大の課題は、発見した遺構・遺物が祭祀に関係したものかそうでないかの判定です。これが、人により異なっては話になりません。実際、何に使用したものか分からないもの、例のないようなものが発見された場合、大半の考古学者は祭祀遺跡・祭祀遺物と簡単に片付けてしまいがちです。祭祀と名付ければ、よく分からなくても解決したように思ってしまうので、学問を学ぶ態度としては非常に良くないことです。

二つ目は考古学全般に言えることなのですが、考古学は物証史学であり、残っているモノを手掛かりに〝歴史を再構築〟するため、成果の真否《しんぴ》も残存したものに依拠《いきょ》してしまうのです。例えば、考古学で発見されるものには地中の条件によって残るモノと残らないモノがあります。石器や土器の類は滅失しませんが、木や鉄で作られたモノは腐って無くなることが多々あるのです。骨の類もそうです（これには、日本の土壌が大きく影響した）。モノが残っていない場合はどうしようもありません。残ってないものを有ったはずと考え、推し進めるのも学問とは言えません。

考古学の手法で、精神文化を扱う時には常にこのような宿命が付きまといます。しかし、これらの困難を克服し、縄文・弥生・古墳・奈良・平安時代といった原始・古代の人たちが神や霊魂《れいこん》と接していた時の精神状態（心理）、それを認知することこそが、信仰・祭祀の歴史を知ることなのです。なお、これまでの祭祀遺跡の研究は古墳時代の石製・土製模造品が中心であり、縄文・弥生時代の「神マツリ」は付け足しで進められ、さらには墳墓のマツリは取り扱わないし、文献が残る奈良・平安時代以降の祭祀のことを考古学資料で考える人は極めて少なかったのです。

そのため、研究手法としては日本考古学の方法論を用いるのですが、純粋な考古学だけでなくこれに宗教心理学的手法を取り入れたいと考えています。また、その研究領域のみならず、歴史学（文献史）・宗教学・民俗学・民族学・人類学・歴史地理学・神話学・国文学等の研究成果の援用が必要です。特に、隣接する宗教民俗学・神道史学・古代史学の研究者には是非ともご支援をいただき、祭祀考古学より提示した仮説・解釈を検討してもらえるよう期待しています。そして、最終的には精神文化全体の再構築を目指して行きたいと願っているところです。

2　祭祀遺跡とは

「祭祀遺跡とはどんな遺跡のことを言うのですか」と質問があったなら、私は過去に「祭り」を行ったことが考古学上から証明できる跡と答えます。具体的には

①　まず、祭祀遺物が認められること。
②　そして、祭祀遺物が遺構（巨石・土坑《どこう》・溝など）に伴うこと。
③　最後に、祭祀の対象物が存在することを揚げます。

特に、③の祭祀の対象物が大事でこれを明らかにしなければ、祭りの実態も見えてきません。また、祭祀を行った目的・対象が分からない遺跡であれば、当然のこととして祭祀遺跡とするには躊躇《ちゅうちょ》せざるを得ません。

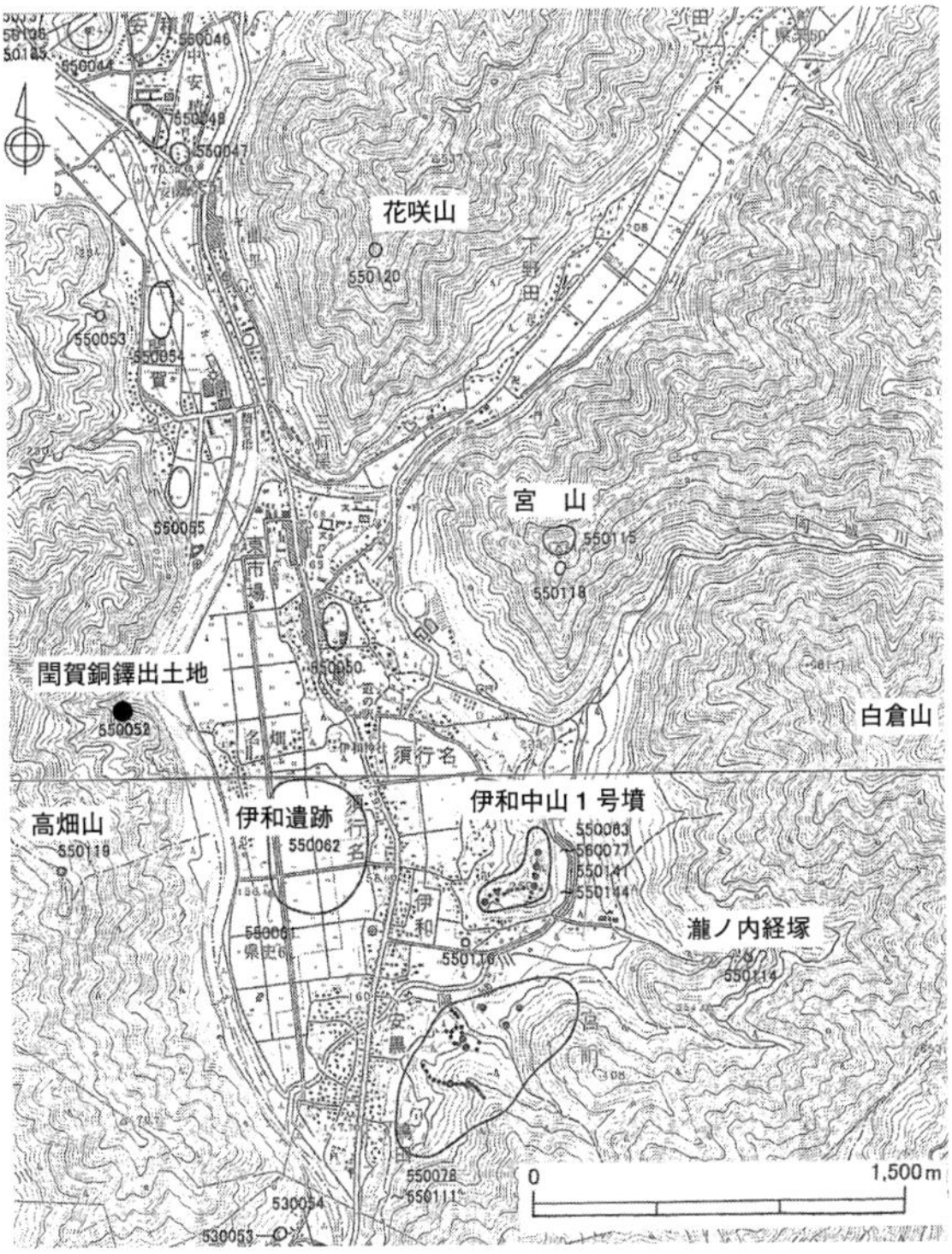

図１　伊和神社周辺の遺跡と宮山・伊和三山の位置図
（『兵庫県遺跡地図』兵庫県教育委員会）

そこで、祭祀遺跡の典型的な特徴を持った兵庫県宍粟市（一宮町）に所在する伊和遺跡を例に、何を対象とした祭りが行われていたかを考えてみましょう。

姫路市街地から国道二九号を北上すること約四〇キロメートル、揖保川左岸の標高一七〇メートルの河岸段丘上に立地します。昭和四十九年のほ場整備工事中に地元の志水豊章氏等が発見した遺跡（図1）で、兵庫県教委の緊急発掘調査（『播磨一宮伊和遺跡発掘調査概要』一宮町文化協会、一九七四年）により古墳時代の竪穴住居跡四棟などを確認しました。

祭祀遺物には二号住居跡から滑石製勾玉二点・臼玉四七点・鉄剣一振りと、近辺で発見された有孔円板一点や胴部を穿孔した小型丸底壺などがあります（図2）。これらの年代は、五世紀の前半というところでしょうか。

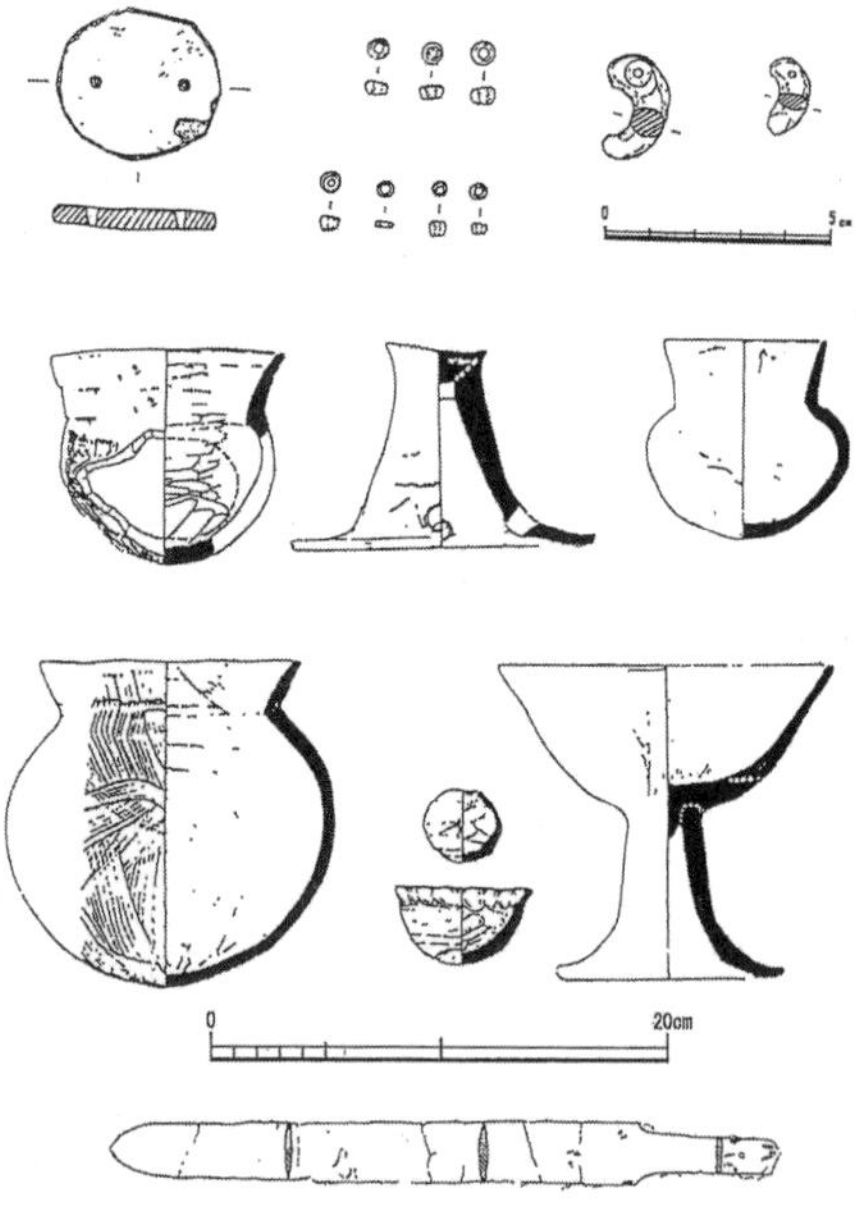

図2　伊和遺跡出土の石製模造品・鉄製品と土器類
（『播磨一宮伊和遺跡』一宮町文化協会）

磐座と神奈備

さて、注意深くこの遺跡の周辺を観察すると、すぐ北方向に播磨一宮伊和神社の鎮座地（伊和氏の本貫地）が眼に留まります。現地に行くと、神社の裏には「鶴の石」と伝承される少し大きめの石も確認できました。この石は、所謂《いわゆる》ご神体で磐座《いわくら》とされる依代の一つと考えられます（写真1）。さらに、遺跡の北東には宮山と呼ぶ三角形をした小さな富士山を思わせる山（神奈備《かんなび》）があります（写真2）。遺跡と宮山の間には、四世紀末の伊和中山一号墳（前方後円墳）も存在しました。こうした集落（祭祀遺跡）と古墳、そして神社の関係は奈良県御所市の高天彦神社（葛城氏）の周辺にある宮山古墳（室大墓）と近年発見された秋津遺跡（四～五世紀）に近く、高天彦神社の背後に聳《そび》える白雲獄（神奈備）が神体山なのです。

写真1　磐座　鶴の石（伊和神社）

写真2　式内社伊和神社の社叢と宮山

このような条件が揃うと、この祭祀遺跡は式内社伊和神社が造られる以前より神マツリの行われていた所であり、鶴の石や宮山に神を招き祭祀を執り行っています。そして、祭りの終了後に祭祀具を一括撤饌《てつせん》・投棄したか、保管していた場所と理解できるのです。また、遺跡北西の高畑山山麓では明治時代の終わり頃に閏賀《うるか》銅鐸が発見されています。この銅鐸と神奈備の関係については、第三章の「2　青銅器の祭り」を参照してください。

伊和の里では、古墳時代以降伊和氏族のために伊和神社（延喜式、伊和坐大名持御魂神社）を創建します。さらに、姫路総社一ツ山祭の元になった神奈備の宮山、そして三ツ山祭の起源とされる神奈備の花咲山・白倉山・高畑山にはそれぞれ巨石の磐座を持つ祭祀遺跡（岩陰祭祀）が認められました。また、白倉山山麓部の水源近くでは瀧ノ内経塚も発見しています。このように、伊和の里は弥生時代から三ツ山と宮山を中心に神の降臨する〝聖なる地〟だったことが明らかになってきたのです。

3　祭祀の対象と目的

私は、こうした考え方で祭祀の対象を以下の三つに分類し、検討してみました。

Ⅰ類　墳墓地域の祭祀（葬送儀礼）

Ⅱ類　生活居住域内の祭祀

① 自然を対象とした祭祀

a 山岳の祭祀（山頂・山腹などや、遠くから遥拝《ようはい》する例）

b 水辺の祭祀（水源、河川、井戸など）

c 岩石の祭祀（磐座、磐境《いわさか》など）

d 樹木の祭祀（杉、檜、樟など）

e 海の祭祀（島嶼《とうしょ》、海岸部など）

f 境界の祭祀（峠、岻《たわ》など）

② 住居周辺の祭祀（豪族居館や竈《かまど》祭祀を含む）

③ 律令的祭祀（まじないも含む）

Ⅲ類　生産地域の祭祀（水田、窯業、製鉄・鍛冶《かじ》、製塩など）

人々の暮らしの中で重要な位置を占めるのが、Ⅰ類の葬送儀礼とⅢ類の生産に伴う儀礼です。

Ⅰ類の祭祀は、埴輪を持つ前方後円墳や円墳（特に、造り出し部）、弥生時代の周溝墓・台状墓・甕棺墓、縄文時代の配石墓・土壙《どこう》墓などがあります。注意すべきは葬送時の祭祀と、後世の供養儀礼を区別することです。例えば、神戸市の五色塚古墳出土の子持勾玉。これは、コラム③にも取り上げたように子持勾玉の形態分類から判断すると、古墳が築造された時期ではなく百年以上経過した新しい年代のものと考えられるのです。

Ⅱ類の①は、古墳時代に多く見られる山・水・石・樹木などの自然神を対象としたものです。②では集落内祭祀もここに入り、近年では豪族居館内や周辺で実修された①の水辺の祭祀（導水）とも関連する聖水を使用した祭祀が注目され、律令時代の「禊《みそぎ》・祓《はらえ》」に繋がっていくと考えています。そして、③は律令国家が執行する祭祀で、その代表的な儀礼に年二度の「大祓」があり、遺物に木製模造品（祭祀具）の人形・馬形・船形・刀形・斎串《いぐし》などが出土しています。

Ⅲ類は、生産の場で執り行われた祭祀です。水田や製塩遺跡・窯跡・鍛冶遺跡などで操業・生産の安全を願うものと、収穫できたお礼・感謝のまつりと二通りのあり方が推測できる訳です。

さらに、祭祀遺跡は対象別ではなく目的別に再編すべきとの穂積裕昌氏（三重県斎宮歴史博物館）の提言もあり、まだ完成形ではありませんが簡単に項目のみを記しておきます。

①　墳墓遺跡での葬儀とその後の供養（祖先崇拝の祭祀）
②　太陽観測による季節の確認（四季ごとの祭祀）
③　生産遺跡における操業の安全（生産・管理の祭祀）
④　農耕の稔りなどの感謝（生産・収穫感謝の祭祀）
⑤　航海・陸行に係る通行の安全（交通安全の祭祀）
⑥　自然災害・流行病などの未然防止（災害防除の祭祀）
⑦　罪・穢《けが》れを祓う（禊・祓の祭祀）

4　祭祀遺物の種類と内容を具体的にみる

祭祀遺物について石製・土製・木製・金属製といった材質ごとに主要なものを取り上げ、年代順に解説していきましょう。

■石製品

縄文時代　岩偶、岩版、線刻礫《れき》、石棒・石剣・石刀、独鈷石、石冠など
弥生時代　石棒、石剣・石戈、磨製石鏃など
古墳時代　石製模造品（滑石製の鏡形・有孔円板・勾玉・管玉・臼玉・斧・刀子・剣・子持勾玉・紡錘車《ぼうすいしゃ》など）、勾玉、管玉、棗玉《なつめだま》、ガラス玉、石釧《いしくしろ》、車輪石、琴柱《ことじ》形石製品など
奈良以降　滑石製人形・馬形・船形など

縄文時代には、陽物を模した石棒・石刀の類が確認できます。大型と小型のものがあり、両方の端に頭の着いたものを両頭石棒、無いものを無頭石棒と呼びます。石剣は横断面が丸くなく、平べったくできています。片側が薄くなっているものは、石刀と呼ばれています。

兵庫県内には川西市小花遺跡の石棒、神戸市篠原遺跡（石刀）・淡路市佃《つくだ》遺跡（石剣）、丹波市梶遺跡・姫路市堂田遺跡・たつの市片吹遺跡、佐用町平福遺跡と中の原遺跡、そして豊岡市辻遺跡と県指定文化財の同市見蔵岡遺跡の石棒などがあります。これらの中で、私が特に注目したのは、縄文時代後期の生活面に突き立った状態で、大型砥石と共に発見された佃遺跡の石棒（剣）です。この配石遺構を、弥生時代の青銅器出土遺跡と同様に、近年季節を知るための天文施設と捉え直しました（第二章の2）。さらに、神戸市大開遺跡・新方《しんぽう》遺跡、南あわじ市井手田遺跡などのように、弥生時代前期末にまで繋がるものが発見されたことです。

弥生時代中期のものは姫路市梅谷遺跡・丹波市野村遺跡、神戸市垂水出土などの石剣、神戸市青谷遺跡の石戈などがあります。垂水と青谷の製品は、青銅器を忠実に真似た見事な模造品です。

古墳時代には、滑石製の有孔円板・剣形・勾玉・管玉・臼玉などが、神祭りに使用されます。いわゆる「三種の神器」とされる鏡・剣・玉類を模したもの（石製模造品）で、有孔円板が鏡、臼玉はガラス玉を模造した品々です。ここに、日本ミニチュア文化の原点があると考えます。

また、古墳の副葬品（宝塚市万籟山《ばんらいさん》古墳や神戸市会下山二本松古墳・白水瓢塚《ひさごづか》古墳など）にも石釧・車輪石、鏡・斧・刀子・鎌・短甲や紡錘車などの石製模造品があり、子持勾玉も魚形か鳥形などを真似た模造品に含まれるのです。

そして、滑石製模造品はまず古墳の副葬品として使用が始まり、遅れて祭祀遺跡に用いられたようです。県内の祭祀遺跡では、四世紀後半の姫路市長越遺跡（有孔円板）・東前畑遺跡（剣形）と小野市高田宮ノ後《みやのうしろ》遺跡（有孔円板）、明石市藤江別所遺跡（車輪石）・豊岡市入佐川《いるさがわ》遺跡（石釧）などで王権が関与して始まり、五・六世紀を中心に播磨国の姫路市和久遺跡・太子町亀田遺跡・加西市小谷遺跡、神戸市白水遺跡や玉津田中遺跡・新方遺跡、淡路国の南あわじ市木戸原遺跡・雨流《うりゅう》遺跡、摂津国の神戸市松野遺跡・郡家遺跡、芦屋市寺田遺跡・月若遺跡、尼崎市若王寺《なこうじ》遺跡、そして但馬国の豊岡市五反田遺跡、香美町タツケ平遺跡・朝来市加都遺跡・柿坪遺跡、丹波国の篠山市西木之部遺跡など地域の拠点となる集落遺跡に出土します（第四章の2を参照ください）。なお、古墳と祭祀遺跡の両方に出土することを、私はまだ葬儀と祭儀が未分化だったためと考えています。

このように、石製模造品はその分布を全国的に見ていくと、倭王権が勢力を拡大するのに併せて各国に波及させた王権の祭祀具ということが理解できます。さらに、初期のものは朝鮮半島に行くための瀬戸内航路拠点の津（港）の遺跡に多く認められるようです。また、当該品は単独（単体）で用いられることがなく、数種類を組み合わせて使用します。祭りの対象となるものには山・川や岩・樹木などの自然神が多く、これらの前面に小石を利用して祭壇を組み（磐境）、榊を立てて石製模造品を小枝に吊り下げ祭りを執行したようです。

■土製品

縄文時代　土偶、土版、土面、鈴、動物形、ミニチュア土器（精製・粗製）など
弥生時代　人形、分銅形、鳥形、銅鐸形、陽物形、銅剣形、舟形、陶塤《とうけん》（土笛）、絵画土器、ミニチュア土器、手捏《てづくね》土器、手焙《てあぶり》形土器など
古墳時代　埴輪、土製馬、土製模造品（鏡・勾玉・人形・船形・短甲・楯・鍬先・鉄斧など）、ミニチュア土器、小型丸底土器、手捏土器など
奈良以降　人形、土製馬、人面墨書土器、模型竈、底部に木の葉文を線刻した土器など

これには縄文時代の土偶（淡路市佃遺跡・神戸市篠原B遺跡・太子町東南遺跡など）と土面（淡路市富島遺跡）。弥生時代の銅鐸形（宍粟市田井遺跡・赤穂市有年《うね》原田中遺跡など）・分銅形（太子町亀田遺跡・たつの市新宮宮内遺跡など）・鳥形（洲本市寺中遺跡・川西市加茂遺跡・神戸市玉津田中遺跡など）・勾玉・銅剣形・陽物形（丹波市七日市遺跡）・手捏土器などがあります。鳥形土製品は、古墳時代（播磨町大中遺跡・姫路市池ノ下遺跡など）に継続しています。その他、人・鹿・魚・建物などを描いた絵画土器（川西市加茂遺跡・たつの市養久山《やくやま》前地遺跡・太子町大津茂川床遺跡・西脇市大垣内遺跡など）があり、尼崎市の東園田遺跡では飯蛸壺に鹿を描いたり、神戸市玉津田中遺跡や太子町鵤《いかるが》遺跡などでは龍を描いた珍しいものも見つかっています。

古墳時代に入ると人形・馬形の他、鏡形・玉類・武器武具類・農工具・機織《はたおり》具・汁器類・船形

などが出土します。一般には、これらを土製模造品と呼びます。初期のものに、播磨町大中遺跡の鏡形・鳥形や宍粟市飯見遺跡の鏡形があります。古墳に使用される埴輪類（人物・形象）やミニチュアの竈形も含めて良いでしょう。なお、土製模造品の一部は石製模造品と同様に祭祀遺跡だけでなく墳墓（加古川市行者塚古墳など葬送儀礼の供物）にも使用していました。この中から、次の奈良・平安時代には馬形（土製馬）が残ると共に、人面墨書土器・模型竈が出現しています。

兵庫県内では県指定の加東市河高《こうたか》上ノ池遺跡と神戸市寒鳳《かんぷう》遺跡出土の人形類、加古川市行者塚古墳と加西市クワンス塚古墳の食物形・笊《ざる》形土器がよく知られています。土製馬形では、赤穂市東有年沖田遺跡の出土品が裸馬ながら馬の特徴をよく捉えた見事なものです。この馬形も、集落だけではなく古墳祭祀（ただし、築造時期ではなく新しい時期）にも使用されたようです。また、生産（製塩）遺跡の出土品として、淡路市貴船神社遺跡の船形、そして全国的に珍しいものとして相生市丸山窯跡から出土した鍬先形や、加古川市神野大林窯跡出土の斧形があります（古墳の副葬品には、滑石製のものや鉄製の実物があるので当たり前なのかも知れませんが）。

古墳時代後期以降は、土着の神を祭るのに神の性格づけが始まり、神が好むものを供えるようになります。このため、造形し易い粘土で、多種多様なものが製作されました。なお、これまでの説では、石製模造品の後を受けて使用したとされていましたが、実際はこれよりも早く始まり、石製模造品と同じ五世紀代に盛行し、六・七世紀へ続くことも明らかになってきました。その他、注意すべきは初期須恵器（樽形𤭯《はそう》など）と呼ばれる土器は石製模造品を伴うことが多々あることです。須恵器も初期のものは貴重品で、祭祀具としても使用されたのです。また、墳墓に用いられることが多い装飾付須恵器も祭祀具の一種と捉えます。

奈良時代以降の祭祀用土製品である人面墨書土器は都城《とじょう》で盛行しましたが、県内では姫路市本町遺跡と神戸市北区宅原《えいばら》遺跡の二例、都城型の土製馬は川西市小戸《おおべ》遺跡の一例のみで、この時期の模型竈のセットも見当たりません。なお、古墳時代から続く在来型の土馬は播磨地域（神戸市吉田南遺跡・姫路市本町遺跡など）を始め県内各地で出土しています。また、古墳時代の模型竈がたつの市と芦屋市の古墳（横穴石室）に出土しました。これは、渡来人と関係するもののようです。

■木製品

縄文時代　琴など
弥生時代　銅剣・銅戈形、鳥形、陽物形、舟形、木偶、琴など
古墳時代　剣・刀形、船形、鳥形、鏃形、横槌形、斎串、案《あん》、琴・琴柱、木製埴輪など
奈良以降　木製模造品（人形・馬形・刀形・船形・鳥形・鍬先形・柄振形・勾玉形・斎串など）、櫛、絵馬、蘇民将来札、呪符木簡・陽物など

縄文時代は今少し明らかでありませんが、弥生時代には木偶・鳥形、魚形（姫路市長越遺跡）・舟形、そして青銅製の武器を真似た剣形・戈形（神戸市玉津田中遺跡）があります。その他、祭祀関係品として木製琴が出土しています。豊岡市袴狭《はかざ》遺跡出土のサケ・カツオやシュモクザメを描いた箱形木製品も含まれるでしょう。これは祭りに使用する楽器の一種（琴板）と考えます。

古墳時代では、剣形・刀形・鏃形・船形・鳥形・斎串・琴など（豊岡市五反田遺跡・神戸市白水遺跡・同市玉津田中遺跡など）が発見されています。「祓」に使用した木製模造品の始まりです。また、前期の倭琴が篠山市葭池《よしいけ》北遺跡に出土し、前期の案（脚部）も姫路市長越遺跡と同市郷着遺跡などで確認できます。朝来市の池田古墳では木製の埴輪（蓋《きぬがさ》形）も発見されました。

奈良・平安時代に入ると、都城で始まった木製模造品（人形・馬形・刀形・船形・鳥形・斎串など）を使用した儀礼が各地の国府や郡衙《ぐんが》でも執り行われ、琴・琴柱・陽物（丹波市七日市遺跡など）も見つかります。木製品が地下保存される条件の良い但馬地域に多く、豊岡市袴狭遺跡群を中心に同市川岸遺跡・深田遺跡・祢布ヶ森遺跡など第二次但馬国府関連の遺跡からも出土しています。さらに、深田遺跡や袴狭遺跡では絵馬も発見されました。

これらの祭祀具は、都で一年に二度（六月と十二月の晦日《みそか》に実修）の大祓に使用したものだと金子裕之氏（奈良文化財研究所）が明らかにしています。袴狭遺跡の人形は、手の有無と首から肩への切り欠きの角度によって、年代が八世紀から十世紀代にかけてのものと判明しました（コラム④参照)。また、馬形は全国で初めて両側面に二つずつ四本の脚を持つものがあったと分かりました。なお、斎串は、井戸など種々の祭祀に使用される木製祭祀具です。

■**金属製品**

弥生時代　銅鐸、銅剣、銅戈、銅矛、銅鏃、銅鏡など

古墳時代　銅鏡、銅鏃、鈴、鉄剣・刀、刀子、鉄鋌《てってい》、鉄斧、鉄鎌、鍬・鋤先、金属製模造品(刀子・鉄斧・鉄鎌など)、鉄鐸など

奈良以降　人形、銅鏡、鈴、銭貨、金銅製雛形(琴・機織具)、鉄鎌、鉄鍬・鋤先など

この祭祀遺物は、弥生時代に始まる青銅器・鉄器の導入が契機となっています。まず、銅鐸・銅剣・銅戈などの青銅製品(神戸市桜ヶ丘遺跡出土の国宝銅鐸・銅戈など)です。私は、神が降臨する特定の山や巨石・水源地を対象に日の出・日の入りと重ね併せ、季節を知るために行った農耕のまつりと理解します(第三章の2参照)。なお、摂津と播磨では西神ニュータウン第六五地点遺跡・楠荒田町遺跡と名古山遺跡・今宿丁田遺跡・上高野遺跡などに、銅鐸製作のための鋳造関連遺物が発見されているのも兵庫県の特徴です。銅鐸祭祀の終了後は、鏡を使用した祭祀が始まり、祭祀専用の鏡(小型仿製鏡《ぼうせいきょう》)も作り始めます(神戸市玉津田中遺跡)。

次に、銅鐸を模した小銅鐸があります。県内例では、三木市高篠谷ノ郷遺跡と芦屋市月若遺跡

出土の二箇所です。高篠谷ノ郷遺跡は平安時代末から鎌倉時代初頭の溝、月若遺跡は弥生末から古墳前期のピットからの発見です。なお、三田市平方《へいほう》遺跡ではこれを製作するための鋳型も出土しました。

続いて、古墳時代には古墳の副葬品として納められた鏡類と武器・武具類や農工具類、そしてそれらをミニチュア化した製品（金属製模造品）があります。例えば、朝来市茶すり山古墳や姫路市宮山古墳の副葬品には鎌・刀子・斧などのミニチュア品を納めていました。先の石製模造品もこのミニチュア製品と同様に、実用品の金属製品（銅鏡・鉄製武器・武具・農工具など）を模したものなのです。

また、明石市藤江別所遺跡では井戸の中・下層に車輪石と小型鏡・銅鏃、上層には転読札・笹塔婆が出土するなど、長期間にわたる井泉祭祀なのですが、私は車輪石の時期の祭祀では倭王権が関わっていたと考えました。さらに、近年では古墳の副葬品（姫路市宮山古墳・法花堂《ほっけどう》二号墳、加古川市行者塚古墳、篠山市大師山六号墳）と祭祀遺跡（姫路市東前畑遺跡、南あわじ市木戸原遺跡、明石市北王子遺跡、神戸市白水遺跡・郡家遺跡）に鉄鋌が出土しています。同じく古墳と祭祀遺跡の両方に見られるものとして、鉄鐸があります。県内では、朝来市向山五号墳と三木市大池七号墳に出土例がありました。どちらも鉄器生産（鍛冶）に関係した祭祀遺物のようです。

奈良・平安時代になると、銅鏡と鈴（豊岡市袴狭遺跡）や地鎮用として皇朝十二銭（和同開珎、姫路市上原田遺跡・丹波市市辺《いちべ》遺跡・豊岡市大市《だいち》山遺跡など）・北宋銭（南あわじ市後山遺跡など）の銭貨や、鉄製鋤先（加西市宮ノ谷遺跡）などと共に、土師器の小皿・椀などが使用されているのです。

5　時代により変化する祭祀の道具

改めて時代別に見ていきますと、縄文時代の祭祀遺物には土偶と石棒を始め、金属・ガラス製品以外のものが早くも出揃っています。石や土で人に関わるものを模したものが多く（土偶・土版・土面等）、人以外ではイノシシ・クマなどの動物もあります。

小林達雄氏（國學院大學）が祭祀遺物を「第二の道具」（『縄文人の道具』古代史復元第三巻　講談社、一九八八年）と呼ぶように、非日常性の道具なので、現代では用途が明らかでないものも沢山あります。その他、注目されるものに土製の仮面が発見されています。土器の中には、蛇や蛙などの動物を飾ったもの（有孔鍔《つば》付土器）やミニチュア土器があり、動物儀礼（供物《くもつ》）としての遺物（クマやイノシシの骨など）も見られます。なお、楽器（木製品）として琴を挙げましたが、確定したわけではありません。

弥生時代になると新しく金属製品とガラス製品が登場し、この代表には青銅で作られた銅鐸・銅剣・銅戈があります。また、遺跡によっては石・土・木製品で代用していることもあり、祭祀遺物の重層性が見られます。動物では、鳥形がこの時代になって加わったものであり、まつりの対象も縄文時代のイノシシから鹿へと重要性が移っています。鳥形土製品は古墳時代にも続き、長越遺跡では木製品としても登場します。ここには、魚形の木製品もありました。

縄文時代との関係では神戸市新方遺跡や大開遺跡、南あわじ市井手田遺跡のように結晶片岩製の石棒（陽物）が前期末まで残り、西宮市仁川五ケ山遺跡や芦屋市会下山《えげやま》遺跡には中期から後期の男根状石製品もあります。丹波市七日市遺跡では、土製・木製に材質を変えています。兵庫・岡山県では、土偶が分銅形土製品に繋がった可能性があり、新たに木偶と土製人形も出現してきます。土器では絵画を描いたもの以外にも、丹塗りやミニチュア土器が出土します。その他、楽器に琴（木製品）や豊岡市駄坂川原遺跡で発見された陶塤（土笛）、そして猪や鹿の肩甲骨を使った占い（卜骨《ぼっこつ》）なども岡山県・大阪府では確認されています。

古墳時代では、祭祀遺物の代表とされる石製模造品・土製模造品と鉄製模造品、そして木製模造品の一部（刀形・剣形・斎串）も登場してきます。典型的な祭祀遺跡では、宍粟市伊和遺跡や姫路市長越遺跡・東前畑遺跡、神戸市白水遺跡・松野遺跡、そして南あわじ市木戸原遺跡のように、小型鏡や鉄器（剣・刀子など）と鉄製ミニチュア品の素材となる鉄鋌が石製模造品と共伴し

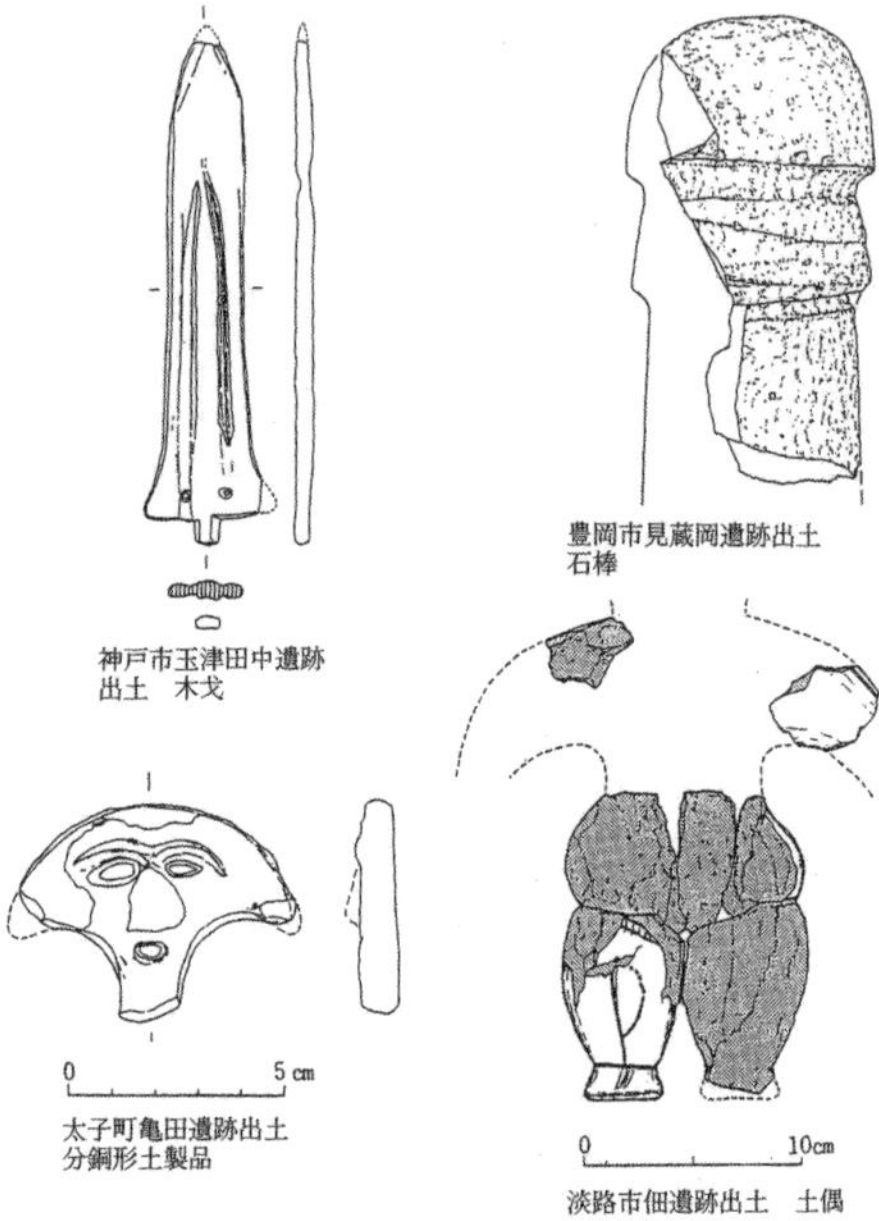

図3　兵庫県内出土の祭祀遺物（1）
（『特別展古代祭祀の世界』兵庫県立考古博物館）

ます。これらに、機織具の木製品や土製・滑石製の紡錘車が揃えば、残っていない布帛《ふはく》の存在も証明でき、神々には当時の最高技術で作られた品々が供献されたことになります。

また、霊魂まつりの遺跡である墳墓も祭祀遺跡の一種として扱う以上、当然墳丘を飾る埴輪類や鉄製品を始めとする副葬品も対象にしなければなりません。

土器類は、通常の祭祀では手捏土器と同じ土師質土器を使用するのですが、初期須恵器（特に樽形𤭯）と装飾付須恵器は貴重な祭器と考えています。墳墓の祭祀では、土製模造品と共に笊形土器も出土しました。

動物では新たに登場した馬が、埴輪に用いられるのを始め、小型土製馬形も認められ、重要視されてきます。その他、ガラス製品（玉類）や特殊なものとして石製模造品の一種である子持勾

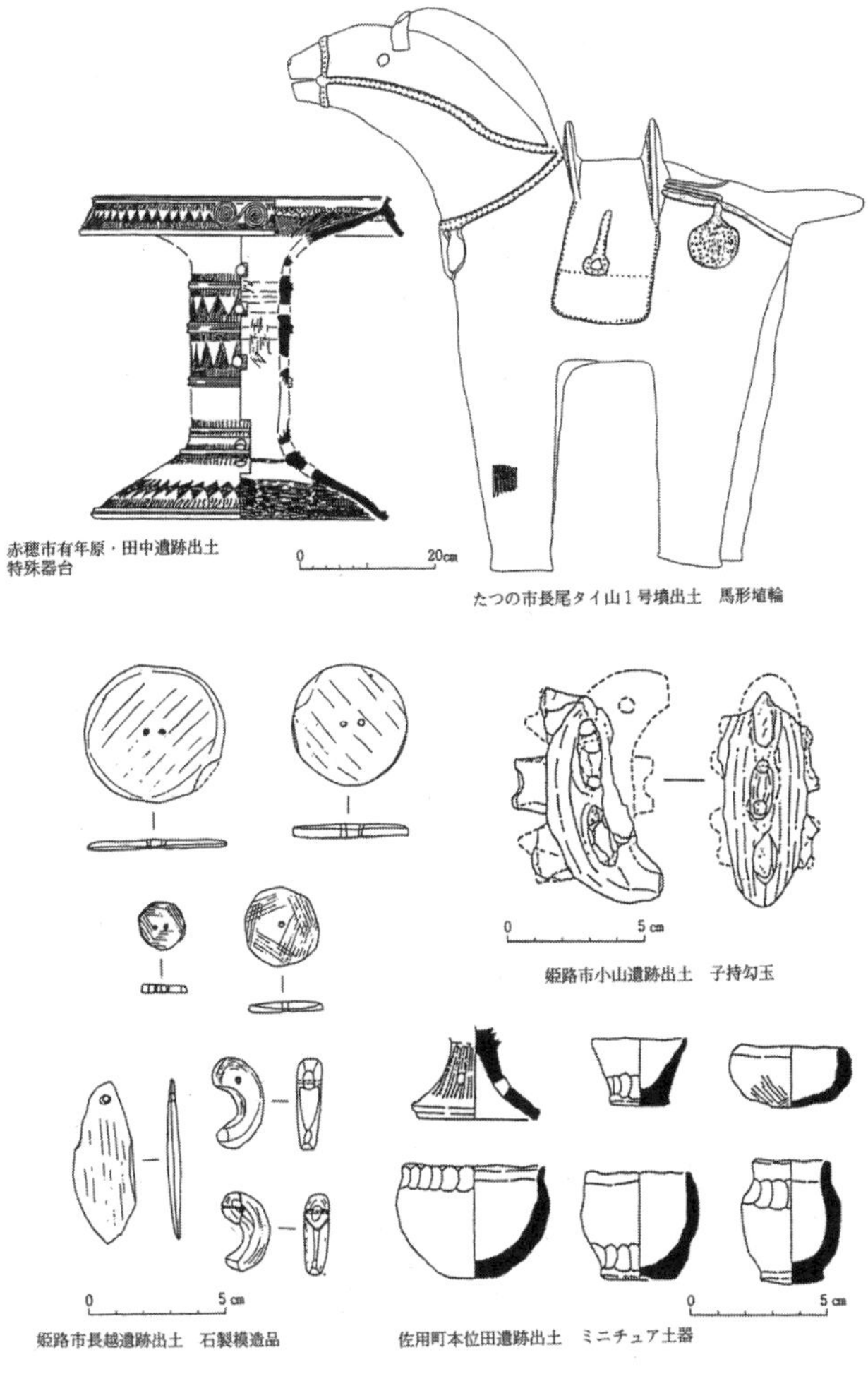

図4　兵庫県内出土の祭祀遺物（2）
(『特別展古代祭祀の世界』兵庫県立考古博物館)

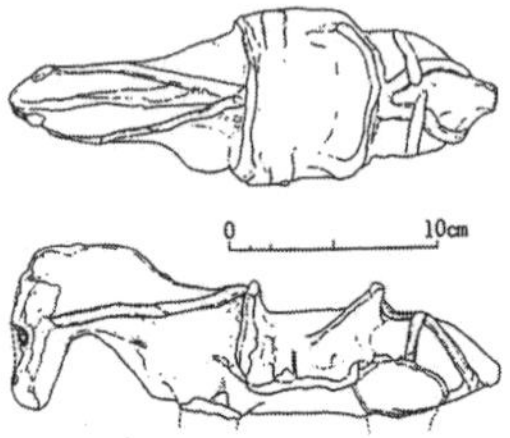

三木市田井野遺跡出土　土馬

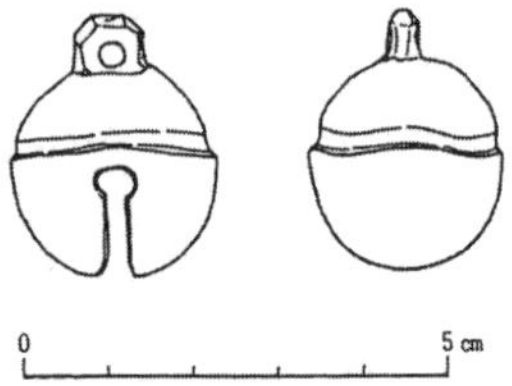

豊岡市袴狭遺跡出土　鈴

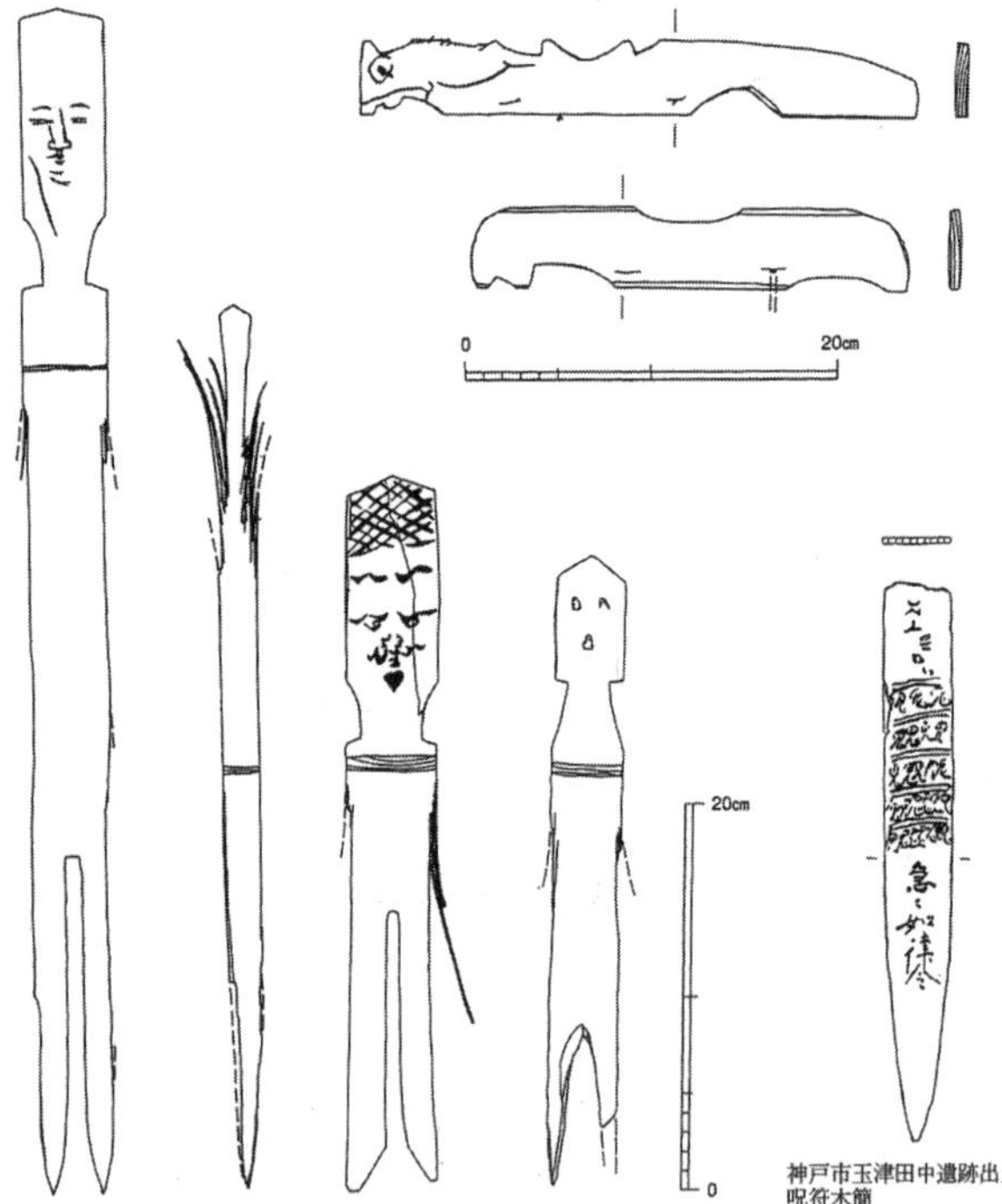

豊岡市袴狭遺跡出土　木製模造品

神戸市玉津田中遺跡出土
呪符木簡

図５　兵庫県内出土の祭祀遺物（３）
（『特別展古代祭祀の世界』兵庫県立考古博物館）

玉（墳墓の祭祀にも使用）、楽器に篠山市葭池北遺跡・豊岡市袴狭遺跡出土の琴があります。

奈良時代以降は、人形・馬形・船形・刀形・斎串等の木製模造品が主体となり、道教の秘文である符録や呪句「急々如律令」等を記した呪符木簡や蘇民将来札・物忌札《ものいみ》が登場します。石製品では宗像沖ノ島遺跡や埼玉県では滑石で作られた人形・馬形・船形があり、土製品にも小型馬形（土馬）が残っています。土器類では三彩土器や緑釉・灰釉陶器、人面墨書土器と模型竈セットが出土します。

また、地鎮関係に銭貨（皇朝十二銭）が用いられ、土師器の小皿等とセットになっています。国家が関与したと考えられる遺跡では、金属製雛形品も出土しました。その他、玉類のガラス製品や、楽器に琴と鈴、木製のササラなども見られます。（図3・4・5）。

以上、「モノ」から「ココロ」を読み取ることを目的に、佐野大和氏が言う「当時の信仰習俗を内包する古代生活全般すべてが対象」（『呪術世界と考古学』続群書類従完成会、一九九二年）と考えます。しかし、それでは曖昧となり、集約・編成できないので具体例として提示した次第です。

兵庫県内の祭祀遺跡・祭祀遺物を再集成

こうした縄文から奈良・平安時代までの遺物を出土する遺跡を集成したのは、昭和五十七（一九八二）年に国立歴史民俗博物館の依頼（共同研究「古代の祭祀と信仰」）に基づいて、調査作成（山本三郎・大平茂（兵庫県『祭祀関係遺物出土地地名表』国立歴史民俗博物館研究報告第七集附篇、一九八五年）したのが最初です。この時点では、一五一箇所（摂津三一、播磨七六、丹波一一、但馬一七、淡路一六）でした。その後は、私自身の研究資料として時々追加していたのですが、義則敏彦氏からたつの市埋蔵文化財センターで西播磨地域の原始・古代のマツリの展示を企画したので協力して欲しいと依頼をいただき、改めて集成し直したところです。古墳出土のものを含め四九一箇所の祭祀遺跡（摂津八四、播磨二四〇、丹波三二、但馬九六、淡路三九）が確認でき、縄文・弥生・古墳・奈良・平安時代を中心に各種模造品（石製・土製・木製・金属製の実用品を模したもの、祭祀具）を発見しました。この四〇年で、約三倍に増加したことになります。

この大きな原因は、葬・祭の分離を六世紀末と捉え直したため、弥生時代と古墳時代の玉類を出土した墳墓遺跡を加えたこと。そして、阪神・淡路大震災が発生したことにより、通常の調査だけでなく震災復興のための発掘調査が阪神間と淡路・東播磨地域に多く実施されたこと、つまり発掘調査件数の大幅な増加などが挙げられます。なお、この復興調査では全国一都二府三四県四政令指定都市から併せて一二一名の方々の派遣をいただきました。県の一担当職員としても、厚くお礼申し上げます。なお、巻末の祭祀遺跡・祭祀遺物一覧表は主要なもののみの掲載です。

第二章

土偶と石棒のマツリ

1　生命の誕生・豊穣の祈り

土偶と石棒は長い縄文時代の中で、盛行時期の差こそあれ、ほぼ全期間を通じマツリの道具の代表として存在しました。一般的には、祖霊信仰・形代《かたしろ》説・地母神《じぼしん》説など様々な祈りに用いられたと想像されていますが、採集・狩猟生活との深い結びつきがあったことは間違いありません。

水野正好氏（奈良大学）は、石棒の背景に男性・狩猟・動物という男性原理、土偶の背景に女性・農耕・植物といった女性原理があったと考えました（「まじないの考古学・事始め」『季刊どるめん』第一八号、ＪＩＣＣ出版局、一九七八年）。縄文のマツリは、生命を育んでくれる森羅万象全てに感謝した祈りだったのです。さらに、水野氏はこうした祭祀具を使用するマツリの場を、環状集落の中央に位置する墓地を含む広場に求め、ムラ人（生者）は葬られた死者と共に各種行事（祭儀・饗宴など）に参加し、被葬者はやがて祖先神に転化していくとするスケールの大きな想念の世界を描き、祖先祭祀の始まりを提言するのです。

まずは、土偶と石棒に託した生命の誕生と豊穣を願う社会のマツリから、原始・古代人の精神世界に入ってみましょう。

土偶の誕生

縄文時代の草創期には、愛媛県上黒岩岩陰遺跡出土の女神を表した線刻礫（写真3）があります。これは長さ五センチほどの緑色片岩に、長い髪や豊かな乳房と、腰蓑《こしみの》と思われるものを線で刻み、明らかに女性像といえるものです。

土偶は次の早期に生まれ、中期以降に盛行した遺物です。また、土偶は人や神をイメージしたものとして、女神像・玩具・安産護符などの用途が想定されています。特に、女性それも妊婦を表すという説が強いのは、播磨太子町東南遺跡出土例（後期、写真4）のように乳房と尻が強調

写真3　線刻のある礫石　愛媛県上黒岩岩陰遺跡（国立歴史民俗博物館）

写真4　土偶　東南遺跡（太子町立歴史資料館）

されて、しばしば妊娠線と思われる腹部の直線を描いていることが根拠となっています。

県内での出土例は少なく、播磨地域では神戸市大歳山遺跡(前期?)と東南遺跡の二例のみです。摂津では、神戸市生田遺跡(後期)と篠原B遺跡(晩期)・宇治川南遺跡(晩期)・雲井遺跡(晩期)、伊丹市口酒井遺跡(晩期)にあり、少ないながらも晩期のものが目立ちます。特に、篠原B遺跡の遮光器《しゃこうき》土偶は東北日本(大洞系統の土器)、生田遺跡の今朝平《けさだいら》型土偶は東海地域の影響を受けたものです。淡路地域は淡路市佃遺跡(後期、今朝平型ほか六点)のみですが、土器を見ると北陸・東海地域から中部・関東地域の影響を受けており、篠原遺跡と同様に注目できる遺跡となっています。また、旧淡路町の富島遺跡には珍しい土面があると知りました。大型石棒を製作した但馬地域と、丹波地域にはまだこの遺物の発見はありません。

石棒の登場

一方、石棒は中期に出現し、後期以降は住居外で発見されるものが多く、配石遺構に伴う事例が認められ、晩期に続きます。また、石棒は基本的に男性器(陽物)の模造(刀や剣に近いものもあり、石刀・石剣と呼ばれる)とされ、携帯用と屋内の炉端や屋外の祭場に立てられたものの二種類があります。その信仰の実態は謎に包まれ明らかでありませんが、性器の持つ繁殖力・生命力に関係しているのは確かなことでしょう。

県内の出土例は、播磨地域に佐用町平福遺跡と中の原遺跡、たつの市片吹遺跡、姫路市堂田《どうでん》遺跡・

丁柳《よろ》ケ瀬遺跡、神河町福本遺跡、多可町寺の下遺跡などの一二遺跡です。但馬では豊岡市辻遺跡・見蔵岡遺跡と香美町月岡下遺跡など五遺跡で発見し、溶結凝灰岩の柱状節理を利用した中期末から後期初頭の製作跡から出土する大型石棒が多く、これが特徴となっています。香美町観音堂遺跡には、関西では珍しい独鈷《どっこ》石も見つかっています。摂津も、神戸市篠原遺跡に製作跡（後期、石刀）があり、川西市小花遺跡（後期）・加茂遺跡（後期）、伊丹市口酒井遺跡（晩期）と神戸市宇治川南遺跡（晩期）などで発見しています。加茂遺跡には、珍しい石冠もあります。晩期のものは土偶と同様に、弥生時代水稲耕作開始時期との関わりが注目でき、結晶片岩で作られました。淡路と丹波地域は、淡路市佃遺跡（後期、石剣四点）と丹波市梶遺跡（後期、写真5）の各一遺跡のみです。こうした中、縄文祭祀を考える上で注目されるのが淡路市佃遺跡の石剣の出土状況と、太子町東南遺跡の細長い川原石を立てていた配石遺構です。その他、但馬香美町の月岡下遺跡には前期の立石が確認されています。

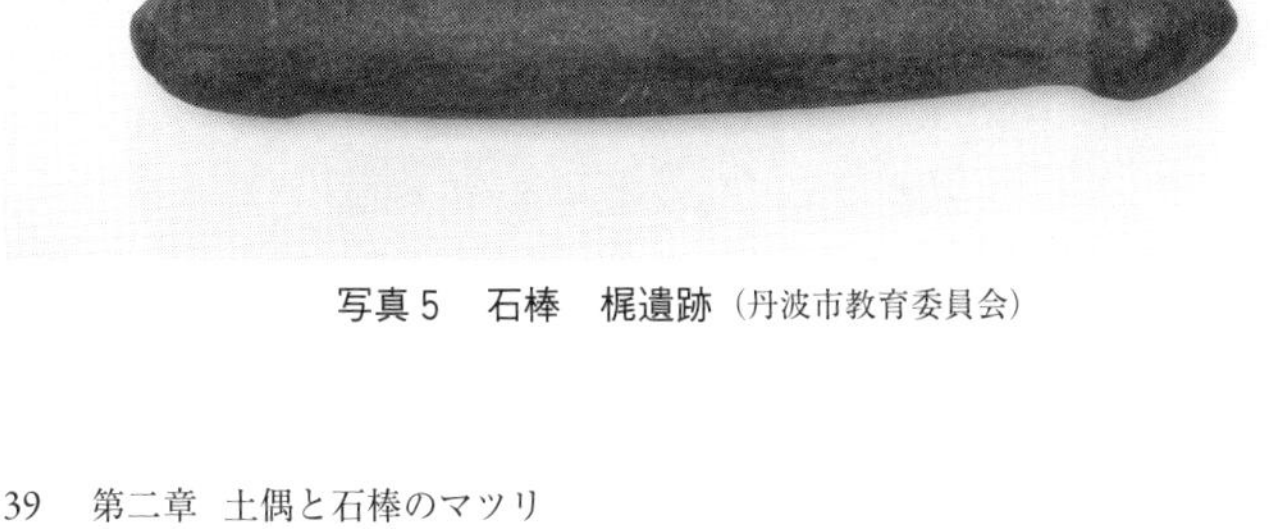

写真5　石棒　梶遺跡（丹波市教育委員会）

2　佃遺跡の石剣は太陽観測のための装置か

佃遺跡は、平成三～四年に行われた淡路縦貫自動車道の東浦インターチェンジの工事で発見されました（『佃遺跡』兵庫県文化財調査報告第一七六冊、一九九八年）。北区縄文下層（後期）の遺構面に、石剣が先端を約二十度南に傾いた状況で全長（五二センチ）の約1／3が埋まって、大型の花崗岩製砥石と共に発見されたのです（写真6）。当時は、何のために造られたのか目的が理解できず、実に不思議な遺構だなと感じていました。

だいぶ経過してから、静岡県浜松市岡の平遺跡（縄文後期、写真7）において、大型の石棒が直立した状態で発見されその周囲に石剣や小型の石棒が配されていたとの情報を、静岡県教育委員会の鈴木敏則氏から伺いまし

写真６　石剣と砥石の出土状況　淡路市佃遺跡
（兵庫県立考古博物館）

た。この石棒はその後も地表に残り続け、さらに古墳時代の遺構面では出ていた石棒の周囲に手捏土器が置かれていたというからまたまた驚きです。神戸市桜ヶ丘銅鐸出土地（神岡）と同じように、時代を超えて祭祀（聖地）が継続するというのは有り得る話のようです。岡の平遺跡では、西から北に尉ケ峰・竜ケ石山・三岳山の三つの神奈備が望めました。

写真７　大型の石棒と小型石棒出土状況
静岡県岡の平遺跡（浜松市文化財課）

関東・東北地域の巨大な配石遺構ではありませんが、佃遺跡・岡の平遺跡も配石遺構（日時計）の一種に考えてはと閃きました。水平な地面に垂直な棒（佃例は、垂直ではありませんが）を立て、その陰影が午前・午後共に等長になった両先端を結べば、その延長線が正東西を指し示すのです。著名な秋田県鹿角市の大湯ストーンサークル（環状列石）は縄文晩期のものですが、野中堂の「日時計」とされる立石の位置は環状列石の中心部東西線から約三十度の方向を示し、そのラインが冬至の日の出（夏至の日の入り）に当たっていました。

民俗学の吉野裕子氏は、「古代日本人の信仰軸は太陽の運行から類推された東西軸であって、（中略）この東・中・

西の三極を結ぶ軸の上に神の去来も想定され、東西軸は神聖軸であった」と捉えます（『隠された神々』講談社現代新書、一九七五年）。

小林達雄氏の考え方

さらに、栃木県小山市の寺野東遺跡で発見された環状の土盛遺構（後期）を小林達雄氏は、盛り土上にある北側の円形盛り土遺構と中心部の石敷き遺構を結ぶ線上に筑波山が見えることに注目し、冬至の日の出観測に当たる施設と考えました。また、青森県三内丸山遺跡の巨木六本柱（中期）の三本向き合って並ぶ方位が夏至の日の出（冬至の日の入り）と捉えたのです。そして、縄文人はストーンサークルや巨木列柱や土盛遺構の位置取りを山の方位と関係づけて、山頂・山腹など二至二分《にしにぶん》の日における日の出（日の入り）を重ね合わせる特別な装置（記念物、マツリの場）と推測しました（「記念物の造営」『縄文の思考』ちくま新書、二〇〇八年）。縄文遺構（縄文人）に関する新しい考え方です。

また、大場先生は静岡県下田市の洗田《せんだ》遺跡（古墳時代）を初めて踏査された時（昭和二年）、遺跡西方の夕日を背にする美しい小山（三倉山）に非常な感激を示し、「洗田の祭祀遺跡は、この山を拝み祈った人々のまつりの庭の跡に相違あるまい。私の脳裏に閃いた霊感に似た推定が、祭祀遺跡をライフワークとして選ばせるようになった動機」と記述します（『まつり』学生社、一九六七年）。

こうした視点で佃遺跡（図６）に立ち戻ると、妙に遺跡の西方向五〇〇メートルに聳える神奈備型の奥富士（窪田山）が気になって仕方ありません。そこで、報告書を引っ張り出し、石剣の出土位置と山頂を結ぶラインを検討したら、正に線上は真西から南へ二十一度振る立春の日の入り地点に当たりました。奥富士の山頂付近は、佃遺跡から見た年の始めの日の入り地点と判明したのです。佃遺跡に住んだ縄文人の立春の目安は、奥富士に沈む夕日だったのでしょう。淡路市教育委員会の伊藤宏幸さんにお願いして写真を撮ってもらいました（写真８）。

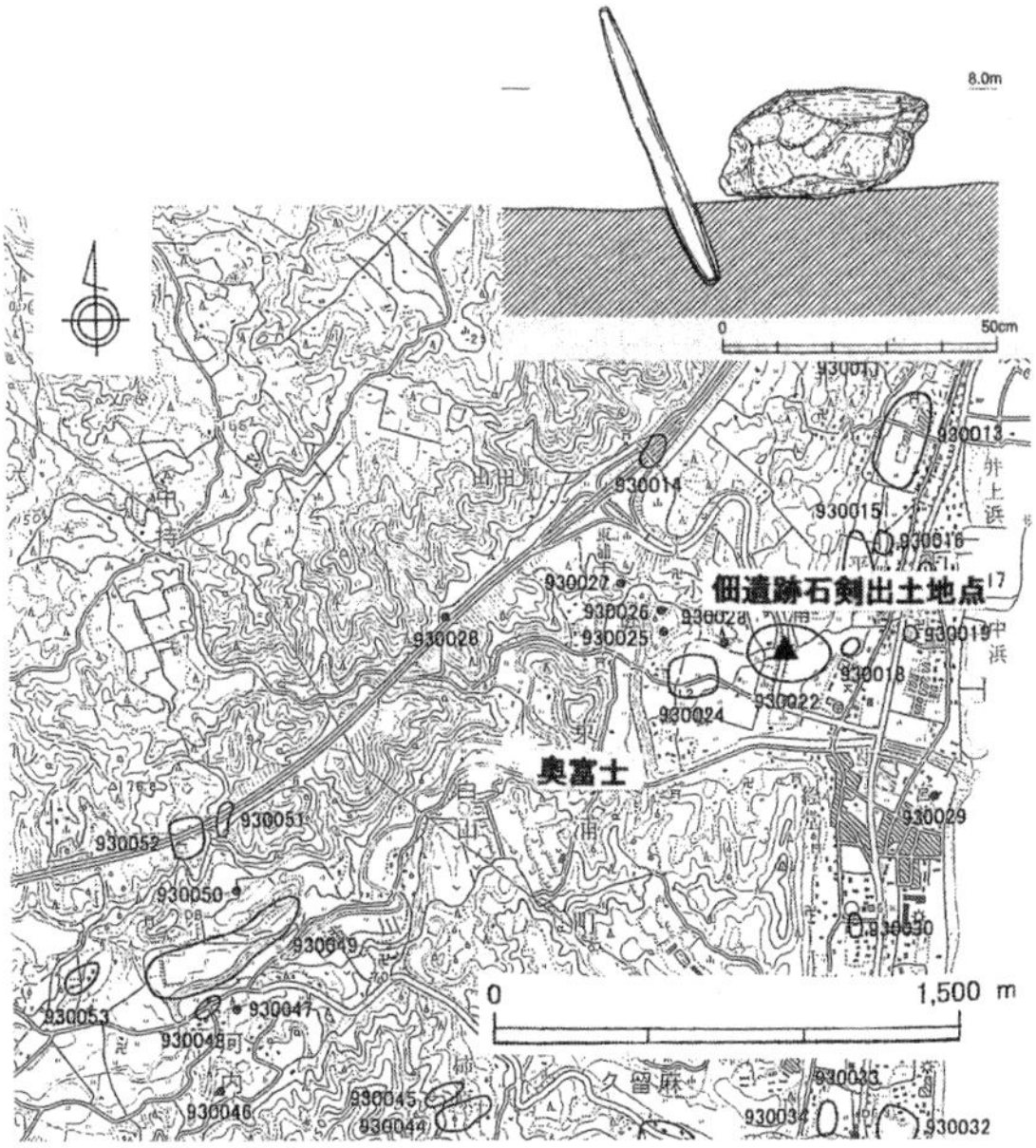

図６　佃遺跡石剣出土地点と奥富士の位置図
（『兵庫県遺跡地図』兵庫県教育委員会）

　東南遺跡の配石遺構も、季節を知るための装置（日時計など）でしょう。縄文時代と言えども、狩猟・採集生活（図７）に併せた季節のサイクルを把握するため、太陽が出入りする山の位置などで季節を測る二至・二分・四立法（夏至・冬至、春分・秋分、立春・立夏・立秋・立冬）を生活の中に取り込んでいたのは間違いありません。特に、一年の始まりに当たる立春は縄文人にとって大切な日だったのでしょう。

神霊のマツリ

全国的には、北の青森県三内丸山遺跡そして南の鹿児島県上野原遺跡の発掘調査の成果から、貧困というこれまでの縄文時代のイメージは大きく変わりましたが、やはり縄文のムラの周辺の貝塚などを見ると動物や魚を捕え、貝と山菜や木の実を採るという狩猟・採集中心の社会だったようです。そのためにも、四季の始まりを知ることが大切で、彼らは日の出・日の入りの位置と特定の山の関係を、長い経験の積み重ねと極度の必要性から季節識別の一大方法として生みだしたのでしょう。こうした記念物が石棒を中心とした配石遺構などであり、マツリの場になったと分析・検討できたのです。

写真8　立春に奥富士へ沈む夕日
（淡路市教育委員会・伊藤宏幸氏撮影）

この時代、精神生活の面では土偶・石棒に象徴されるように「再生と復活」の祈りであり、神

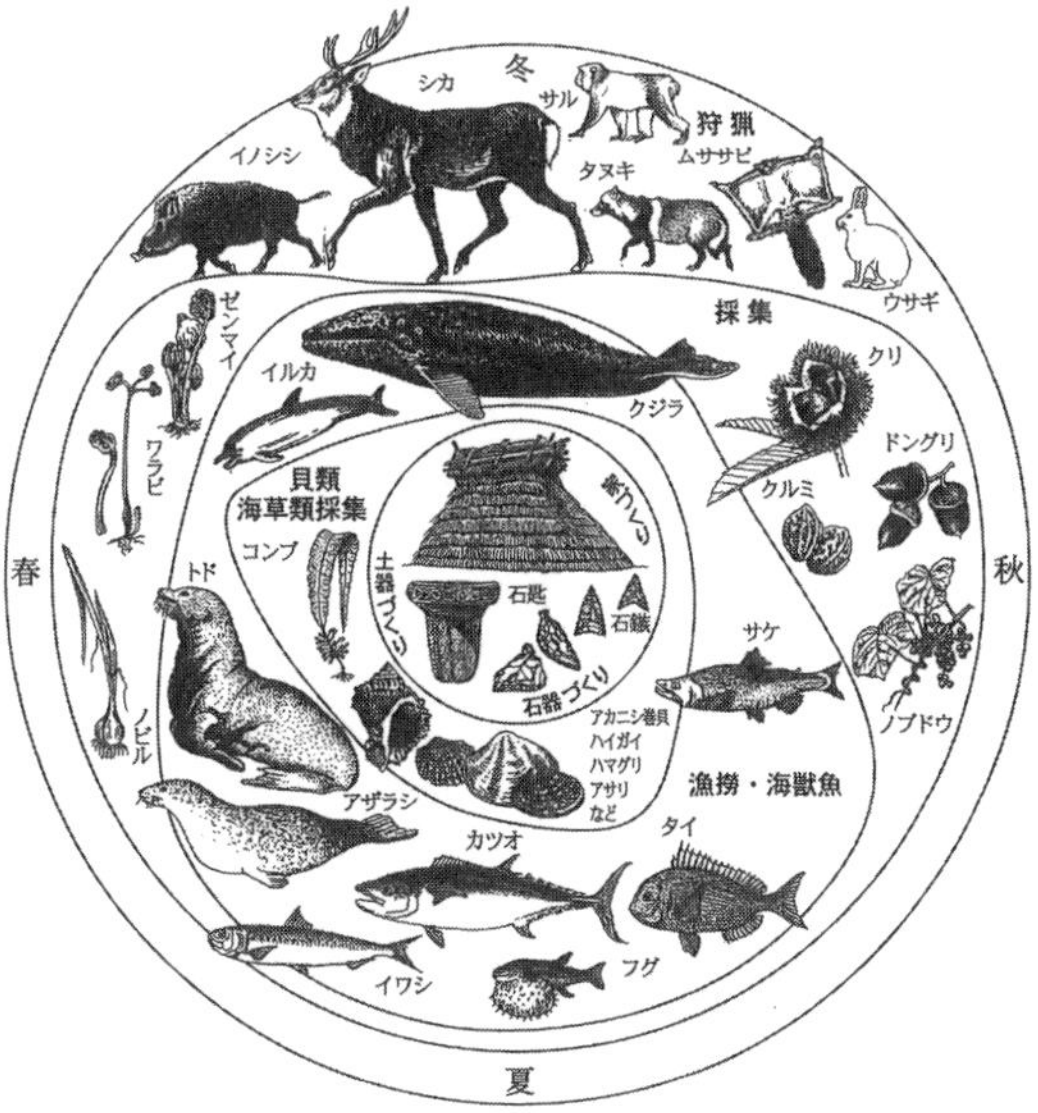

図７　縄文カレンダー（小林達雄『縄文人の世界』朝日選書）

と人と動物が混沌として一体となったアミニズムの世界と言われています。神もまた、社会を構成する一員であり、縄文人は動物と共に生き、それに神性を認めていたようです。猪の土偶や土器を飾った蛇、そして土面はその証拠となります。

　このように、縄文時代の祭祀具は縄文社会に活力をもたらすためのもので、生命の誕生並びに豊穣のマツリに関わる祖霊像・地母神の象徴なのでしょう。

3　祭祀遺跡調査・研究で見えてきたこと①

長い縄文時代、兵庫県では数少ない石棒祭祀の遺構である淡路市佃遺跡（後期）の石棒（石剣の配石遺構）は、北区縄文下層集落の広場に設置された年の始めの日の入り地点を観測するための装置であったと判明しました。ひょうごの縄文人も、季節を測る二至・二分・四立法（夏至・冬至、春分・秋分、立春・立夏・立秋・立冬）をすでに会得していたのです。

ムラの西方にある奥富士の山に太陽が沈む季節になると新年の準備に当たり、山頂が夕焼けに染まったその夜（立春）は、広場に集落構成員の全てが集まって、ムラ長《おさ》と大人の男・女も子供も一年の始まり・新しい春の訪れ（息吹・再生）を感謝し、山の神と共に供物の酒（果実酒）と干肉・保存食であるドングリ粉を利用した焼餅などを飲食し、歌い踊って祝ったことでしょう。冬が終わり、縄文カレンダーに沿った一年が始まるのです。

こうした季節を知るために、カミが特定の山に降りてくる信仰（神奈備山と重ね合わせた日の出・日の入り）は、人種が変わらない以上当然のことなのかも知れませんが、次の弥生時代に始まる水稲耕作の青銅器（銅鐸）祭祀にも引き継がれていったと私は考えます。なお、方位信仰を考えるにあたって、加古川市出身の歴史地理学者山田安彦氏（千葉大学）の著書（『古代の方位信仰と地域計画』古今書院、一九八六年）を参照しました。山田氏の名前は但馬で発掘調査をする際、たびたび報告書や雑誌を見て知っていたので、まさか歴史地理学者に信仰を考える人がいたとは懐かしくも新鮮な驚きでした。

第三章
銅鐸の祭り

1　石棒祭祀から銅鐸祭祀へ

西日本（特に中・四国、近畿）の弥生時代社会は、水稲耕作の開始に伴い石棒・土偶を用いた縄文祭祀を変質させて、大陸から伝わった青銅器を改変した銅鐸・銅剣・銅戈・銅矛を用いる祭りがその代表となってきます。そして、近畿地域では中期初め頃最も重要な祭りの道具となった銅鐸が、地霊と穀霊の依代として弥生農業共同体の祭祀に使用され、佃遺跡の石剣のごとく聖域に埋納する「地的宗儀《しゅうぎ》」の段階に進んでいったのです。

金関恕氏は『魏書』東夷伝馬韓《とういでんばかん》の条にある「蘇塗《そと》・鬼神《きしん》」に注目し、鬼神を祖霊、蘇塗は元々鳥杆《ちょうかん》を指し後にこれを立てた祭場を意味するようになったと解釈します（「まじないとうらないの世界」『宇宙への祈り』日本古代史第三巻、集英社、一九八六年）。

しかし、私が注目したいのは確実に弥生時代中期初頭まで残っていた結晶片岩製の石棒と土偶です。この後、西日本では土偶が分銅形土製品として継承され、石棒は土製品・木製品に姿を変え古墳・律令時代へと継続していきます。神道（神社）との関係で言えば、三重県伊勢神宮の心御柱《しんのみはしら》や長野県諏訪大社の御柱《おんばしら》は神の依代で、縄文石棒の名残りと考えられなくもありません。縄文の祭祀具は、弥生時代になると主要な祭祀具ではないものの、決して断絶はしていないのです。兵庫県の弥生社会の中で最も注目できるのが、古いタイプの銅鐸（中川原銅鐸・松帆銅鐸）と弥生時代の石棒（井手田遺跡、神子曽《みこそ》遺跡）を出土した南淡路島（洲本市・南あわじ市）の地域です。ここには、近畿で一番古いとされる細形銅剣（古津路《こつろ》遺跡第十四号銅剣）も存在しました。

縄文祭祀具の継承

九州北部（佐賀県・福岡県）や本州最西端地域の山口県では、稲作と共に大陸から渡来してきた人々の持ち込んだ神観念（田の神など）が即拡大したことでしょう。しかし、近畿地域の兵庫県では縄文時代の人々が新しい生業《せいぎょう》（水稲耕作）を受け入れたため、一気に祭祀の変化に結びつくことはありません。このことを物語るのが、弥生前期の土偶（神戸市長田神社境内遺跡、写真9）や石棒（たつの市新宮宮内遺跡・黍田《きびた》原遺跡、神戸市新方遺跡・戎町遺跡・大開遺跡など）の類です。西播磨の遺跡に、結晶片岩製の石棒が中期末まで残っていると注意したのは佐用町教育委員会の藤木透氏でした（「播磨地区出土の石棒類の

写真9　弥生土偶　長田神社境内遺跡（神戸市教育委員会）

集成（1）」『ひょうご考古』第八号、二〇〇一年）。水稲耕作と共に受け入れた新しい文化（文物）の中に、縄文時代のマツリも変化することなく継承されていたのです。

縄文文化を受け継いだ神戸市新方遺跡の人骨群

では、なぜ稲作が始まる弥生時代になってもこうした祭祀が残ったのでしょうか。

これを解決したのが、弥生時代前期の土器が入った溝から発見された神戸市新方遺跡の人骨群（写真10）と、竪穴住居跡出土の石棒（写真11）です。石棒は、丸い住居跡の床面から前期の土器片と一緒に出土しました。前期の年代であることは、間違いありません。前期の人骨群について、一人は身長一五五〜一六〇センチでがっしりとした体格、三〇〜五〇歳ぐらいの男性です。人類学者の片山一道氏（京都大学）によれば、顎が頑丈で手足の筋肉がよく発達し、歯がよく磨《す》り減ってい

写真10　前期弥生人の人骨　新方遺跡
（神戸市教育委員会）

るなど、縄文人そのままの体形・体質だそうです。彼は勇敢な戦死者だったのでしょうか。色々な方向から一七本もの矢を受けて、石鏃が体の中に残ったまま仰向けに埋葬されていました。二人目は三十代の男性で、身長一六〇センチ。一人目の男性と同じく筋肉質で、縄文人に多い特徴を持っています。また、上下左右の犬歯を抜歯しており、縄文人の習俗が残っているのです。一人目と異なるのは、珍しいうつ伏せに葬られていることです。さらに、後の調査で発見された鹿角製の指輪を持った二〇～三〇歳の男性も、上顎の犬歯を抜歯した状況が見られるようです（『新方遺跡』野手・西方地区発掘調査報告書1神戸市教育委員会、二〇〇三年）。

写真11　弥生石棒　新方遺跡（神戸市教育委員会）

この人骨群が評価されたのは、彼らが弥生の水稲耕作という画期的な新しい文化と、縄文の伝統的な森の文化（狩猟採集）の両方に立ち会った当事者達で、弥生時代の開始を考える上で多くの資料的な価値を持っていることによります。

弥生時代（水稲耕作）が始まっても、骨格だけでなく抜歯という習俗までも持った縄文人そのままの人達が生活していることは、北部九州や山口県土井ヶ浜遺跡の人達のごとく、直に水稲耕作を取り入れ渡来人と混血した地域ではなく、ひょうごの縄文人（在地の人々）はこれらを間接的に受け入れて、弥生文化の持ち主（弥生人）になった人々であることを証明しているのです。それ故、これら石棒についても新方遺跡人の抜歯と同様に、伝統的な縄文の信仰・文化（習俗）を捨てることができなかった結果・現象と捉えるのです。

新来の農耕祭祀のマツリ

新方遺跡や新宮宮内遺跡出土の石棒を実見した時に、石材が結晶片岩であることも気になりました。この石材は徳島県から和歌山県にかけて三波川変成帯で生まれ、兵庫県内では淡路島南端の沼島でのみ採取できます。南あわじ市の井手田遺跡（神戸市大開遺跡同様、県内最古の弥生遺跡）の平成十八年の兵庫県教委の調査でも、石棒が前期末の土坑（D区〇一・〇三など）から別々に三点以上も出土しています。特に、小ピット出土のもの（S—一三〇）は立てられていたのではと考えます。共伴する土器は、前期末から中期初頭の年代です。そして、平成二十七年に南あわじ市の松帆で我が国最古クラスの銅鐸群七点（菱環鈕《りょうかんちゅう》Ⅱ式一点、外縁付鈕Ⅰ式六点、写真12）が、砂利加工用に集められた砂山から偶然に発見されました。井手田遺跡前期の溝の土器は細かく再検討しなければなりませんが、淡路島においては中期初頭（第Ⅱ様式）の時期に祭祀具が石棒から銅鐸へと入れ替わった可能性が高まってきたのです。また、地域（西播磨・北播磨）によっては前期だけでなく、中期後半まで石棒を使用した祭祀が続いていたとも考えています。

佃遺跡の石剣（棒）祭祀と同様に、次の青銅器祭祀も目的は季節を把握するために実修した祭祀で、神が降臨する神体山（神奈備）及び水稲耕作に必要な水源を介して繋がっているようです。縄文時代の石棒祭祀と弥生時代の銅鐸祭祀を見ていくと、間違いなく祭祀具は変化していますが、しかし、新方遺跡の弥生人に見る祭りの本質・目的（太陽観測による四季の判別）は、祭祀具の変化（石棒から銅鐸）とは別な思想・信仰で、変わらなかったと考えました。それ故、私は祭祀具が石棒から青銅器へと変化しても、縄文祭祀と弥生祭祀には断絶がないと捉える立場なのです。

写真12　松帆銅鐸（南あわじ市教育委員会）

銅鐸祭祀の考え方

銅鐸について、佐原眞氏は銅鐸を農耕祭祀に使用するものと考え、聖域に埋めて保管し、祭りの際に取り出したとする地中保管説を提起します（「銅鐸文化圏」『図説世界文化史大系』第二〇巻日本I、角川書店、一九六〇年）。神話学の三品彰英氏も、地霊のまつり（地的宗儀）から日の神信仰（天的宗儀）の流れの中で銅鐸を地霊・穀霊の依代と考え、大地に納めておくことが大切で、これを取り出すことにより地上に迎え、まつりを行ったとする見解を提示し（「銅鐸小考」『朝鮮学報』第四九冊、一九六八年）、佐原氏の地中保管説を補強してきました。

一方、篠山出身の酒井龍一氏（奈良大学）や森岡秀人氏（芦屋市教委）等は詳細に見れば差異はあるものの、基本として銅鐸を共同体の非常発生時に邪悪なものや外敵を防ぎ止めるため、地域の境界に埋納したとする祭祀結界説を提唱しています（酒井「銅鐸・内なる世界」『摂河泉文化資料』第三巻第二号、一九七八年）、森岡「銅鐸と高地性集落」『芦の芽』（二七号、一九七五年）。兵庫県が生んだ弥生研究第一人者達の大変魅力的な説です。

2 青銅器の祭り・桜ヶ丘銅鐸の発見

一九六四年（昭和三十九年）十二月十日、弥生青銅器の代表として国宝指定になった神戸市桜ヶ丘銅鐸一四個と銅戈七本が発見されました（写真13）。

私は、当時の様子を最も良く知る元神戸新聞社の檀上重光氏から宍粟市千種町（平成二十五年末、宝篋印塔調査時）の夜に民宿で、以下のように伺いました。

写真13　桜ヶ丘銅鐸・銅戈（神戸市立博物館）

「何や分からん不発弾のような形をしたものが、灘区桜ヶ丘町で土取り作業中に出土したようだ。その翌日、何故か魚崎小学校から新聞社に何度か連絡が入り、私に繋がったのは確か午後だったと思う。すぐに、保管場所の東灘区魚崎町清重建材店に飛んで行き、裏の土間に銅鐸と銅戈が置いてあるのを見たときは、さすがに驚きで口も聞けなかった。落ち着いてから、小林行雄博士（京都大学）に銅鐸の数と銅戈が共伴という連絡を入れて待ち合わせ、遺物と出土地を視察してもらい取材活動が始まりました。その後は、神戸新聞社会面の半分まで銅鐸関連の記事が埋めたことからも分かる通り凄い過熱振りで、『祖先のあしあと』の記事取材以上の興奮と感動を味わいさせてもらいました」と言うのです。

神戸市教委から連絡を受けた兵庫県教委は、十二日に県文化財専門委員の辰馬悦蔵氏・武藤誠氏と、銅鐸研究の大家である梅原末治氏を出土地点と保管場所に案内し、十三日から末永雅雄氏・武藤誠氏等による緊急調査が行われました。辰馬・梅原・武藤三先生の感激も並大抵のものではなかったでしょう。出土品は、仮保管の神戸市立美術館から翌四十年四月二十二日に東灘区の白鶴美術館へ移され、神戸市が須磨離宮公園内に保管・展示施設（考古館）を建てることで、正式に所有者と決まりました。また、昭和四十三年の春には神戸新聞創刊七〇周年記念事業として、白鶴美術館において「日本の銅鐸」展で一般公開されたのです。

現在、兵庫県内から出土した銅鐸は摂津（伝摂津を含め）で二七点、播磨（所在不明と伝播磨を含め）でも一二点、淡路（所在不明と伝淡路を併せ）では二一点、丹波二点、但馬六点と、旧五箇国の集合体とは言え、県全体で六八点の全国最多の出土数を誇っています。

これらの中で、特に注目した前記神戸市灘区の桜ヶ丘銅鐸の出土位置（図8）と、所在する地区の通称「神岡」（『祖先のあしあとⅡ』のじぎく文庫、一九五九年は神岡山と記す）の地名で

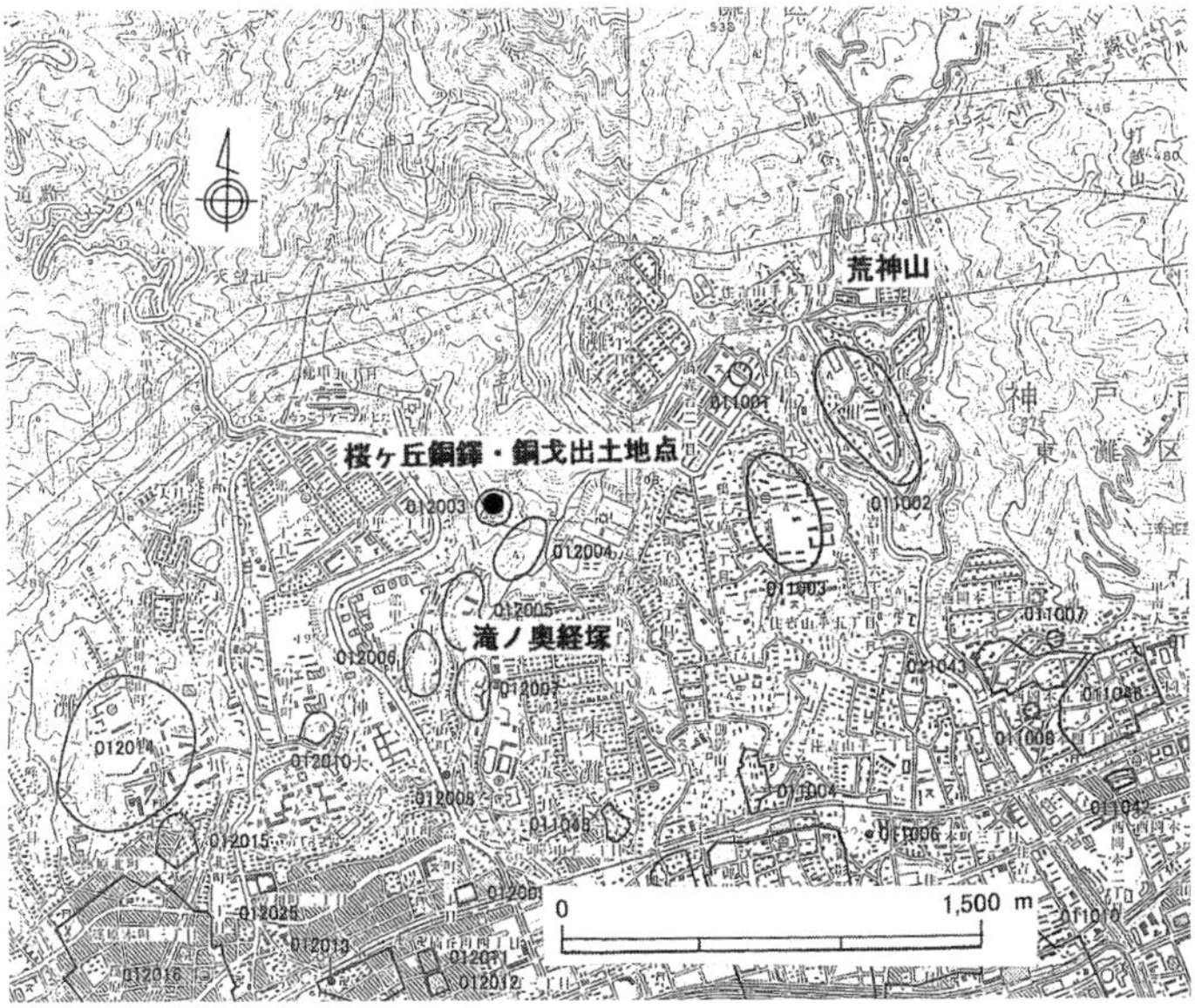

図８　桜ヶ丘銅鐸・銅戈出土地点と荒神山の位置図
（『兵庫県遺跡地図』兵庫県教育委員会）

す。近くに、桜ヶ丘遺跡B地点と呼称される同時期の高地性集落も存在します。さらに、遺跡の南には滝ノ奥遺跡があり、平安時代中期には寺院、そして経塚が営まれるなどしている地域です。この地は、播磨一宮の「伊和の里」と同様に銅鐸や経塚が埋納されて以来、長く聖なる地であるとの認識が残ったからこそ、神岡山と呼ばれたのでしょう。

また、昭和五十九年と六十年に銅剣三五八本・銅鐸六個・銅矛一六本が発見された島根県荒神谷遺跡は斐川町の「神庭」という地名で、神庭・荒神谷遺跡とも呼ばれています。このように、青銅器の発見地は後世に神岡や神庭、そして播磨夢前《ゆめさき》町神種《こうのくさ》と、神の文字が付く神聖な土地が多く見られるのです。

では、当時聖地に常駐しない神（神社建物の無い時代）は、何処《いずこ》に鎮座していたのでしょうか。『出雲国風土記』の出雲郡には神名火《かんなび》山が記載され、その比定は神庭荒神谷銅鐸出土地の小谷入口から南西方向約三キロメートルに見える仏経山とされています。そして、私は桜ヶ丘遺跡の埋納地点から望める東に位置する荒神山、この山を六甲弥生人の神奈備と捉え直してみました。また、青銅器の埋納場所は水源の近くであり、祭場として神岡や神庭と呼ばれたと考えます（昭和五十三年に神戸市教委の奥田哲通氏が桜ヶ丘B地点遺跡を調査され、現地を訪ねた時は、埋納地と日の出の方位を考えず坊主山を神奈備に捉えていました）。そして、近年（野々間銅鐸と多紀連山清水山の関係から）この神奈備と銅鐸出土地点の関係にも、日の出・日の入りが絡んでいると捉え直したのです。銅鐸・銅戈出土地点からは唯一東の芦屋方面が望め、荒神山は東から北方向に二十九度、山頂部が銅鐸出土地点から見た夏至の日の出の場所（ライン上）に当たりました。こう考えれば、瀬戸内海を望める南側斜面でなく荒神山の見える山陰側に青銅器を埋めた理由も妙に納得できるのです。決して、隠蔽・隠匿したということではありません。

兵庫県内出土遺跡から見た銅鐸観

神奈備（神名火・甘南備等）山に私が注目したのは考古学を本格的に学び始めた頃、神道考古学提唱者の大場磐雄博士と出会い、青銅器（銅鐸）の発見が多い故郷の西播磨にも宍粟市一宮町閏賀銅鐸（宮山）を始め、山崎町須賀沢銅鐸（最上山）、姫路市夢前町神種銅鐸（明神山）など富士山を小さくした秀麗な山が見られ、山の神（稲作に必要な水源と神奈備）、そして大場先生が注目された古代氏族の加茂氏とも関係があるのではと考えたからです。

大学院の修士論文にも銅鐸を選び、「銅鐸のまつり―南海道の出土遺跡を中心に―」を書き上げました。その際に、添付した資料の一つ豊岡市気比《けひ》銅鐸出土地の写真を、恩師の乙益重隆教授に提供し、乙益重隆「弥生時代の信仰遺跡・遺物に見る二つの視点」（『神道考古学講座』第一巻、雄山閣、一九八一年）に使用してもらいました。この写真は、銅鐸出土地と神奈備との関係を考えるために撮影したものです。

豊岡市気比銅鐸出土地（図9）は、大正元年に地元の石工さんが採石中に発見した外縁付鈕を含む四個の古い型式の銅鐸で、巨岩背後の入り口を塞いだ岩窟内に貝殻などを敷いた状態で出土したものです。この特異な出土状況から「銅鐸隠匿説」が提出されましたが、大学の先輩三木文雄氏や後輩の井上洋一君（共に、東京国立博物館）は銅鐸の錆《さび》を詳細に観察し、再埋納されたものと結論付けています。

元の埋納地は明らかでありませんが、同図の少し南に行った谷間には式内社気比神社が鎮座し、川を挟んだ西の山麓部には太平寺跡や太平寺経塚が存在します。当該地は、桜ヶ丘銅鐸出土地と同じ聖地であり、山頂部が現出土地碑から見た真西となり、春分・秋分の日の入り地点に当たるのです。それ故、再埋納だとしても元の埋納地は遠く離れた場所とは考えられません。

　兵庫県に勤めた当時、神奈備と銅鐸埋納地の関係は神懸り論と揶揄され誰も信じてくれませんし、可笑《おか》しなことを言う人だと見られていました。しかし、昭和五十九年荒神谷銅剣（三五八本）の発見により松江高専の島田成矩氏が、『出雲風土記』記載の神奈備（仏経山）が祭祀の対象だったと指摘し、森浩一氏（同志社大学）も後の出雲国式内社の総数と銅剣数の奇妙な一致に注目されると、周囲の評価は変わってきました。考古学の物的証拠のみが科学的・合理的で、神話伝承は非科学的なものですか。さらに、神話伝承の類をその記録の成立年代よりも遡り考えるのは、考古学では不遜《ふそん》なことなのでしょうか。

図９　気比銅鐸発見地点と太平寺経塚が立地する山の位置図（『兵庫県遺跡地図』兵庫県教育委員会）

　島根県荒神谷発見前の昭和五十六年の秋から冬に、県内の丹波市春日町（図10）で銅鐸（野々間一号・二号鐸）が発見されました。一つは自然薯掘りの時、もう一つはこの発見銅鐸調査の際に、同僚の種定淳介君が隣接地で発見という幸運に恵まれたのです。彼はこの報告書（平成二年刊行）に、私が神奈備山と捉える猪ノ口山（黒井城跡）や多利小富士山は出土地から望めないと記しています。何故なのか、見えない以上どうしようもありません。随分、悩み考えました。そして、月日は流れ改めて出土地点から見える西正面の多紀連山に眼を移すと、佃遺跡の石剣と同じように、大場先生の言われた日の出・日の入りが絡んでいると閃きました。清水山の山頂地点（真西から南へ二十一度の位置）が、銅鐸出土地から見た立春の日の入り地点に当たると確認できたのです。これに間違いありません。単に、神奈備山が存

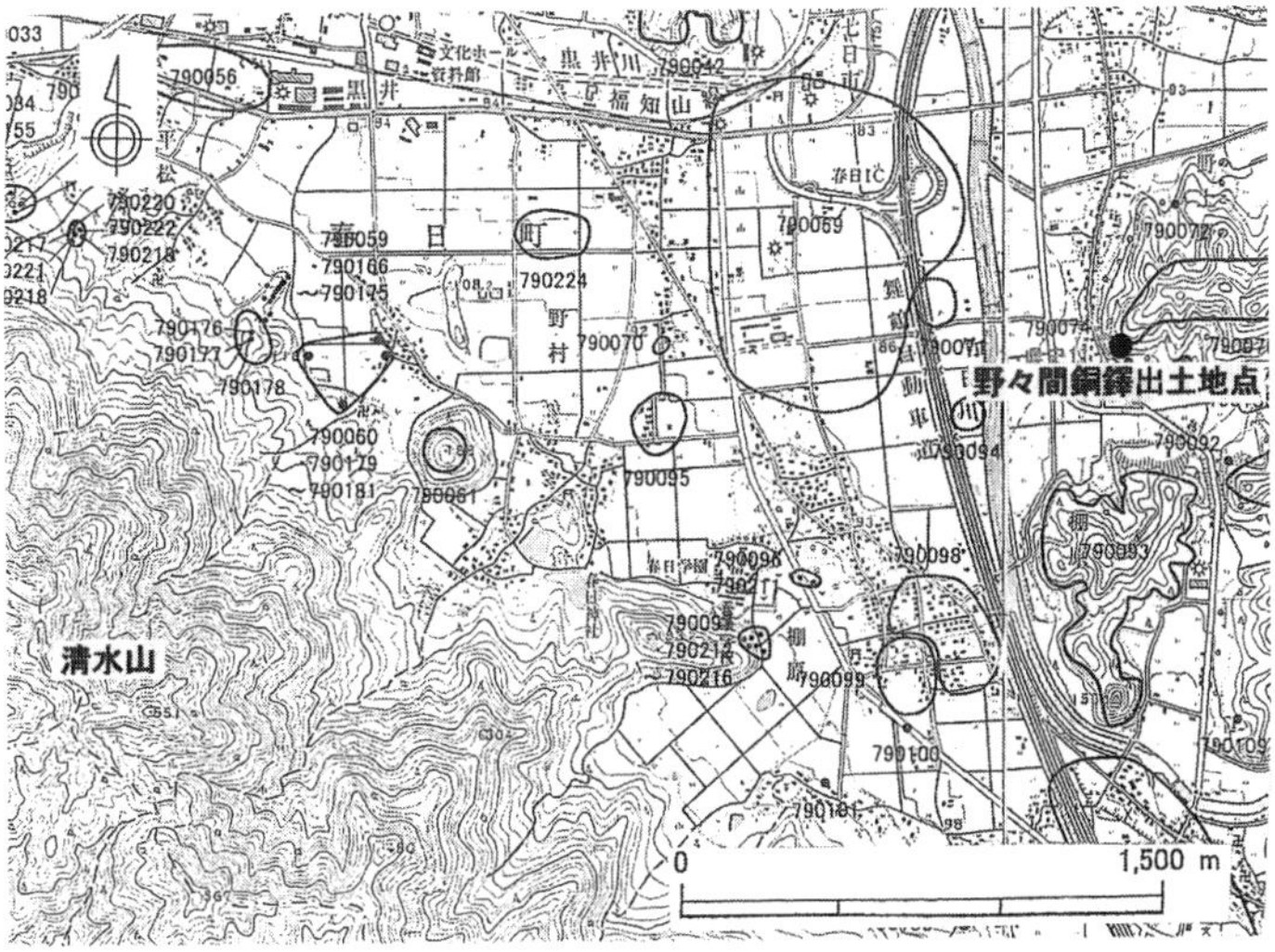

図 10　野々間銅鐸出土地点と清水山の位置図
（『兵庫県遺跡地図』兵庫県教育委員会）

在するだけではなく、埋納地と神奈備山は四季の日の出・日の入りの方位・方角と関係していたのです。

さらに、この視点で第一章の「2　祭祀遺跡とは」で紹介した宍粟市一宮町の閏賀銅鐸（図1）に戻ると、出土地点から宮山山頂地点を結ぶライン（真東から北へ二十度の位置）が、立夏の日の出地点に当たることが判明していました。

しかし、弥生時代の農耕社会では立夏よりも立春か春分の方が大事なのではと考えていた私に、たつの市教委の義則敏彦さんから電話が入り、宍粟市教委の田路正幸さんの案内で急遽伊和三山に登ることになりました。花咲山と白倉山の磐座は、とてつもない巨岩（屏風岩）です。これは、古墳時代の磐座祭祀（例えば、伊和神社ご神体の鶴の石や奈良県山の神遺跡の磐座）ではなく伊和神社建立後から今に続く新しい祭祀遺跡でしょう。その証拠に、今も岩陰に木製の祠が残っています。沖ノ島遺跡の第二期とされる岩陰が祭場となる祭祀に相当するものでしょう。さらに、白倉山から何気なく見た高畑山が真西に見えるではありませんか。閏賀銅鐸出土地から見る神奈備は宮山では無く、白倉山だったのです。これだと真東に昇る春分と秋分の日の出を拝む場所になります。弥生時代の神山は、形の良い山よりも尖った高い山が神の降り易い処だったようです。もちろん、白倉山へ行く途中の瀧ノ内経塚へも寄りました。やっぱり、考古学は現地に行かなくては駄目な学問でしたね。

そこで、穂積裕昌氏の提言（日本考古学協会第七七回総会）にあるように、祭祀は対象別ではなく、目的別に再編した方が良いと考え直してみました。銅鐸祭祀の対象は、神奈備もしくは高く聳える形の霊山と水田耕作のための水源であり、目的は地的宗儀である以上大地の霊を保護し、春の蘇り（再生）と秋の豊かな稔りを促すことにあります。季節を知るための太陽観測は方策と考えれば、石棒祭祀と銅鐸祭祀は本質的に繋がるものだったのです。南あわじ市井手田遺跡の石棒祭祀の終焉と、同市松帆銅鐸祭祀の開始が連続していても不思議ではありません。当然なのです。

加古川市望塚出土の銅鐸

写真 14　望塚銅鐸（兵庫県立考古博物館）

平成十九年の秋、兵庫県立考古博物館が播磨町大中遺跡隣接地に開館しました。嬉しいことに、埋蔵文化財調査を担当する部門も併設です。そして翌々年、加古川市望塚《ぼんづか》出土の銅鐸（写真14）を館の収蔵品に加えました。また、当該銅鐸出土地付近の調査が東播磨南北自動車道路の工事に伴って実施され、埋没古墳の東沢一号墳を発見したことから、直良信夫氏の報告（「播磨国賀古郡八幡村望塚に於ける銅鐸出土の状態について」『歴史地理』第四九巻第一号、一九二七年）された銅鐸出土地上の墳墓（図11）がこの古墳と特定できた訳です。

　ここから周囲を見渡せば、西方向に私が神奈備と考える城山が加古川を背景に美しく聳えます。改めて、出土地と城山山頂を結ぶ線上は、東西ラインから北へ二十九度の位置に当たり、夏至の日の入り地点になりました。一年で昼間が最も長く、太陽の運気が強まった日です。もう間違いないでしょう。

図11　望塚銅鐸出土地点（東沢１号墳）と城山の位置図
（『兵庫県遺跡地図』兵庫県教育委員会）

また、この城山（神奈備）は三木市の正法寺山銅剣出土地から望むと、立春の日の入り地点にも当たっていました。さらに、気になったのが東播磨道現在の終点地（八幡稲美、望塚）です。東に雌岡山が見え、方位は立春の日の出位置（真東から二十一度南）になります。弥生人が見たのが雌岡山、後世に盆塚として「虫送り」に使用したのが城山の日の入りでしょう。

この点、興味を持ったのは祭祀考古学会・和歌山大会で偶然出会った千葉県の平沢栄作氏です。彼は定年後に考古学を始めた理系の研究者で、銅鐸祭祀が縄文信仰の祭りだったのではないかと話しかけてこられたのです。その後に送っていただいた書籍（『銅鐸祭祀起源の考察』アムプロモーション、二〇一四年）等を見る限り、大筋では似たような考え方をする人がいるんだと凄く感心した次第です。ただし、平沢さんは考古学者には理解してもらえないと悔しがっていました。

さらに、平成二十八年の祭祀考古学会・浜松大会で念願の静岡県天白《てんぱく》磐座遺跡（調査担当者でもある辰巳和弘氏の案内）を見学した時、浜松市の銅鐸の谷（この谷は、最終末の三遠式と近畿式銅鐸が計六個別々の地点から出土し、それぞれ水源地になっている）に立ち寄りました。神庭荒神谷遺跡のように、谷の入口に立地する岡の平遺跡（縄文の石棒出土地点）から神奈備山が見えないかと探したところ、北方向に竜ケ石山と三岳山が見えました。初め、竜ケ石山が神奈備かと考えましたが、三岳山には式内社の三岳神社が鎮座します。先の平沢氏は、三岳山と考えます。銅鐸の出土地から改めて見直す必要があるでしょう。なお、岡の平遺跡の石棒が季節を把握するための施設であれば、西方向の尉ケ峰（東西ラインから北へ二十度振る、立夏の日の入り）が対象になるのではと考えています。

香川県の我拝師山（神奈備）には山麓の二箇所から、滋賀県小篠原の大岩山銅鐸も合計二四個が三上山（神奈備）の近接地で、さらに広島県木ノ宗山（神奈備）も中腹の巨石下から銅鐸と銅剣が出土しています。

コラム①

加東郡河合村出土の銅鐸

明石原人（旧人）の発見者として著名な直良信夫氏が、昭和三年に発表された論文「聞賀発見の銅鐸とその出土状態」（『考古学研究』第二巻第二号）に、播磨地域は加東郡河合村高岡にも銅鐸が出土と記しています。この記事は、後輩の青銅器研究者の種定淳介君が注意するまで周知されることはありませんでした。

しかし、筆者が不思議に思ったのは、明治以降に高岡の地名ができてからここはずっと滝野村だったのです。河合村ではありません。また、単に河合が滝野の間違いならば気にしなかったのでしょうが、現高岡の周囲には先の条件に合う山も認められなければ、台地の上で江戸時代のおわりにため池を造り水田開発が始まるまで水源も見当たりません。

そこで、河合村は正しく高岡が間違いと捉え、河合村の中で高岡が付く地名を探し岡（今は森と合併し森岡に改名、小野市好古館の粕谷修一氏ご教示）に辿りつきました。この地は現在粟生町、『播磨国風土記』の記載では賀毛郡楢原里に属し糠岡（加西市糠塚山）が所在します。現小野側には神奈備と考える阿形山が認められ、銅鏃が出土した三ツ塚も存在しています。ただし、地元の人に確認したところ、昭和の初めに銅鐸を発見したという話を聞いた人はいません。筆者は、近津神社の周辺が出土地であろうと推測しています。なお、高岡出土とされる銅鐸は所在不明ですが、数ある伝播磨の一つが該当するのかも知れません。読者の皆さんは、どう考えますか。

兵庫県内から出土した武器形青銅器

兵庫県内の銅剣も、私の出身地である佐用町（旧南光町）では真東から北に二十度振った平松丸山（神奈備）の見えるごうろ山中腹の巨石の下（立夏の日の出地点）から出土し、西宮市では甲山（神奈備）の頂上でも発見しています。当該地には神山町が所在し、南側に下れば神園町・神原町もあり、中間地点には甑岩《こしきいわ》神社の磐座群が残っています。まさに、この地域も神に関わる土地（聖地）だったのでしょう。さらに、姫路市（旧安富町）谷山遺跡では、高地性集落の住居跡から武器型青銅器を転用したペンダントが発見され、「4　銅鐸から銅鏡へ」に記した青銅器の破壊と関わるのかも知れません。

銅鐸・銅剣・銅戈の祭りは、水稲耕作に必要な水の祭りも関係したのでしょう。青銅器埋納地は山の裏陰であったり、山頂や山腹だったりするのですが、そこは基本的に水源の近くであり、水源の谷を出るとその眺望に神奈備が存在するという埋納場所の共通する選地方法が見てとれるのです。県立考古博物館の種定淳介君は、銅剣を模した石剣が兵庫県内では「加古川・由良川の道」に沿って分布することを指摘しています。また、広島県木ノ宗山銅鐸・銅剣と同様に、神戸市保久良神社境内遺跡（金鳥山の中腹）では、巨石の下から大阪湾形の銅戈が出土しています。神が降臨するための目印として磐座・磐境が必要だったのかも知れません。この遺跡は高地性集落でもあり、後世瀬戸内海を行く船の目標である常夜灯が存在することも注目できます。

さらに、播磨地域、特に姫路市の名古山遺跡と今宿丁田遺跡付近、赤穂市上高野《かみこうの》遺跡近辺は銅鐸の鋳造地（製作場所）としても注意しなければなりません。

水稲耕作が本格化すると、兵庫県内でも祭りは農耕の祭祀が中心となります。すなわち、農耕のサイクルに合わせた豊作祈願の春祭り、稔りを感謝する秋祭りが執り行われたことでしょう。この時代は、水稲耕作と青銅器を始めとする金属器を受け入れた外来文化の社会です。大陸から渡来人の伝えた神観念が持ち込まれると、それを改変した新しい信仰も生まれます。青銅器が石棒に替わり、地域統合の象徴（地霊の鎮めと穀霊の護り）にもなっていきました。そして、「聞く銅鐸」から「見る銅鐸」へと、銅鐸に代表されるように青銅祭器は巨大化していったのです。銅鐸は桜ヶ丘四号・五号銅鐸に描かれた絵画から小林行雄氏も指摘するように、豊作を祈る農耕讃歌の祭りに使用したものであることは間違いありません。弥生の農耕社会は、地霊の荒霊を鎮めると共に穀霊を護ることが重要と考えて、この役目を銅鐸他の青銅器に与えました。祭場では悪霊を祓い、稲魂を励ますために打ち鳴らしたことでしょう。

また、神戸市垂水出土の石剣を始め同市青谷遺跡出土の石戈、神戸市玉津田中遺跡出土の木剣・木戈（写真15）、宍粟市田井遺跡（写真16）や赤穂市有年原・田中遺跡の銅鐸形土製

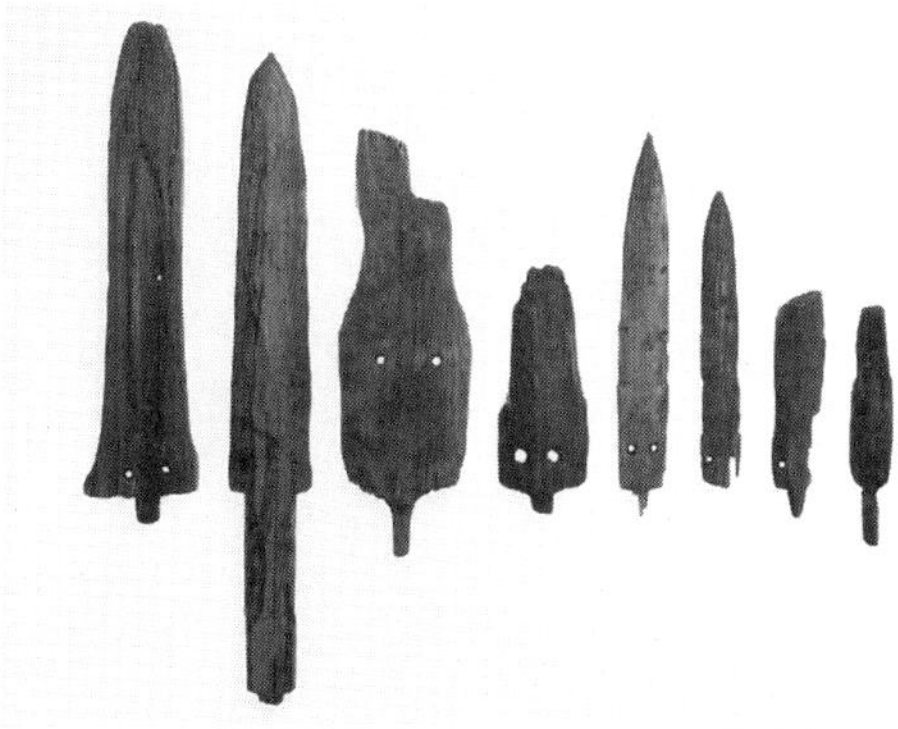
写真 15　木剣・木戈　神戸市玉津田中遺跡
（兵庫県立考古博物館）

写真 16　銅鐸形土製品
田井遺跡（宍粟市教育委員会）

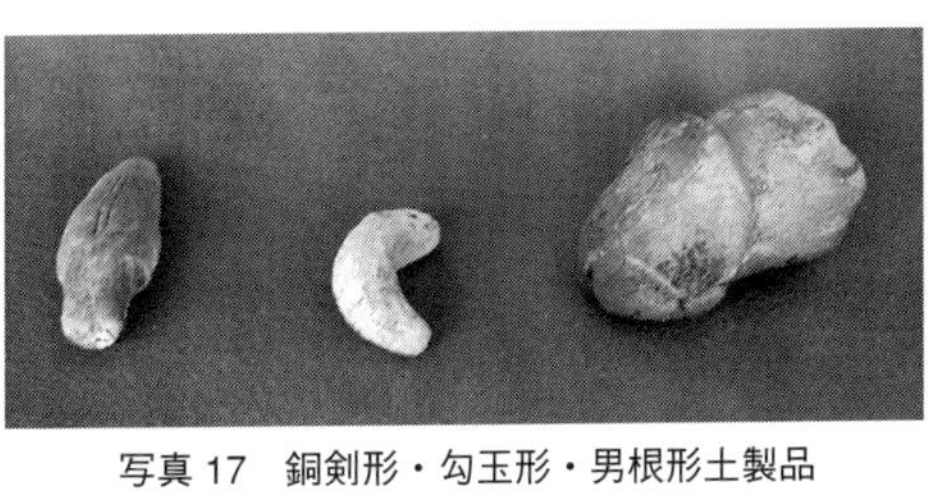
写真 17　銅剣形・勾玉形・男根形土製品
丹波市七日市遺跡（兵庫県立考古博物館）

品、丹波市七日市遺跡の銅剣形土製品（写真17）など、青銅で作った祭祀具を石製や木・土製で代用した例も認められます。

3　絵画土器

この辺り（弥生祭祀）の様子を描いたものに、鳥取県稲吉角田遺跡やたつの市養久山前地遺跡等の絵画土器があります。角田遺跡の大木には、銅鐸らしきものを吊り下げています。養久山前地遺跡例では、四頭の鹿・三棟の建物・一人の鳥装のシャーマン（司祭者）が描かれ、弥生祭祀の風景が復元できました（図12）。弥生祭祀の中心的役割を果たしたのは、この鳥装・鳥人シャーマンだったのです。そして当時、鶴や鷺たちは穀物霊を運ぶ鳥と信じられていました。また、銅鐸絵画と同じ魚・鹿・鳥を描いた川西市加茂遺跡（写真18）や西脇市大垣内遺跡・上郡町船坂遺跡出土

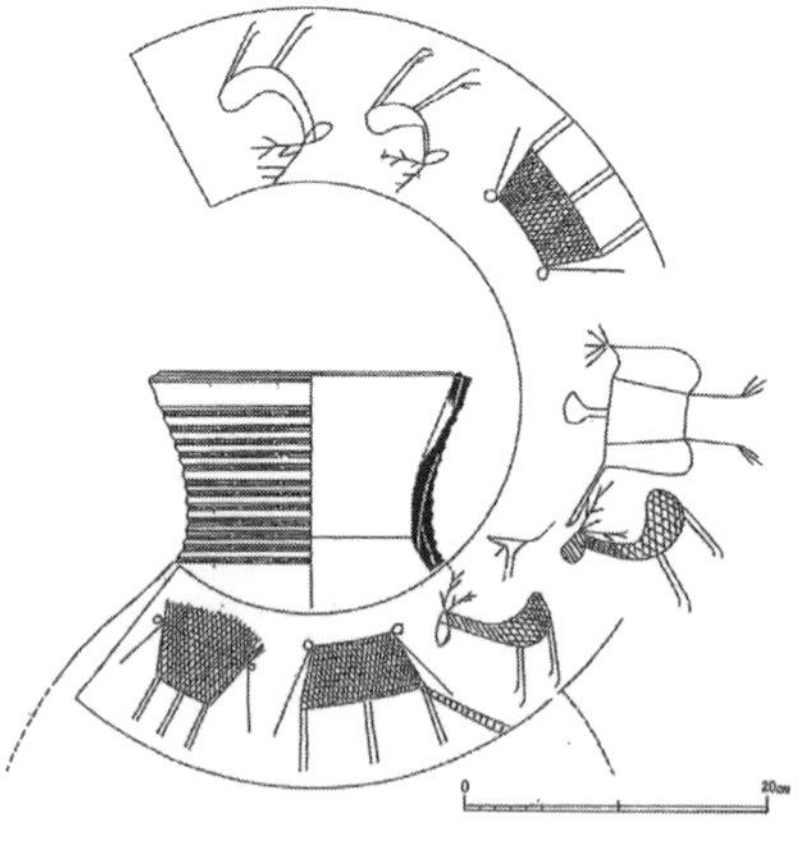

図12　弥生祭祀の風景画復元図　たつの市養久山前地遺跡（『養久山前地遺跡』たつの市教育委員会）

の絵画土器なども貴重なものです。

長越遺跡出土の絵画土器は太陽観測図

絵画土器で一番注目されたのが、古墳時代初頭頃の姫路市長越遺跡出土のものです（図13）。壺の胴部に、横に細長く四角の区画を描き、これを不揃いに三分割しています。そして真ん中の区画には大きく円を一つ、左右の区画には山の景観らしい稜線と山の左右に跳ねの付いた小さな円を一つずつ描いているのです。

発見当時、私は太陽か月が山に描かれている絵画土器程度にしか理解していませんでしたが、寺沢薫氏（橿原考古学研究所）は、これを一歩進め太陽観測と推測しました。そして、現地に赴き遺跡の北にある手柄山

写真18　魚を描いた土器　加茂遺跡
（川西市教育委員会）

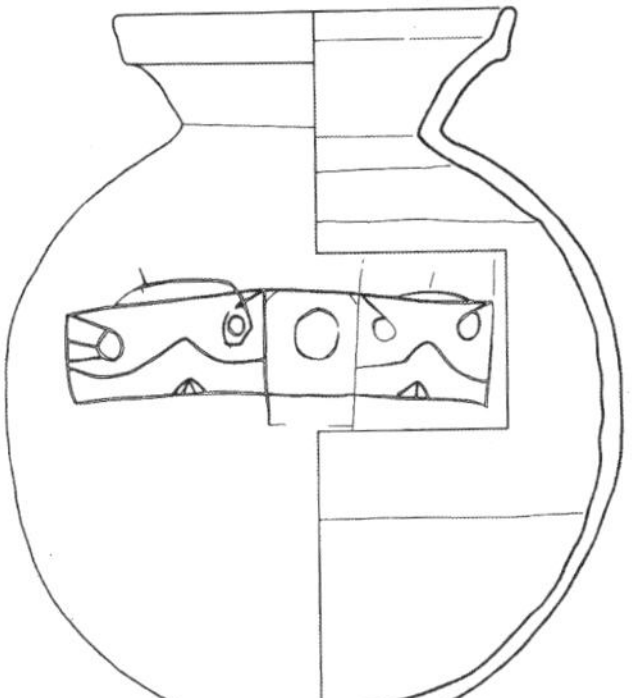

図13　山と太陽を描いた絵画土器
姫路市長越遺跡（「邪馬台国時代の兵庫県」兵庫県教育委員会）

から見た日の入り風景と判断したのです（「弥生人の心を描く」『心のなかの宇宙』日本の古代第十三巻、中央公論社、一九八七年）。真ん中の円は春分と秋分の太陽、最も北寄りの円は夏至の太陽、最も南寄りの円が冬至の太陽、間の二つの円を弥生人が農事にあたり一番重要な節目の立春・立冬と立夏・立秋の日の入りと捉えたのです。私もこの卓見に従って絵画土器を見直したところ、寺沢氏が一番大切とした立春の位置の円は二重丸（円）に描かれていました。正解なのでしょう。先を越されたなという悔しい思いしかありません。

早くから寺沢氏と同様な考え方をしていたにもかかわらず（5　祭祀遺跡調査・研究で見えてきたこと②）、長越遺跡出土の絵画土器のことは全く忘れていました。思い出せば、あの頃の頭の中には大溝から出土した古墳時代の祭祀遺物である有孔円板などの石製模造品の年代が、共伴した土器から見ると当時考古学の世界で考えられていた出現時期（五世紀）より古くなるという不可思議な現象で、石製模造品にしか目が行ってなかったのでしょう。これを解明しないと、次に進めないと焦っていたのかも知れません。播磨在住の研究者としては、情けない限りです。

長越遺跡の石製模造品の年代については、第四章「2　石製模造品を使用する祭祀」で説明しますが、後年調査の小野市高田宮ノ後遺跡で出土した有孔円板の伴出土器と共に、改めて四世紀後半に出現時期を特定し解決に至りました。なお、平成三十年明治大学で行われた春の考古学協会の総会の帰りに、同行の同僚だった渡辺昇君（学生時代長越遺跡の調査に参加し、関係者は遺跡西の山の風景と考えていたという）に尋ねてみたら、田井恭一氏（播磨町郷土資料館）が館報の第三号に自説を発表しているとのこと。戻るなりそれに目を通すと、寺沢氏の推定通りにそれぞれの日の入り日に併せ現地を訪れたら、手柄山から見たというよりも西に位置する金亀山からの日の入りに、ほぼ合致するとのことでした。また、寺沢氏の太陽観測図に賛同する奥野正男氏も、必ずしも手柄山から見た風景ではなく、長越遺跡がある東の市川堤防付近からみた東の山々（浦山と小富士山）が、それぞれの日の出位置と壺の絵が近い位置関係にあると捉えていました（『古代人は太陽に何を祈ったのか』大和書房、一九九五年）。私は、長越遺跡の所在する地点から西方を見たものと考えます。

また、絵画土器で注意すべきものとして神戸市玉津田中遺跡や同市郡家遺跡、太子町鵤遺跡・城山遺跡などに龍を描いたものがあります。郡家遺跡と城山遺跡の絵画は、簡略された蛇の姿になっていました。龍神信仰は中国から水稲耕作と共に新しく入ってきた信仰で、縄文祭祀の蛇とも関係する水と雨を司る神です。農耕と結びつき、雨乞いの対象にもなりました。

その他の絵画例　袴狭遺跡出土の琴板

次は、土器でなく祭祀具である楽器の一種と考えられる琴板に、魚（カツオ・サケ・シュモクザメ）と鹿を描く極めて珍しい杉板材を発見しました（図14）。木製人形など日本一の出土量で注目された豊岡市袴狭遺跡の最下層の遺構面からです。年代は、弥生時代後期から古墳時代前期

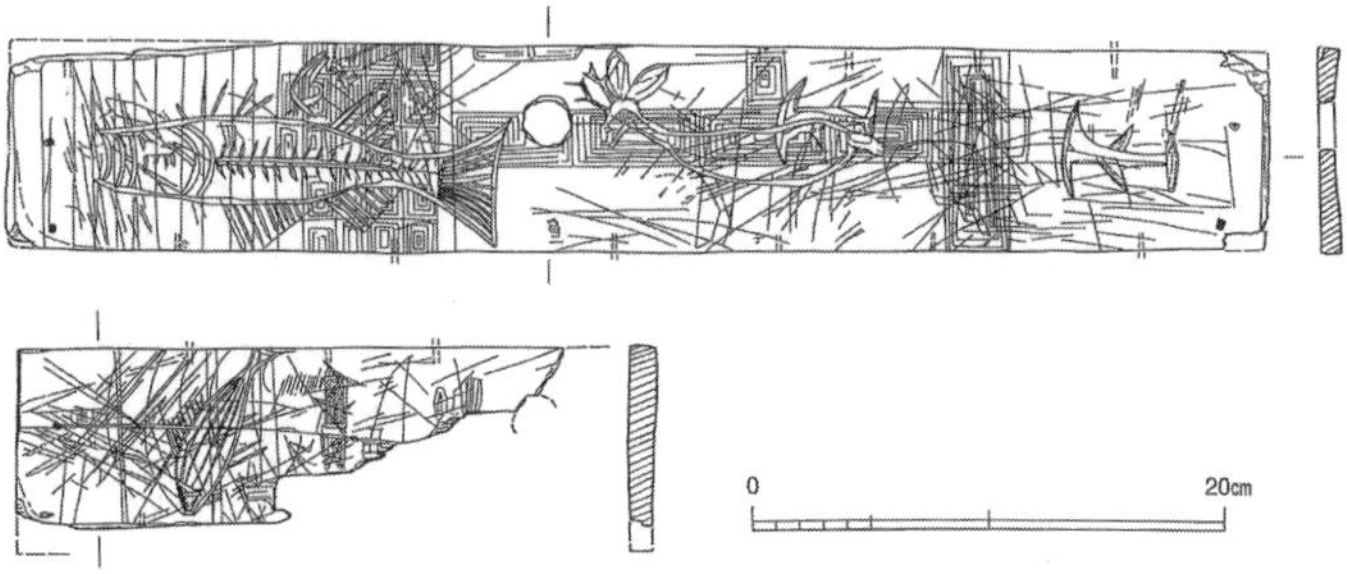

図14　琴板に鮭・鰹・撞木鮫等を描いた線刻絵画　豊岡市袴狭遺跡
（『袴狭遺跡』兵庫県教育委員会）

（庄内期）に相当します。

よく観察すると木釘で留めた跡があり、組み合わせると長さ五四センチ・幅一三センチ・高さ九センチのやや上広がりの箱形になることが判明しました。さらに、側板の上側辺にも木釘で留めた跡が残ることから、上板も取り付けてあったと分かります。なお、両側辺の中央部には直径二センチの孔が開けられています。絵は長側板の二枚に描かれ、一枚は完全なもので左を向いたサケ・鹿・シュモクザメを横に並べていました。もう一枚は破片で、カツオ・シュモクザメが鋭い刃物によって彫られ、絵の下には細い線で大小の長方形を重ねた幾何学文様と幾重にも平行線を描いています。

これらの絵のうち、特にサケとカツオは吻部《ふんぶ》・鰭《ひれ》と横縞など個々の特徴をよく捉え、それを見事に表現していました。弥生時代や古墳時代の遺物に魚の絵が描かれることは決して珍しいことではないのですが、これほど写実的で躍動感に溢れた絵は見たことがありません。この板材に描かれた絵画は、これまで持っていた原始・古代の絵画に対する認識を大きく変えるもので、我が国絵画史上極めて画期的な発見でした。

魚の絵で最も大きく描かれたのが、サケです。サケは成長すると産卵のために故郷に帰るのですが、この時期の雄は「鼻曲がり」と呼ばれ、吻部が肥大化し大きく湾曲します。さらに、サケ科の魚には背鰭と尾鰭の間に、脂鰭《あぶら》と呼ぶ小さな鰭があり、これも産卵期になると大きく目立ってきます。この絵には、そうしたサケの特徴がよく観察されています。また、この絵の大きな特色の一つに、体部中央の横線から上下に二十対余りの短線を彫り、背骨を表現していることが挙げられます。このように、本来見えないはずのものを透視して描く表現は「レントゲン画法」と呼ばれ、日本の古代絵画にもわずかながら認められるものです。

シュモクザメは鹿の尻部と重なって一尾、この後方には二尾、対面（カツオが描かれた板）には一尾が彫られていました。このサメは、頭部が左右に開いて突出し、その先端に眼が付きます。こうした体形が撞木に似ていることから、この名が付いています。この形態を、絵は見事に捉えていました。背鰭と胸鰭の位置関係や、切り立つような鰭の表現にも、サメの特徴が良く感じられます。このサメはサケを追って来たのでしょうか。

カツオの絵は、逆さに見ると海面に向かって今にも飛び出さんばかりの躍動感です。流線形の魚体、四条の横線で表現した縞模様、いかにもカツオです。また、カツオの左側にもサメの尾部と背鰭が見えています。カツオは回遊魚であり、サメと共に南の海から対馬海流に乗ってやってきたのでしょう。

鹿は真横から見た体部に足を四本、耳と角を二つずつという原始絵画の特徴である多方向からの視点で描かれた絵画でした。なお、この鹿は尻部に重なったサメの尾の一部を削っていることから、後に追加して描いたことが明らかになっています。また、耳と尾を深く彫り抜く表現に、か細い脚、鋭さに欠ける線なども他の魚の絵とは趣を異にしています。

春は鰹、夏に鮫、秋の鮭で、冬が鹿。但馬地域の自然から、この線刻絵画に与えた解釈の一つです。海の幸・山の幸という神への供え物（神饌）を描いたものですが、これらの動物は但馬の人々の生活と切り離せない貴重なものだったのでしょう。

『延喜式』によると、サケ・カツオ・サメは都に租税として納められた特産物です。但馬国は贄として「生サケ」を負担していました。都城で出土する木簡や『古事記』・『古風土記』などにもこれらの名は度々登場します。この木製品は単なる容器でなく、古代の弦の無い琴の共鳴槽と考えられ、出雲大社の琴板（箱の上を柳のバチで叩いて鳴らす楽器）に形態や大きさも良く似ています。古代の楽器の可能性が高く、出雲大社ではその音によって吉凶を判断する託宣の道具となっています。古代の楽器は祭祀に使用されることが多く、古代人の精神生活を知り得る好資料でした。さらに、近くで出土した日本海を走行する大船団を描いた板材と併せ、寒い雪の中でも頑張った我々調査員へ、古代人からの贈り物と考えています。

弥生時代の祭場と土製の祭祀具

絵画に描かれた祭場としての遺構は、男女一対の石偶（祖霊像）が出土した鹿児島県山ノ口遺跡や、大型掘立柱建物と大型刳抜《くりぬき》井戸が発見された大阪府池上曽根遺跡などが知られています。兵庫県でも、阪神・淡路大震災からの復興調査で尼崎市武庫庄遺跡に独立棟持柱を持つ大型掘立柱建物跡が見つかりました。

その他、祭祀具として分銅形・銅鐸形・勾玉などの土製品、鳥形・人形・陽物などの木製品、小型精製土器・手捏土器があります。分銅形土製品は、吉備南部を中心に瀬戸内沿岸部の遺跡に分布し、西播磨では赤穂市有年原田中遺跡・たつの市新宮宮内遺跡に多く出土し、佐用町東徳久《とくさ》遺跡（写真19左）、太子町亀田遺跡（写真19右）・鵤遺跡に発見されています。北播磨では加西市長塚遺跡と西脇市大垣内に見られ、いずれも中期後半のものです。東徳久と長塚のものは、

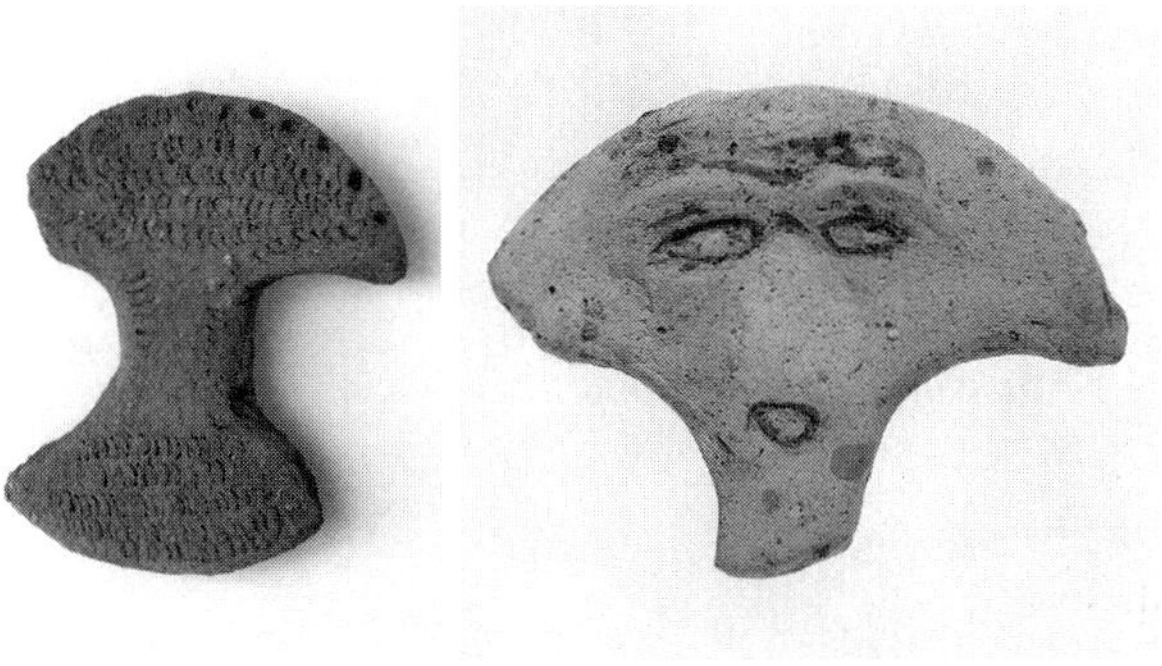

写真19　分銅形土製品　左：東徳久遺跡・右：太子町亀田遺跡
（佐用町教育委員会・兵庫県立考古博物館）

名称の由来が分かる完形品です。

また、その出現については姫路市丁柳ケ瀬遺跡（前期）のように、縄文土偶の影響も考えられました。これも、結晶片岩製の石棒と同様に播磨地域に残された縄文系祭祀の一つになるかも知れません。さらに、最近まで知らなかったのですが、太子町の沖代《おきだい》遺跡では弥生時代後期の竪穴住居址から人面形土製品も出土していました。

小型精製土器と手捏土器は、墳墓や住居に伴うなど様々な祭祀形態が想定できます。こうした中、加西市伏田遺跡の河道出土の手捏土器（後期）などは、古墳時代の前期・中期の農耕に関わる水の祭祀（佐用町本位田《ほんいでん》遺跡や西脇市大垣内遺跡と同市高田井《こうだい》遺跡出土品など）に繋がるものでしょう。

墳墓使用のガラス玉と朱の精製用具

墳墓祭祀においては、副葬品（たつの市新宮宮内遺跡木棺墓の管玉、加西市長法寺遺跡木棺墓のガラス玉、丹波市内場山遺跡木棺墓のガラス管玉・ガラス小玉など）の玉類や、水銀朱の使用が始まると各地で朱の製造（精製）が行われてきました。摂津では、神戸市伯母野山《おばのやま》遺跡にL字状石杵（中期末）の発見があります。東播磨には、玉津田中遺跡にL字状石杵（後期後半）と加古川市溝之口遺跡のL字状石杵（後期）です。西播磨は、たつの市養久山前地遺跡に石製臼（中期末）と新宮宮内遺跡の把手付広片口鉢（中期後半）が確認できました。北播磨では、多可町曽

写真20　L字状石杵・水滴状石杵　洲本市二ツ石戎ノ前遺跡
（兵庫県立考古博物館）

我井野入遺跡に石製杵（石棒の転用）・臼（後期）と三木市年ノ神遺跡・大二《おおふた》遺跡の把手付広片口鉢（中期後半）があります。但馬では、豊岡市森尾古墳の棒状石杵（古墳前期）と対田清水谷古墳群の九号古墳（古墳前期）から石杵。淡路では、洲本市二ツ石戎ノ前遺跡に出土したL字状石杵・水滴状石杵（後期前半、写真20）が朱の精製用具です。いずれも、赤色顔料（水銀朱）が付着していました。

また、動物では縄文人が好んだ猪より、鹿を信仰の対象（聖獣）に選んでいます。この点、『播磨国風土記』讃容郡条の地名説話にある鹿の生血を取り、これに種を蒔き成長を速めた呪術は大いに参考となるでしょう。なお、隣の岡山県や大阪府に出土例のある鹿・猪の肩甲骨を灼く占い（卜骨）の骨は未だ発見がありません。

4　銅鐸から銅鏡へ

銅鐸について、明石市出身の春成秀爾氏は先の佐原氏の考えを発展させ、稲魂を結び留めおくための祭器と捉え、この祭りには年中行事的なものと最後の祭りの二種類があったと説きます（「銅鐸のまつり」『国立歴史民俗博物館研究報告』第一二集、一九八七年）。さらに、近藤喬一氏や寺沢薫氏・福永伸哉氏は埋納の意義は異なるものの、埋納時期に二段階があったことを提示しました。

こうした見解から窺えるのは、銅鐸の最後の姿である埋納には中期末から後期初頭の段階と後期末の段階があり、弥生共同体の中では森岡秀人氏が説く集団主導型の首長制から個人型の首長制に移行していることです。逸早く、銅鐸祭祀を否定した吉備・出雲の地域は墳墓祭祀に努力を傾けています。私は埋めることを祭りの一環と捉えていましたが、後期末の埋納は銅鐸の否定に繋がっているのかも知れません。

卑弥呼の鬼道　兵庫県内の破砕銅鐸と鏡の使用

そして、後期後半になると埴輪の祖型である特殊壺・特殊器台が生まれ、墳墓上で祖霊と共飲共食を行う葬送儀礼が始まります。さらに、墳墓祭祀を導入した首長層の力が強くなってくると、共同体としての「見る銅鐸」は破壊（否定）＝断絶され、終末期には、道教の神仙世界を描いた中国製の神獣鏡が各地首長層の共通した祭祀具となっていきました。

女王卑弥呼の活躍した邪馬台国の頃に当たります。卑弥呼の宗教は、①シャーマニズムと呼ばれ神霊と直接交流して国を治め、病気や災厄の原因となる悪霊を祓除するもの。②鬼道《きどう》は道教を意味する。③一種の新興宗教と考え、シャーマニズムと道教を再編したものなどの説があります。いずれにしろ、外来の呪術を用い在来の祭りを圧倒したものであろうと考えます。考古学的には、但馬の遺跡で破砕された銅鐸（豊岡市久田谷銅鐸など、写真21）が見つかり、鏡が尊ばれる時代（豊岡市森尾古墳の正始元年銘鏡など）に入っていったのです。久田谷

写真21　破砕された銅鐸片　久田谷銅鐸
（豊岡市教育委員会）

銅鐸は銅鐸破片が何枚も重なる形で出土しました。破片は総数一一七片で、全体の2／5程度しか残っていませんが、銅鐸は意図的に破壊しない限り、叩いたりぶっつけたりした位では割れません。型式学的にも一番発達した段階の銅鐸が消失したのは、祭祀の変革があったとしか考えられません。こう捉えると、石棒とは異なって銅鐸祭祀は断絶しているようです。

卑弥呼が好んだ鏡は、奈良県ホケノ山古墳（県内では、たつの市綾部山三九号墓）などから発見された道教の「神仙世界」を描く画文帯神獣鏡（写真22）でした。なお、銅鏡は逸早く弥生の仿製品を作る中で小型化（神戸市表山遺跡・同新方遺跡・同長田神社境内遺跡など）し、古墳時代にも祭祀専用の小型化（明石市藤江別所遺跡・姫路市長越遺跡など）が進みます。播磨町大中遺跡では、住居跡から破鏡（内行花文鏡）、少し遅れ土製模造鏡や鳥形土製品も出土しています。

そうしたことを受け、卑弥呼を銅鐸の「地的宗儀」を駆逐した「天的宗儀」の奉載者であり、この天的宗儀こそが高天原信

写真22　画文帯神獣鏡　奈良県ホケノ山古墳（奈良県立橿原考古学研究所）

仰（太陽崇拝）を中核とする「原神道」とした説まで生まれています。卑弥呼の信仰を、高天原信仰にまで結び付けられるかどうかは定かではありませんが（案外、当たっているのかも）、天的宗儀（太陽崇拝）は次の倭王権の出現と呼応しながら成長していき、天武・持統朝に大成したのです。

5　祭祀遺跡調査・研究で見えてきたこと②

以上、弥生時代の銅鐸祭祀（地的宗儀）は破壊されることで、次の鏡を使用する祭祀（天的宗儀）とは断絶していました。しかし、縄文から弥生と連続した石棒祭祀と銅鐸祭祀の目的は大地（自然）の霊を保護し、春の蘇り（再生）と秋の豊かな稔りを促すため、太陽観測により四季の把握を行うという本質で繋がっていたのです。ただし、その方策となった太陽観測を、太陽崇拝・信仰そのものと捉え、鏡の性格と同じ天的宗儀と考えることは誤っています。あくまでも、石棒祭祀と銅鐸祭祀は地的宗儀であり、太陽そのものを信仰の対象にしたのは鏡を祭祀具として重用する邪馬台国時代、そして倭王権が出現してからなのです。

なお、弥生の青銅器は神奈備山など神が降臨する地の周辺に埋納されたのは間違いなく、これを季節把握のための太陽観測と推測しましたが、姫路市夢前町の神種銅鐸出土地は対象と捉えた明神山が北北西に位置し、季節を把握するための日の出・日の入り地点にはなっていません。この遺跡の神の降臨地は残念ながら明神山でなく、もっと西に所在する山（一乗山廃寺所在地北の山）が対象の候補になってきました。改めて、現地を見ながら検討し直したいと思います。

私の考えた弥生農耕社会の祭祀観

兵庫県で祭祀の研究を開始する原点になった三田市奈カリ与遺跡の調査報告書に、弥生時代の農耕祭祀を以下のように考えていました（「奈カリ与弥生遺跡の遺構・遺物よりみた二、三の祭祀事例」『北摂ニュータウン内遺跡調査報告書Ⅱ』兵庫県教育委員会、一九八三年）。

「水稲を中心とする農耕生活に関連して大切なことは、毎年の定期的な季節を知ることであったろう。世界における古代文明の発生地においては、極めて早くからそれぞれ太陽暦や太陰暦が創られて季節の把握が為されている。農耕における春の播種・手入れ・水の管理・病害虫に対する処理・秋の収穫・保存などを考えても、季節に併せた作業の重要性は改めて説くまでもないことである。日本における暦の伝来・普及は『古事記』・『日本書紀』に記載されているとおり、六世紀に百済より暦博士・医博士・五経博士の渡来によって、朝鮮を通じてもたらされたものであるといわれる。」

「では、これ以前の農耕、中でも水稲栽培に関連した季節の把握はどのようになされたのであろう。この点については、農耕祭祀に関連して次のように論究できるのではなかろうか。すなわち、エジプトにおけるピラミッドがその方位や特定時間の太陽の位置と深く関係しているように、太陽の特定の位置における出入りが、長い経験の積み重ねと極度の必要性によって季節識別の一大方法として用いられたのではあるまいか。詳細な時間を把握する点については、その必要性からも、水時計（漏刻《ろうこく》）・日時計などの使用と併せ、後世に視点を移すべきであろうが、初期水稲耕作に関連した時期の把握は、古老による天候や季節の識別と同じように、特定の目安になる土地の自然物である山や川、そして大岩などの位置するその地点から毎日の太陽の出入りを通じ、各集落の貴重な祭祀と深く結び付き、さらに春の祈年祭（予祝儀礼）や冬の新嘗祭へと発達していったのではなかろうか。」

「集落内で厳粛に執り行われる祭祀の多くは、対象が特定の山・水・石と種々であるけれども、こうした農耕関連の季節の移り変わりを太陽の位置で捉えた古代人の知恵、またこの季節ごとのまつりとを関連して把握できるのであろう。」

まさに、縄文（石棒）祭祀の目的は、弥生（銅鐸）祭祀の世界でも生き続けていたのです。

さらに、季節を知る上で重要なものに、自然の中の生き物の声や季節の香りがあるとも感じています。私は田舎育ちで、田植えが終わると暫く蛙の声です。次が蝉の声でミンミン蝉が鳴き始めると梅雨明けです。そして、ヒグラシ蝉の声が聞こえてくると夏の終わりを告げているように感じます。この蝉が鳴く夜には、鈴虫などの虫の音も聞こえ始めます。また、夏の暑い日が続く但馬の発掘現場では、夕方近くに赤トンボが飛び始めると肌に感じる心地よい風と共に秋が近いと感じます。四季の香りには春の梅の花、秋の金木犀の花などがあります。日本人には俳諧の世界があるように、季語が季節を知る風物詩だったのです。但馬地域での発掘に携わる日々の暮らし（平成三年から五年間の豊岡市出石町袴狭遺跡群での調査）は、人間にとって自然との共生が如何に大切なものだったのかを但馬人の優しく厚い人情と共に思い出させます。

ひょうごの縄文人と弥生人は繋がっており、早くから太陽が出入りする特定の山などを通じて、季節の把握がなされ季節ごとの祭祀と深く結びついてきたのです。そのための道具、神への捧げものとして、縄文人は石棒の類そして弥生人は青銅器の類を使用したことが明らかになってきました。縄文人と弥生人の暮らし（地域を繋ぐまつり）の本質は、変わっていなかったのです。また、縄文（石棒）と弥生（銅鐸）の連続性を神道考古学的に考えると、それを成し得たのは大和の物部氏（祖神ニギハヤヒ）になってくるのです（谷川健一『白鳥伝説』集英社、一九八六年）。本当に、谷川氏の直感の鋭さには頭が下がります。

私たち人間の暮らしは、科学の進歩に併せ快適な生活を求めながら、科学の発達がこれまでの不安・悩み（飢饉・自然災害の発生・疫病の流行など）を少しずつながら取り除いてきました。しかし、現代社会はより複雑で難解な不安・問題も生み出しています。精神生活への影響もその一つで、「心の問題」と如何に対処・解決するかが重要な課題になってきました。縄文人・弥生人の信仰は自然神が対象のため、現代人はここに安らぎ・潤いを見出すのでしょう。そして、岡本太郎氏が愛した縄文人や縄文土器、弥生人の生活（水稲耕作による自然（動・植物）との共生に見る優しい人間性）、これを見ならうことがこうした不安の解消に繫がる答えの一つと考えます。NHK日曜夜の『ダーウィンが来た！』を見ていたら、東京銀座にツバメが戻ってきているようです。人間が持ち込んだミツバチが、子育てのための餌になっていたとのこと。何はともあれ、自然との共生は良いことです。

第四章

王権の祀りと土着神の祭り

1　古墳の祀りと祭祀遺跡

古墳時代に入ると、農耕に関わる水の神など自然神の祭りに加えて、弥生時代の後期後半から重要視されてきた墳墓（古墳）の祀りが、大型前方後円墳の築造でより盛大になってきました。それ故、時代の区分にあたり縄文土器・弥生土器と続く土器（土師器・須恵器）の名前ではなく、古墳という名称を使用したことも大いに納得できるところです。

さまざまな古墳の副葬品

倭国、特に畿内地域には邪馬台国の女王卑弥呼の時代から古墳時代前期にかけて、多数の中国製神獣鏡が入ってきました。古墳では、この鏡・剣・玉

写真23　三角縁神獣鏡　西求女塚古墳
（神戸市教育委員会）

類に加え極めて呪術性の強い鍬形石・石釧・車輪石などの碧玉《へきぎょく》製腕飾類を埋納する特徴が見られます。奈良県黒塚古墳出土の三角縁神獣鏡と同県島の山古墳出土鍬形石などの腕飾類、兵庫県では朝来市城の山古墳出土の三角縁神獣鏡や神戸市西求女塚古墳出土の三角縁神獣鏡（写真23）、そして同市白水瓢塚《しらみずひさごづか》古墳粘土槨《ねんどかく》出土の車輪石・石釧の腕飾類（写真24）などが代表的存在で、その配置・使用には「辟邪《へきじゃ》」の意図が強く認められました。

写真 24　車輪石・石釧の腕飾類　白水瓢塚古墳
（神戸市教育委員会）

この腕飾類は南海産の大型巻貝に起源を持ち、神戸市兵庫区の河原遺跡（弥生・中期）でもゴホウラ貝の発見例があります。また、製作地は石川県片山津遺跡など北陸地域であり、これらを大和に集めた後、鏡と同様に配布したと考えられています。副葬品では最初に武器・農工具類の鉄製品がミニチュア化され、続いて銅鏡・武器・農工具・玉類・腕飾類と紡錘車（綜麻石）にも滑石で模造した製品（奈良県富雄丸山古墳・同県佐味田宝塚古墳・同県室宮山古墳・同県巣山古墳、大阪府津堂城山古墳、京都府久津川車塚古墳、三重県石山古墳、岐阜県矢道長塚古墳・同県昼飯大塚古墳、群馬県白石稲荷山古墳、茨城県常陸鏡塚古墳など）が加わってきます。なお、墳墓に初めてこうした石製模造品を持ち込んだのは、奈良県佐紀古墳群の佐紀陵山《みささぎやま》古墳、同県馬見古墳群中の佐味田宝塚古墳と新山古墳です。

その後、これらの実物や模造品は王権の祭祀具として、狭儀の祭祀遺跡（福岡県宗像・沖ノ島遺跡、奈良県山ノ神遺跡・同県石上神宮禁足地など）にも使用されました。そのため、一般には古墳や集落以外で滑石製模造品を出土する遺跡、土製模造品を出土する遺跡が祭祀遺跡と呼ばれてきたのです。

王権の神まつり遺跡

九州の宗像・沖ノ島遺跡では、こうした古墳の副葬品と共通する祭祀遺物が大量に発見され、その内容から大陸との交流があった倭王権の祭祀と評価できるものです。大陸との交流に併せて西国への石製模造品（鏡・剣・玉類）の普及・拡大を終えた王権は、五世紀後半以降今度は東国から東北の国々に滑石製の祭祀具を浸透させていきました。

古墳築造に関わる祭祀儀礼には春成秀爾氏（国立歴史民俗博物館）の論考があり（「前方後円墳論」『東アジア世界における日本古代史講座』第二巻、学生社、一九八四年）、竪穴石室の基底部を構築し粘土床に割竹形木棺が置かれた段階で、亡き首長から新首長への霊を継承する儀礼が行われたと言います。また、水野正好氏は埴輪から考えて、墳丘上で践祚《せんそ》（天皇霊の継承）大嘗祭が行われたと捉えました。人物埴輪を、新首長に従う構成員が自らの芸能を持って忠誠を誓う場面と解釈するのです（「埴輪芸能論」『古代の日本』第二巻、角川書店、一九七一年）。神道史学の岡田精司氏は、これを折口信夫氏の「真床覆衾《まどこおうふすま》」論の影響を受けたと考え、葬送儀礼と継承儀礼は異なるものと指摘しました。そして、水野説についても葬送儀礼と継承儀礼はあくまでも異なると、埴輪は継承儀礼の反映ではないと主張するのです。墳丘上での継承儀礼は、本当に無かったのでしょうか。

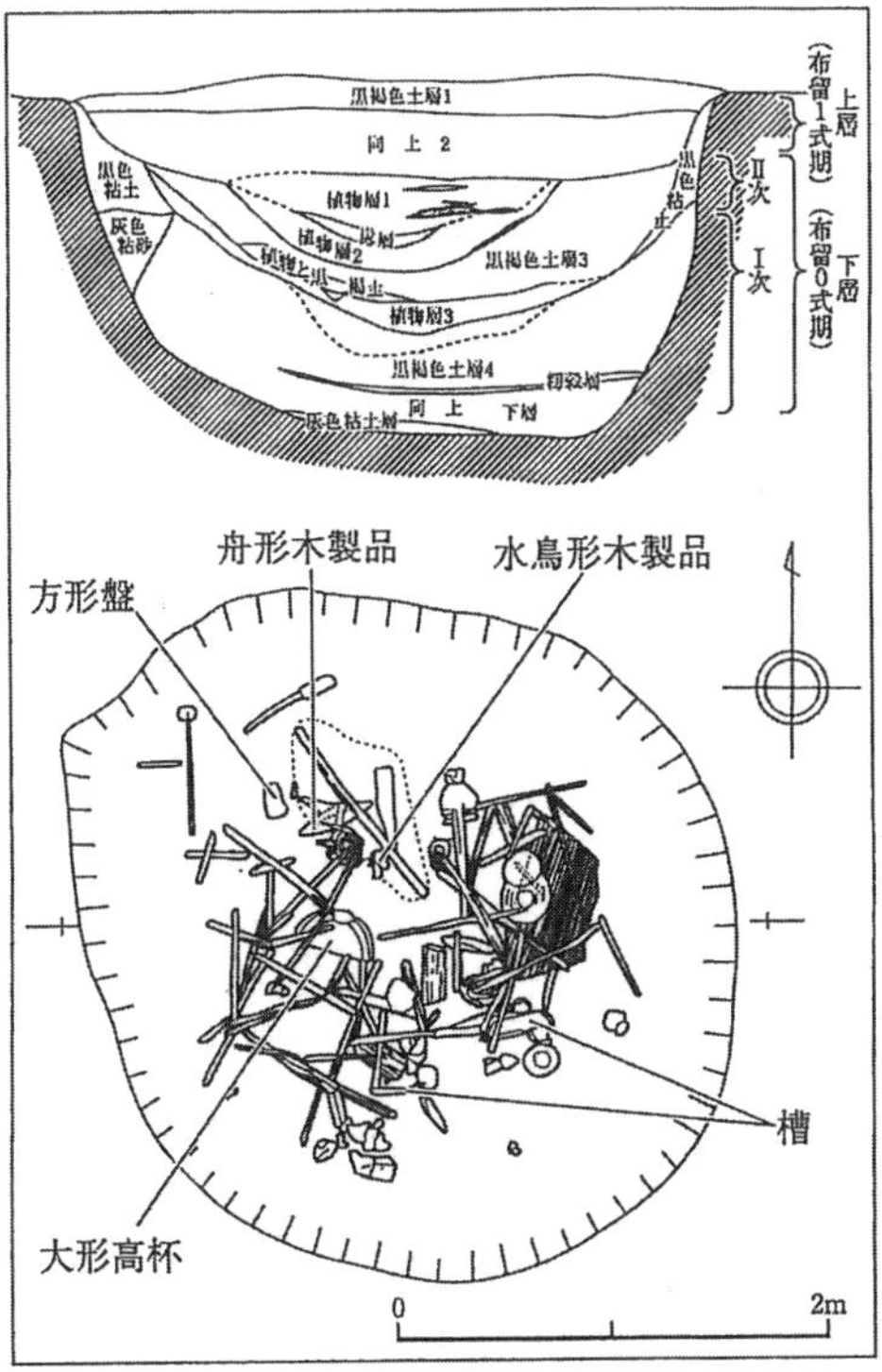

図15　湧水点での土坑祭祀　奈良県纒向遺跡
（寺沢知子「王権の祭祀とマツリ」『考古資料大観』）

初期の頃の王権の神まつりには、湧水点まで穴を掘る土坑祭祀が奈良県纒向《まきむく》遺跡（図15）に発見されています。石野博信氏は稲籾を脱穀し、炊飯・盛付、儀礼の後共食する過程を想定し、これを「纒向型」と名付けました。なお、この祭祀の始まりは弥生中期後半の唐子《からこ》・鍵《かぎ》遺跡まで遡りそうです。また、纒向遺跡では導水《どうすい》と呼ばれる新しいタイプの祭祀遺構も確認され、奈良県南郷大東遺跡（写真25）などへ繋がっていきます。私は、これを禊《みそぎ》・祓《はらえ》祭祀の原形と捉えます。

九州宗像・沖ノ島遺跡の祭祀①

古墳時代の代表的な祭祀遺物に石製模造品と土製模造品があり、近年ではこれに木製模造品と鉄製模造品が加わることも明らかになってきました。そして、この祭祀遺跡の代表が世界遺産に登録された「海の正倉院」と呼ばれる九州福岡県の宗像・沖ノ島遺跡です。

沖ノ島は玄界灘の真ん中にある孤島で、島の中腹にある巨大な岩の上から鏡・玉類・武器類・石製腕飾類など、古墳の副葬品と共通するものを大量に発見しました。四世紀の後半から五世紀代にかけて行われたこのような「岩上祭祀」（第一期、写真26）は、六世紀代に入ると巨岩直下の平坦面に祭壇を設けた「岩陰祭祀」（第二期）に遷っていきます。この段階でも、祭祀具は古

写真25　導水遺構の祭祀　奈良県南郷大東遺跡
（奈良県立橿原考古学研究所）

写真26　磐座(岩上)祭祀
福岡県宗像沖ノ島二一号祭祀遺跡（宗像大社）

墳の副葬品と共通し、金銅製の馬具類や朝鮮半島からの船載品も見られます。

この四世紀後半の時期に、倭王権も海を渡って朝鮮半島との交流を始めました。この時、沖ノ島に海の守護神を祀り、朝鮮半島への航海の安全を祈ったのがこの祭祀の始まりなのでしょう。

このように、古墳時代の中頃になると各地で沖ノ島遺跡と同様に神々が鎮座する場所が明確になってきました。弥生時代の青銅器祭祀と同じく、山や井泉、巨石・巨木など特定の場所を聖なる地と考えています。そして、この神祭りに使用する道具は初め古墳の祀りと同じ石製模造品と呼ばれる鏡・剣・玉類を模した祭祀具だったのです。また、各種の土製模造品も存在します。

石製と土製模造品を比較すれば、石製模造品は有孔円板・剣形品・玉類の三者の組み合わせが主体で、これに他種を少数伴うのが基本型です。一方、土製模造品は主体となる組み合わせが認められず、それぞれ土着の神が好むものを神（特に、荒ぶる神）に捧げた供物と言えそうです。

2　石製模造品を使用する祭祀

石製模造品は、一般に古墳時代の石製祭祀具を指して使っています。滑石（緑色片岩・緑色凝灰岩・蛇紋岩など）と呼ばれる、緑っぽい柔らかい石で作られたものです。具体的には、鏡類と子持勾玉・勾玉・管玉・棗玉・臼玉の玉類、剣・楯・甲冑などの武器や武具類、そして刀子・斧・鎌などの農工具類があります。

最初の使用は前期後半（四世紀中頃）の古墳に、鉄製品の武器・武具類や農工具の実物を模した副葬品として始まります（例、奈良県富雄丸山古墳のように比較的大型で精巧な作りのもの）。遅れて、四世後半からは副葬品の銅鏡や石製腕飾類の石釧・車輪石などと共に、これを宗像沖ノ島遺跡など王権が関与する祭祀遺跡でも自然神の祭祀具に使用し始めました。中期(四世紀末〜)に入ると、これらは小型化・多量化していきます(例、奈良県室宮山古墳の勾玉など)。次第に、鏡(有孔円板)と剣・勾玉・臼玉・刀子・鎌・斧の武器・玉類・農工具に限定され、小型の粗製品になっていきました。なお、前期古墳に見られた碧玉を使用した精巧な作りの製品(合子・坩・琴柱・玉杖・鍬形石・車輪石など)は、これまで石製品と呼んで何故か区別しています。私は、明石市の藤江別所遺跡井戸出土の車輪石を挙げるまでもなく、祭祀遺構からも他の祭祀遺物(小型銅鏡など)を伴って出土することから、同じ石製模造品と捉え分ける必要がないと考えます。

このように、四世紀後半から狭義の祭祀遺跡で始まった王権祭祀の石製模造品は、初め大和(桜井市大神神社禁足地などの磐座祭祀)から宗像沖ノ島までの瀬戸内海北ルートの祭祀に採用され、五世紀前半に西国主要地への配布を完了させると、続いて東国への侵攻にも使用します。今度は、大和から東山道と太平洋沿いの二つのルートを通り、関東・東北へ滑石製模造品(子持勾玉を含む)が拡散していきました。東北での始まりは、福島県建鉾山《たてほこやま》遺跡です。山上に聳える巨岩と神奈備山を対象に、畿内での祭祀形態と同じ祭祀具で実修したのです。椙山林継氏(國學院大學)は西国のルートを「第一次拡散」、東国への拡がりを「第二次拡散」と呼びました。また、神話の中にも、倭健命が九州征討後すぐに東国征伐へ向かう同じ現象がありました。そして、東国の茨城県鹿嶋市には常陸国一宮「鹿島神宮」が鎮座し、当該神社は珍しい「北向き」の社殿として知られています。また、播磨国一宮の「伊和神社」も同様な向きの社殿の造りなのです。この話は、伊和遺跡の石製模造品のところで記しましょう。

古墳時代の祭祀遺物には金属製・石製・木製・土製と種類がありますが、何と言っても一番は金属製品の鏡です。天皇家の祭祀遺物は、この銅鏡に武器の剣と玉類を加えました。いわゆる「三種の神器」の八咫鏡《やたのかがみ》・天叢雲剣《あめのむらくものつるぎ》（草薙剣）・八尺瓊勾玉《やさかにのまがたま》です。なお、八尺瓊勾玉は八尺と書くので、大きな勾玉と解釈されています。しかし、私は國學院大學の佐野大和氏（『子持勾玉』『神道考古学講座』第三巻、雄山閣、一九八一年）と同じ考え方で、大きさではなく八つの突起（サカ）を持った子持勾玉、背に三個、胴部に二個ずつ四個、お腹に一個、すなわち姫路市小山遺跡V地点出土のような八個の子勾玉を持った勾玉を言うのであろうと推測しています。初源は、大和国か河内国のどちらかに存在するでしょう。

石製模造品は王権の祭祀具

倭国の大王は、この鏡・剣・玉の三種の祭器を王権の祭祀具として地方に普及・拡大させるため、大量に作れるよう緑色の翡翠に似た緑灰色の柔らかい石で作りました。そこで、この石を用いて作った各地出土の模造品の鏡（有孔円板）、刀剣（剣形品）、玉類（勾玉・管玉・臼玉など）を探求し、その分布と形態を調査・研究することによって、新しいか古いかの年代が判定でき、それぞれの地域が古墳時代の何時頃に王権の祭祀を受け入れ、服属した（支配下に入った）かが明らかにできると考えたのです。

注意すべきは、この石製模造品祭祀がまず古墳という墳墓の祭祀から始まり、次に自然神の神祭りに拡がったことです。墳墓の祭祀と神祭りに同じ祭祀具を使用していたのは、まだ葬祭と神祭りが分離されずに、前方後円墳に葬られた首長は神と同等に捉えられていた証拠と考えます。すなわち、古墳時代前期の前方後円墳などに副葬された品々は、死者が神に昇華するための装置だったと捉えるのです。

そして、石製模造品（鏡・剣・玉類などを滑石で模したもの）は倭王権が国内の祭祀具を統一するために使用した祭祀具であることは間違いないのですが、その祭祀は対象・目的が様々であるということを忘れてはなりません。対象は、神奈備型の山・巨石・大樹・水源（泉・井戸）の自然神、目的は農耕の豊穣な稔り・航海などの通行安全・自然災害の防除・穢れを祓う禊だったりするのです。私は、次の律令祭祀に「大祓」（天皇の清浄化）が最上位のランクに当たることから推測すると、この時代も最重要だったのは大王の禊（奈良県南郷大東遺跡・阪原阪戸遺跡など、導水の祭祀）と考えています。年代が新しくなって、これを豪族の居館内に取り込んだのが群馬県三ツ寺Ⅰ遺跡の二つの祭祀遺構（井戸と、導水の石敷）でした。

また、この祭祀は導水施設形埴輪（大阪府心合寺山《しおんじやま》古墳や加古川市行者塚古墳など）として、墳墓で実修する埴輪祭祀にも取り込まれていたことからもその重要性が理解できるのです。

石製模造品を出土する中・西播磨地域の祭祀遺跡

県内で最古の石製模造品が出土しているのは、車輪石出土の藤江別所遺跡を除くと播磨中央に位置する姫路市長越遺跡の有孔円板・勾玉と剣形品、少し北にはずれた同市香寺町東前畑遺跡の剣形品・有孔円板と棗玉や勾玉などの玉類です。

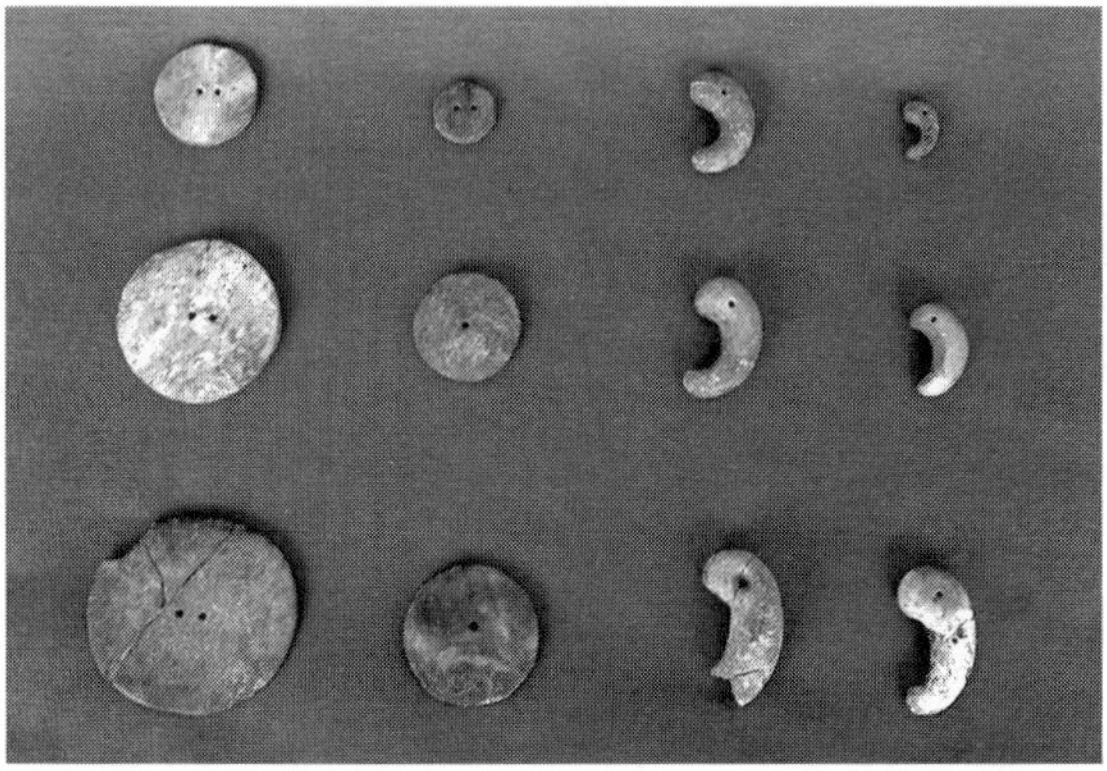

写真 27　石製模造品（有孔円板・勾玉）　姫路市長越遺跡
（兵庫県立考古博物館）

長越遺跡はＪＲ姫路駅の南西約二キロメートルに位置し、市川分流船場川の右岸沖積地に立地します、昭和四十八年の姫路バイパス工事に先立つ県教委の発掘調査で明らかになった弥生時代後期から古墳時代にかけての集落遺跡です。祭祀遺物（写真27）には、大溝から勾玉・有孔円板・剣形品・臼玉・管玉と共に素文鏡・銅鏃があり、報告書を見ると刀形木製品・鳥形木製品・魚形木製品・紡織具なども出土していました。共伴する土器は、長越Ⅰ・Ⅱ・Ⅲ式とされる弥生時代末から古墳時代前期の古式土師器です。先の太陽観測図を描いた絵画土器も、この大溝から出土した土器の一つです。私は、これらの土器から古墳時代前期の古い段階（初期）とされた直径約五センチの有孔円板（滑石製模造品）を、形態より長越Ⅲ式の四世紀後半と考え直し、銅鏃と溝底から出土した木製品は長越Ⅰ式の三世紀後半から四世紀初頭に想定します。

また、祭祀の対象について調査担当者の鎌木義昌氏は水神と判断しました（「水神について」『兵庫県の歴史』一四、一九七六年）が、私はさらに進め県内最古の石製模造品であることと、準構造船の船材が発見されていることから港・津の遺跡と捉えました。それ故、この遺跡は先に記した大和（奈良県大神神社の山ノ神磐座遺跡）から、九州の宗像・沖ノ島遺跡（磐座祭祀）まで続く瀬戸内海の拠点に設けられた中継基地の一つであり、王権が関与した海神への通行安全のための祭祀遺跡と考えます。

ただし、四世紀の後半と捉えた石製模造品の鏡について、まだ少し気になることがありました。その一つが、徳島県の庄・鮎喰《あくい》遺跡から出土した石製模造鏡。こちらは、有孔円板そのものではなく鈕まで真似た一段階古いタイプの模造鏡です。包含層からの出土ですが、直径は約五センチ、鏡面に内行花文と直弧《ちょっこ》文らしき文様まで線刻し、調査担当者は古墳時代初頭（庄内式）と考えています（松永住美ほか『庄・鮎喰遺跡』徳島県教委、一九八五年）。また、奈良県でも古墳前期の豪族居館が発見された秋津遺跡に、同形態の石製模造鏡が出土しているのです。当該品は、橿原考古学研究所が四世紀初頭と判断しています。古墳出土品にも同様のものがあり、有孔円板の先行品であることは疑う余地がありません。これらを初源と考えれば、有孔円板はさらに古く四世紀中葉頃に出現した可能性も残されています。長越遺跡だけでなく、北播磨地域の箇所で記す小野市高田宮ノ後遺跡の有孔円板に伴った土器も、もう少し古い時期になるのかも知れません。そうなると、宗像・沖ノ島遺跡の開始も四世紀中葉に遡らせる必要が出てくると考えられます。

　東前畑遺跡は福崎盆地の南端に位置し、旧香寺町教委が区画整理に伴う発掘調査で明らかにした弥生時代から奈良時代にかけての集落遺跡です。祭祀遺物（写真28）には剣形品・有孔円板・勾玉・管玉・棗玉と刀子・鉄鋌などの鉄製品があります。祭祀遺構だけでなく、竪穴住居跡からも石製模造品の未成品・剥片《はくへん》や滑石の原石が出土するなど、播磨地域最古の滑石製玉作遺跡と判明しました。長越遺跡と異なり、鉄鋌などの鉄製品を持つのも特徴です。また、掘立柱建物跡の発見は豪族居館の存在も予測させてくれます。

　年代は、古墳に副葬されていても不思議ではない県下最古の形態と言える剣形品の発見から、

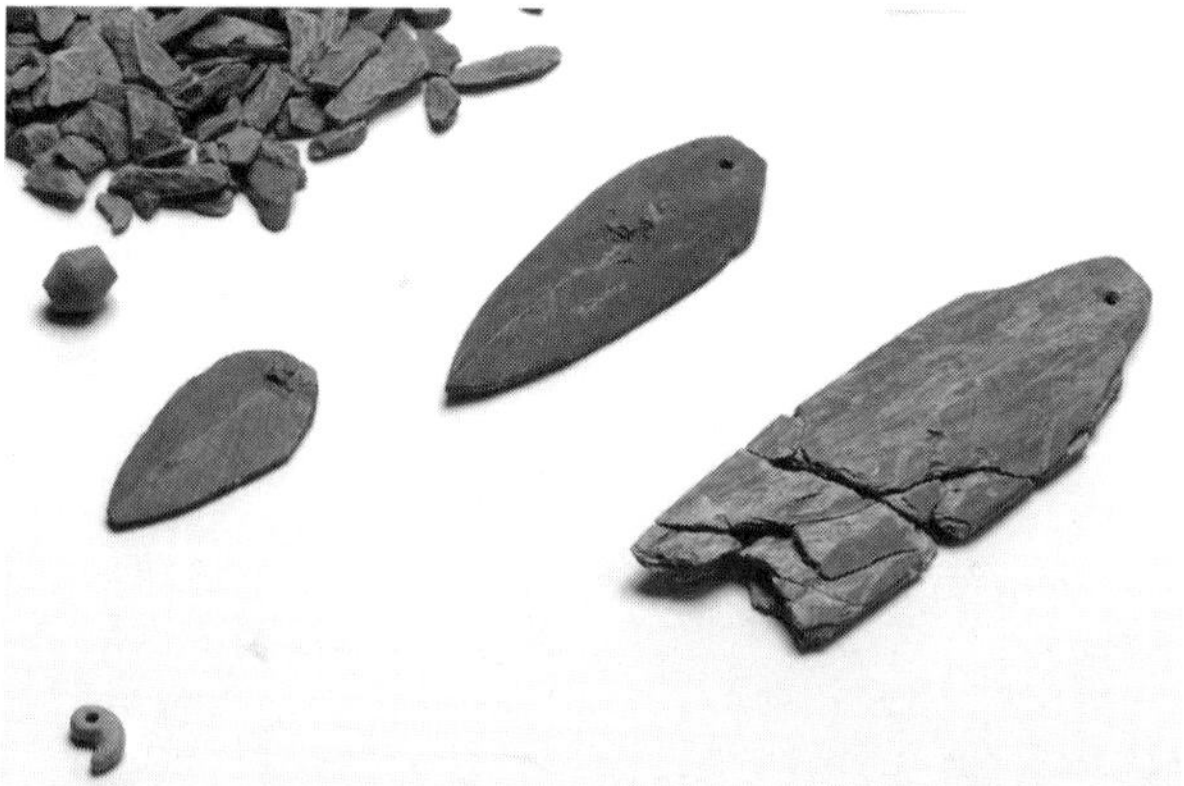

写真28　石製模造品（剣形・勾玉）東前畑遺跡（姫路市教育委員会）

長越遺跡と同じ四世紀後半に捉えます。この地は（図16の34）、石製模造品分布の中心から少し外れてしまい初め何故こんな所で初期のものが出土するのかと違和感もあったのですが、文献史学の方々に聞くと『播磨国風土記』に記載される針間《はりま》の国造《くにのみやつこ》となった佐伯直《あたい》氏の本貫地であり、そこに播磨地域最古のものが存在したということのようです。

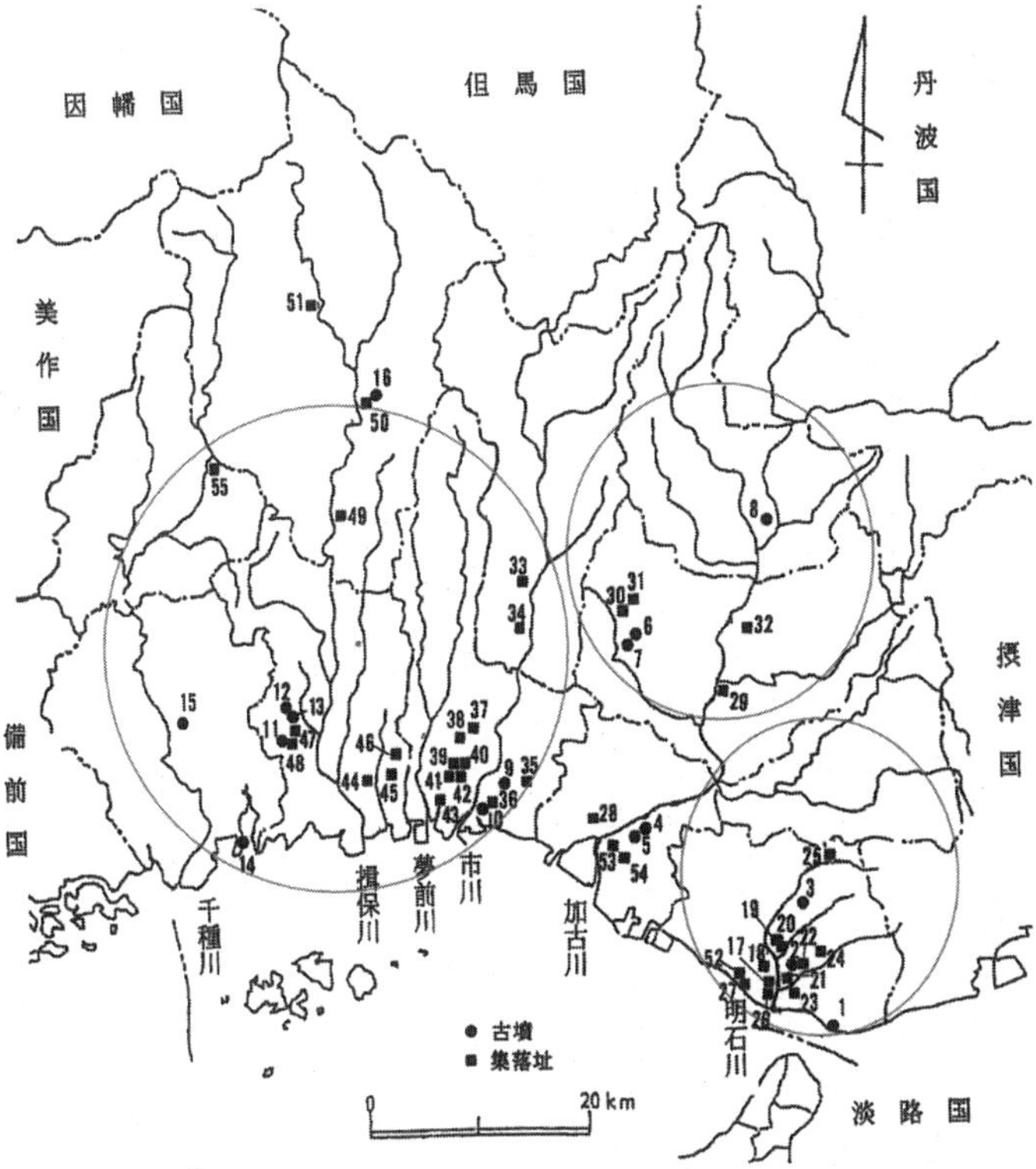

図16　播磨地域石製模造品の分布地図

播磨国・淡路国の国譲りと出石神宝の召し上げ

次に、拡がったのは「第一章　2　祭祀遺跡とは」で記した播磨北西部の宍粟市一宮町に所在する伊和遺跡です。年代は、五世紀の前半です。倭王権の祭祀具（有孔円板などの石製模造品と共に鉄製品の剣）を出土していることが注目されます。当地の豪族伊和氏が、五世紀初めに前方後円墳築造の許可をもらい(伊和中山一号墳)、その後に出雲国の大国主命と同様に伊和大神が「播磨国の国譲り」を行った証拠品と言えるでしょう。

弥生時代、伊和氏が本貫地伊和の里（延喜式神名帳の伊和坐大名持御魂神社）から、姫路市を中心に加古川市域を除き播磨平野の全域に進出していたことは、『播磨国風土記』に飾磨郡伊和里の記事や、伊和大神とその御子神《みこがみ》に関する説話が飾磨郡・揖保郡・讃容郡・神前《かんざき》郡・多可郡に見られること、さらに、「神明帳」『延喜式』には伊和大神の姫神を祀る神社（伊和都姫神社）が、明石郡と赤穂郡に所在することからも明らかです。なお、播磨一宮「伊和神社」の社殿が珍しい北向きなのは、常陸国一宮の鹿島神宮本殿が北の蝦夷《えみし》の世界を押さえるために北向きに置かれたのと同じ理由で、私は北の但馬に本拠を置いた天日槍《あめのひぼこ》族の神々を押さえる（鎮める）ためにわざと「北向き」に建立したと捉えています。

淡路国でも、島の神である伊弉諾《いざなぎ》は『日本書紀』允恭《いんぎょう》紀に見られたように、天皇の丁重な祭祀と引き換えに、天皇に島の支配権を譲り渡していました。おそらく、伊邪那岐《いざなぎ》命も「出雲の国譲り」と同じ手厚い祭祀を受けることを条件で、一宮の多賀に退いたと考えます。この点、伊弉諾神社禁足地出土とされる石製模造品（刀子・斧形品・剣形品）は注意しなければいけません（八木奘三郎「共同備忘録（一五五）」『東京人類學會雜誌』第一五巻　第一七〇号、一九〇〇年、現在は同神社に所蔵されておらず行方不明）。

但馬国でも、『日本書紀』垂仁天皇八八年七月条に清彦（多遅麻《たじま》国造）が倭王権（垂仁天皇）に帰順するために、天日槍が将来した七種の神宝（出石刀子など）を奉呈しています。すなわち、祭祀権を譲り渡し、倭王権の傘下に組み込まれたということです。

中・西播磨地域は姫路市長越遺跡と東前畑遺跡を中心に、伊和氏の本拠地宍粟市一宮町伊和を押さえると姫路市西部の和久遺跡・前田遺跡、太子町亀田遺跡、そして市川東岸（姫路市東部）の国分寺台地遺跡・兼田遺跡へと次々に範囲を拡げていき、六世紀代にはたつの市の竹万遺跡や長尾谷遺跡へと到達していきます。最後は、赤穂市の有年牟礼・井田遺跡です。このように（旧飾磨郡・揖保郡）に、一つの中心を見ることができました。また、姫路市和久遺跡や前田遺跡では滑石製の未製品も含まれ、芦屋市の月若遺跡などと同じく玉作りも行っています。

石製模造品を出土する遺跡　①北播磨地域

北播磨では、小野市高田宮ノ後遺跡に初期タイプ（四世紀後半）の有孔円板を発見しました（図17）。平成元年に、ほ場整備事業の事前調査で小野市教委が発掘した加古川東岸微高地に立地する、弥生時代後期から古墳時代前期にかけての集落遺跡です。隅丸方形や方形の竪穴住居跡などが発見されています。なお、この遺物の重要性を早くから理解していたのは、小野市史考古編を執筆した加古川市出身の岸本直文氏（大阪市立大学）です。彼は、土器の共伴があったとは言え、この模造品が形態から見て古墳時代前期の古いものと捉えていました。さすがに、三角縁神獣鏡研究の第一人者です。

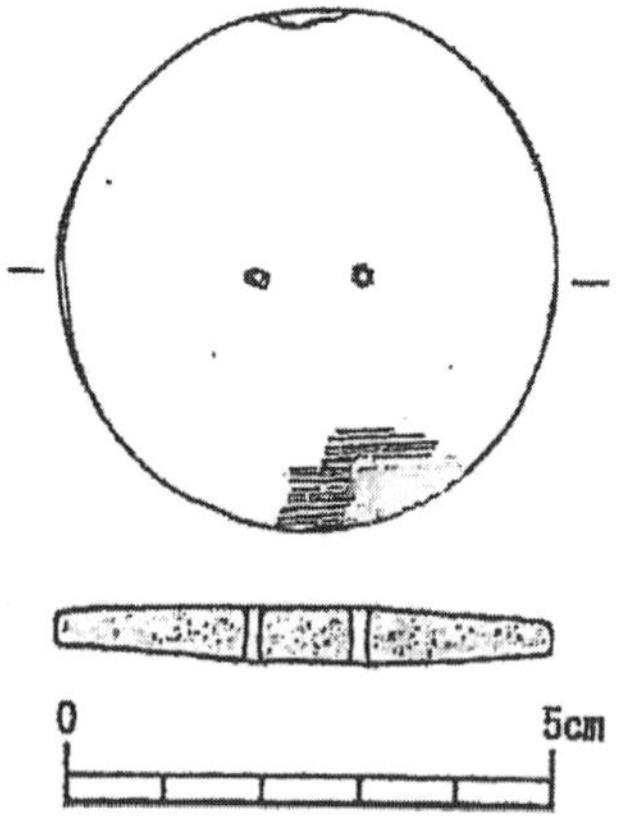

図 17　石製模造品（有孔円板）
小野市高田宮ノ後遺跡（筆者実測）

当該遺物（径五センチを測り穿孔《せんこう》は中央）は、多量の前期の土器と共に溝跡からの出土です。長越遺跡と同タイプで、伴出土器の年代も良く似ています。この遺跡とは少し離れますが、小野市最大の敷地大塚古墳（円墳）に葬られた豪族と関係のあった集落かも知れません。これは、加古川流域で間違いなく最古となる有孔円板です。さらに、昭和四十五年から中国縦貫自動車道建設に伴って発掘した加西市小谷遺跡にも、初期須恵器や新しいタイプの有孔円板の発見がありました。前期（四世紀代）の竪穴住居跡も認められ、ここは針間鴨国造の本拠地であることからも、未発見ですが当然古いタイプのものが入っていると考えています。

この後、六世紀に入ると加西市伏田遺跡（有孔円板）や加東市家原堂ノ元遺跡（勾玉・臼玉）そして西脇市の遺跡（寺内七号墳、子持勾玉）へと拡がっていくのです。このように、旧賀茂郡の加西・小野・加東地域にも一つのまとまりが見えてきました。

石製模造品を出土する遺跡　②明石川流域

東播磨地域でまず注目されたのが、明石市藤江別所遺跡の井戸遺構出土品です（四世紀後半）。ここでは、井戸の中から石製模造品初期段階の車輪石や小型の銅鏡（写真29）などが発見され、湧水（水神）の祭りが行われたのでしょう。古墳以外で、車輪石や石釧などの石製腕飾類が見つかることは極めて稀で、私は明石地域の豪族（五色塚古墳の被葬者）だけでなく、倭王権も関与したものと捉えました。この時期の祭祀は、これに間違いなければ宗像・沖ノ島の祭祀と同じ朝鮮半島の鉄資源を手に入れるための、瀬戸内海航路の通行安全を祈った津（港）の祭りと考えられます。なお、石製模造品を使用する以前の朝鮮半島交流は、丹後・但馬地域を通る日本海側ルートが主で、豊

写真29　車輪石と小型銅鏡
藤江別所遺跡（明石市）

岡市袴狭遺跡出土の線刻絵画に描かれたような船団が日本海を行き来していたのでしょう。

また、『播磨国風土記』明石郡の逸文「明石の駅家《うまや》、駒手の御井《みい》」には、楠の巨木を切って船(速鳥《はやとり》)を造り、河内の大王の所に井泉の水を運んだという記事を載せています。『古事記』には淡路の海人《あま》(御原・野嶋の海人)が、淡路宮の聖水・御井の清水(大御水《おおみもい》)を「枯野」と呼ぶ高速船で、朝夕に倭の大王のもとに運ぶ説話もありました。

次に、明石川周辺では明石市北王子遺跡が五世紀中葉頃、続いて神戸市白水遺跡と玉津田中遺跡に五世紀後葉から末の時期の有孔円板・勾玉・臼玉などの石製模造品が出土します。

玉津田中遺跡は、昭和五十七年から平成三年まで土地区画整理事業で兵庫県教育委員会が発掘を実施した弥生時代・古墳時代と中世の集落遺跡です。石製模造品は、昭和六十二年亀ノ郷七区の溝から偏平化が始まった勾玉・臼玉などが出土しました。今回、祭祀遺物の出土遺跡地名表を作成中に、刀形・剣形の木製祭祀具や紡織具も存在したことを確認しています。

白水遺跡は、平成五年から土地区画整理事業で神戸市教育委員会が調査した、弥生時代から古墳時代・奈良平安時代を中心とした集落遺跡です。石製模造品は、特に平成六年度第三次調査第二トレンチのSX〇一から出土した偏平な形の勾玉・有孔円板・臼玉などがあり、多量の鉄製品(鉄鋌を含む)と鉄片を伴うのが特徴です。

北王子遺跡は、明石市教育委員会が平成十九年度に調査した弥生時代から平安時代の集落遺跡です。石製模造品は、有孔円板四点と勾玉・剣形各一点に臼玉約四五〇点が土師器の高坏と共に出土しました。注目できるのは、ここでも鉄鋌と考える鉄片（十数点）を発見していることです。

この後、六世紀前後に神戸市新方遺跡（大日地点）で玉作りが始まると神戸市出合遺跡・吉田南遺跡・新方遺跡（野手西方地点）・押部《おしべ》遺跡・明石市藤江遺跡など旧明石郡内の遺跡へ集中的に普及・拡大して行き、東播磨最後の地域となったのが六世紀後半の三木市西ヶ原遺跡出土の臼玉の類です。この時期、『播磨国風土記』の美囊郡《みなぎのこおり》域は明石国造の支配地だったのです。

石製模造品を出土する遺跡　③淡路地域

近年、淡路島では南あわじ市（旧三原町）の木戸原遺跡で石製模造品を大量に出土する（銅鐸ほど、マスコミ受けをしないので一般には良く知られていませんが）驚くべき発見がありました。木戸原遺跡は、平成十七・十八年に県営ほ場整備事業に伴って発掘された志知《しち》川支流（馬乗捨川）東岸の扇状地に立地する弥生時代から中世にかけての集落遺跡です。

古墳時代の遺構には、中期（五世紀前半）の竪穴住居跡群と掘立柱建物跡があり、特に一辺一〇メートルを測る大型の竪穴住居や柵を持つ掘立柱建物の存在は、豪族の居館と考えられます。竪穴住居跡からは初期須恵器・韓式土器・石製模造品（勾玉・管玉・臼玉）があり、他の遺構でも須恵器模倣黒色土師器・鉄鋌・ガラス小玉・石製模造品（有孔円板・剣形品・勾玉・管玉・臼玉）が出土しています（写真30）。石製模造品には、未製品や滑石片が含まれることから、玉作りも行っていたようです。こうした遺構・遺物を見ていくと、淡路島内の勢力だけではなく（島には前方後円墳がないことと併せ）、倭王権が関係した遺跡だと考えるのが自然でしょう。

南あわじ市の調査担当者は、この遺跡が最も繁栄した年代を古墳時代の中期にあたる五世紀代、特に前半に見るべきものが多く、韓式土器・鉄鋌・石製模造品が特徴と考えました。そして、後期（六世紀）に入ると雨流遺跡に移動したと指摘します。私も、石製模造品の有孔円板は正円形で中央部を穿孔したものが多く、勾玉も断面が円形を呈すことから、韓式土器・鉄鋌と併せ五世紀前半に倭王権が関与した祭祀が始まったと捉えます。

そして、この発見が淡路縦貫自動車道建設で調査した旧西淡町の雨流遺跡を再び注目させることになりました。三原平野の入口に近いこの遺跡は、志知川東岸の三角州に立地する古墳時代中期から後期（五世紀後半から六

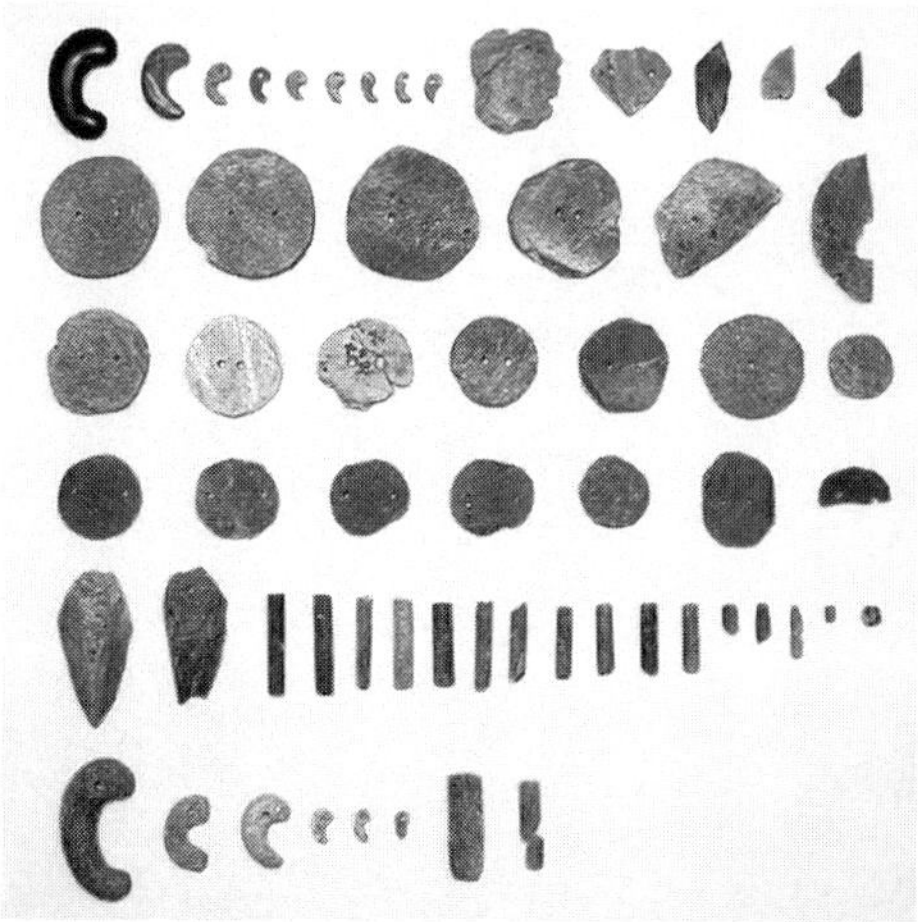

写真30　石製模造品（有孔円板・勾玉・管玉）と鉄鋌（下）木戸原遺跡
（南あわじ市教育委員会）

世紀）の集落址です。中期の水田と、中期後半から後期初頭の竪穴住居群と掘立柱建物跡を発見しています。これらの住居跡では、須恵器・土師器・有孔円板・碧玉原石・砥石・椀形鉄滓《てっさい》・羽口などの遺物（写真31）が出土しました。中期後半の鍛冶炉や鍛冶滓廃棄土坑では、椀形鉄滓・羽口と鍛造剥片や碧玉製管玉なども見られます。鍛造剥片の確認は、ここで鉄製品を生産していた証拠です。また、河道出土の遺物には須恵器や製塩土器・子持勾玉・椀形鉄滓・須恵器模倣土師器と鋤・鍬の木製品、そして桃の種などがあります。

この遺跡の特徴は、出土した須恵器の全てが王権の管理する大阪府堺市の陶邑古窯跡産のものであること。集落内に鍛冶工房を持ち、鉄滓の分析から原料は鉄鉱石で、精錬鍛冶と鍛錬鍛冶（鉄器作り）の二つの工程が行われていたことが考えられます。すなわち、五世紀代の鍛冶遺構は畿内では倭王権が関与した大阪府交野市の森遺跡群や、葛城氏の豪族居館に付随する奈良県南郷遺跡群に見られ、同様に朝鮮半島から入ってきた鉄素材を精錬・鍛錬する集落だったのです。そして、陶邑産の須恵器もまた倭王権が関係していた遺跡となる根拠です。

写真31　子持勾玉・滑石製紡錘車・碧玉原石
南あわじ市雨流遺跡（兵庫県立考古博物館）

さらに、発掘で出土していた須恵器を模倣したような土師器が近年の研究では、渡来系（朝鮮半島からの一世・二世）の土器ではないかとも指摘されはじめたのです。

では、何故こうした集落が淡路島南部側に出現したのでしょうか。このことは、「5　祭祀遺跡調査・研究で見えてきたこと③」で説明します。

播磨地域の石製模造品分布から見えてきたもの

ここで、もう一度石製模造品分布地図（図16）をご覧ください。この分布が意味するものは、まず旧の郡名で言えば飾磨郡・賀茂郡・明石郡の三箇所に集中すること。そして、この図だけでは読み取れないのですが、年代ごとの分布が非常に片寄っていることが挙げられます。すなわち、古いタイプのもの（有孔円板ならば、径五センチ前後の正円形で、穿孔が中央にまとまり、外縁まで丁寧に調整しているもの。勾玉ならば、その断面が円形に近い丸味のあるもの）は飾磨郡（姫路市）と賀茂郡（小野市）、そして少し新しくなるものが明石郡（明石市）に確認できたのです。続いて、新しいタイプのもの（有孔円板ならば、径が小さくなり歪《いびつ》な楕円形、穿孔位置も縁辺部に偏ります。勾玉ならば、断面が長方形、板状に偏平なもの）は明石郡（神戸市西区・明石市）に集中しているのです。なお、もう一つ加古川下流域に当たる日岡古墳群・西条古墳群（加古川市）の所在地周辺にもまとまりが見てとれます。

そして、「国造本紀」（『先代旧事本紀』）によれば、播磨地域には古墳時代中期から後期にかけて三箇所に国造（律令制以前に、倭王権に服属し就任した在地の首長）が置かれ、「針間国造」・「針間鴨国造」・「明石国造」（播磨・壇場山《だんじょうざん》古墳、加茂・玉丘古墳、明石・吉田王塚古墳）と呼んでいたのです。この国造の支配域と、それぞれの地域で古いタイプの石製模造品が出土した遺跡の分布がピタリと重なってきました。

もう一箇所まとまる加古川下流地域は、早くから三角縁神獣鏡を持つなど王権と親密な関係にある地域で、行者塚古墳や高御位山《たかみくらやま》を祭祀の対象にした砂部《いさべ》遺跡が存在し、針間・明石の両国造支配地域に属さず王権の直轄地（屯倉《みやけ》）的な様相が認められています。

兵庫県内古墳時代後期の祭祀遺跡

石製模造品を使用する祭祀は、この祭祀具だけを単独で用いることは少なく、大半は鉄製模造品・木製模造品などを伴っています。特に、五世紀後半から六世紀になると須恵器の大甕を中心に据え、環状に土師器・須恵器の土器類と石製模造品（臼玉が主要品になる）・鉄製模造品を配置する集落内祭祀が普及するようです。この典型例が長野県青木下Ⅱ遺跡で、県内には三田市貴志・下所遺跡（二〇〇五年調査）や神戸市新方遺跡（野手西方地点一九九七年調査）・松野遺跡（一九九六〜九年震災復興調査）と同市郡家遺跡（二〇〇四年第七七次調査）などに確認できました。

特に、貴志・下所遺跡は同期の吉識雅仁君と後輩の池田征弘君が調査した遺跡（五世紀後葉）で、須恵器を主体に持つ土器群中に臼玉一八九〇点・不定形有孔円板二点と滑石の剥片等が出土しています。神戸市新方遺跡の野手西方地点や、郡家遺跡の第七七次調査地点と同様の在方《ありかた》です。ここにも、韓式土器と鉄製品がありました。また、滑石の化学分析結果が大阪府池島遺跡と京都府桑飼上遺跡などの出土遺物に合致し、多くは産地が特定できない塩基性凝灰岩でしたが、その中に但馬八鹿《ようか》系が存在したことは注目できる事実です。

最近の調査では、姫路市の前田遺跡で井戸を廃棄する際（五世紀末）に、中央に大甕を置きその周囲に土師器と集落には珍しい装飾付須恵器を加えて、最後に臼玉を撒く長野県青木下II遺跡タイプの祭祀の跡を確認しました。後日、土を水洗いすると、さらに臼玉・ガラス玉に鉄片も見つかったようです。

令和元年度の調査でも、井戸内からコンパス文を持つ須恵器の器台を中心に土師器の高坏など と管玉・臼玉に鉄製品が発見されました(写真32)。隣接の調査区では、同時期の住居内に有孔円板・臼玉の未製品と共に滑石原材の剥片もあります。目視では、但馬の八鹿産に近い色合いです。

さらに、古墳時代後期に入ると、これまで王権の祭祀具として自然神（巨石・樹木・湧水など）祭祀にのみ用いられていた石製模造品は、新しく住居内に導入された竈の祭祀にも使用が始まります。宍粟市河東・南遺跡の有孔円板、神戸市生田遺跡の臼玉と滑石製の紡錘車、そして芦屋市寺田遺跡の鋸歯文を描いた紡錘車などいずれも竈近くの出土です。三田市溝ノ尾遺跡の竈を持つ住居址では手捏土器が使用されていました。関東地域でも滑石製の紡錘車が多く発見され、九州の遺跡では竈構築時に手捏土器を封入した例も認められます。昭和六十三（一九八八）年の生田遺跡の調査では、竈の土を水洗いするという画期的な方法で魚の骨や製塩土器の細片と共に、臼玉が出土したのを見学しています。学生時代から、竈の土を水洗いすると種々なものを発見できることは知っていましたが、行政の発掘現場で見たのはここが初めてだったので非常に衝撃を受けました。この竈の祭祀は、焼き塩生産と関係するものなのでしょう。寺沢知子氏（「祭祀の変化と民衆」『季刊考古学』第一六号、一九八六年）の言うように、庶民の使用も始まってくるのですが、持たない集落と使用する集落があるのは朝鮮半島からの渡来人と関わっているのかもしれません。

写真32　井戸廃棄に伴う祭祀　姫路市前田遺跡
（兵庫県立考古博物館）

倭王権の祭祀具であった石製模造品の最後は、六世紀後半から七世紀代の中・小古墳に副葬品としての臼玉があり、祭祀遺跡も集落内での臼玉のみの使用で終焉を迎えます。こうした中で、特異なのは関東地域の群馬県長根羽田倉遺跡出土の馬形・有孔円板（七世紀代）と、埼玉県西別府遺跡出土の馬形・櫛形・有孔円板・有線刻円板・

勾玉・剣形など（七世紀後半）です。これらの出土品は、宗像・沖ノ島の一号遺跡出土の人形・馬形・船形と同様な形態であり、私は律令制祭祀の先駆けに捉えるべきものと考えています。石製模造品の終了は、古墳時代の終わりにあった物部氏と蘇我氏の「崇仏論争」の影響が祭祀遺物に現れたのかとも考えましたが、型式学的に見ると断絶というものではありません。それどころか、沖ノ島遺跡と同じく律令祭祀にも繋がっていたのです。

兵庫県内から出土した子持勾玉

次は、滑石製模造品の中でも特別な遺物とされる子持勾玉を見ていきましょう。

県全体では、一七遺跡（集落・古墳・祭祀遺跡）から二〇点が発見されています。地域別では播磨が七遺跡（太子町亀田遺跡、神戸市五色塚古墳、同市新方遺跡、同市上脇遺跡など）、摂津に六遺跡（神戸市松野遺跡、西宮市高畑町遺跡など）、丹波は二遺跡（伝柏原など）、但馬と淡路は一遺跡ずつ（朝来市馬場一七号墳と、南あわじ市雨流遺跡）です。

集落からの出土品には、土坑内発見の小山遺跡V地点例（図18上）、溝や河道出土の神戸市郡家遺跡・雨流遺跡例などがあります。土坑は祭祀具の廃棄場所、溝の類は水神など自然神の祭りに使用したものでしょう。古墳出土では、埋葬主体部に発見した馬場一七号墳例（写真33）と墳丘のくびれ部や濠（主体部外）から発見の五色塚古墳例などがあります。埋葬主体部のものは副葬品としての「魂《たま》」祀り用の祭祀具であり、濠など主体部外のものは埋葬時とは別に時期を置いて墓上・墓前で供養した祖先祭祀と捉えます。祭祀遺跡では、芦屋市三条岡山遺跡に出土例（図18下）があります。安井良三氏は航海安全のための目標（山ダテ）に伴う航海民の祭祀と捉えました。良い視点だとも思いますが、一般的には墳墓以外であれば山の神など自然神を対象としたものと言えるでしょう。

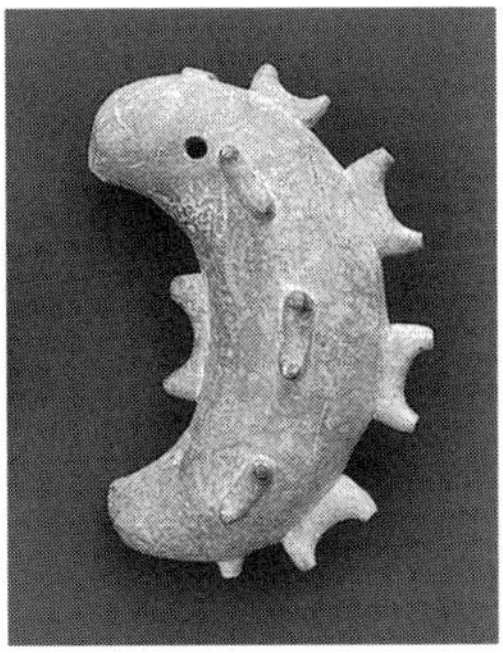

写真33　子持勾玉　馬場17号墳（朝来市教育委員会）

　年代的には、小山遺跡Ｖ地点出土のものが私の分類では四世紀後半の〇《ゼロ》型式、魚の形に似た全国的にも最古のものです。新しいのは、Ⅵ型式の西脇市寺内七号墳と三条岡山遺跡出土品です。子勾玉が退化し、トンビが羽を広げた形態で、七世紀の前葉と考えます。

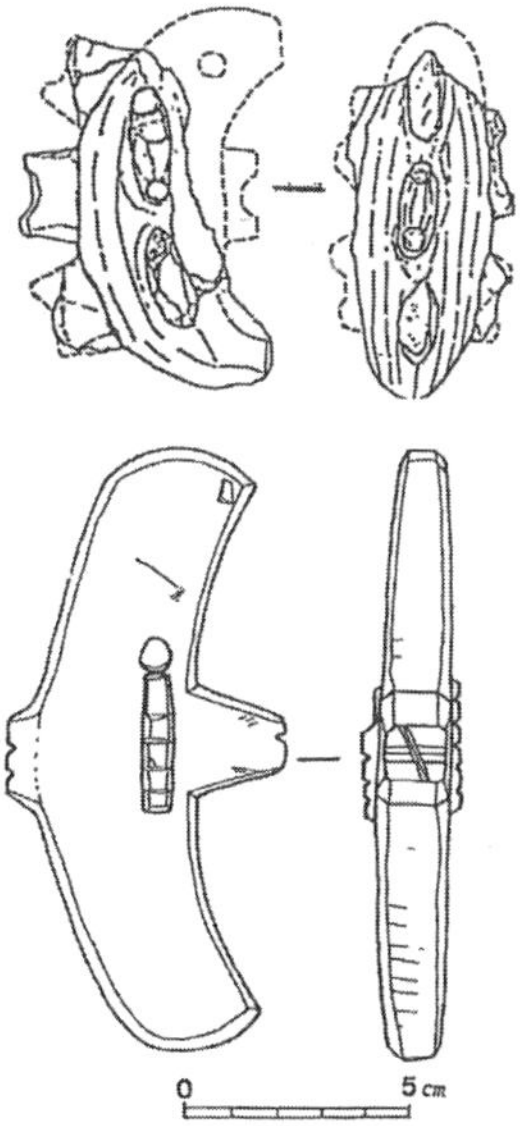

図18　子持勾玉
姫路市小山Ｖ地点遺跡（上）
芦屋市三条岡山遺跡（下）
（筆者実測・「三条岡山遺跡」『兵庫県埋文調査年報』昭和58年度）

　注意しておきたいのは小山遺跡出土例で、この年代が宗像・沖ノ島遺跡や桜井・山ノ神遺跡の磐座遺跡出現の時期と重なることです。この勾玉を一度は実見したく故松下勝さんを介して姫路在住の今里幾次氏宅を訪れた際に、出土状況の話と共に手柄山周辺には磐座になるような巨石が沢山あったと伺いました。伴出したとされる土器類（今里幾次「播磨弥生土器の動態（二）」『考古学研究』第一六巻第一号、一九六九年）は、石製模造品出土の長越遺跡と同様に古すぎましたが、私の分類・編年では最古のものに間違いなく、磐座祭祀の始まった四世紀後半の時期から子持勾玉は使用されたと推測できるようです。小山遺跡のものは鍬形石や石釧の石製品と異なり、大和国（奈良県桜井市上之庄遺跡）で製作し配布されたものでしょう。

祭祀の性格は、奈良県山ノ神遺跡と同様の磐座祭祀への供献品であり、倭王権による朝鮮半島進出に際して宗像・沖ノ島祭祀までの瀬戸内海拠点遺跡（島や沿岸部の津）で執り行われた祭祀の一つと捉えられます（近くの、長越遺跡出土の石製模造品も同じ祭祀）。また、神奈川県勝坂《かっさか》有鹿谷《あるかやと》遺跡出土の子持勾玉は、倭王権による東国進出の太平洋岸ルートに関係するものでしょう。そうした中にあって、明石市藤江別所遺跡の車輪石・小型銅鏡が出土した井泉や、子持勾玉と剣形有孔円板などの石製模造品・小型銅鏡を発見した勝坂有鹿谷遺跡の祭祀遺物（写真34）はいずれも真水の湧く地点であり、祭場にはこの条件（磐座や水源）が必要だということも忘れてはいけません。

また、ごく最近奈良県香芝市教育委員会から珍しい形の子持勾玉が発見され（香芝市狐井稲荷塚古墳の表採資料、個人蔵）、真贋を含め見て欲しいと連絡がありました。子持勾玉なら是非私

写真34　子持勾玉と小型銅鏡ほか　神奈川県勝坂有鹿谷遺跡
（相模原市立博物館）

も見たいと、二上山博物館で見学することにしました。事前に写真を送っていただいたので、大阪府土師の里遺跡に正方形の滑石原材から作った良く似たものがある（五世紀後半頃の古い製品）と目星を付けていました。実物を見ると、1／2サイズですが瓜二つ、本物に間違いありません。まず、私の分類方法を用い計測するとI型式に当たりました。五世紀の中葉です。当然、古墳の年代は古墳出土の埴輪や土器で決定すべきもので、香芝市教委の予測（狐井城山古墳近辺出土の長持形石棺が城山のものではなく、稲荷塚のものではと考える）より若干古くなりました。しかし、子持勾玉自体の年代はこれで良いと考えます。因みに、同館で所蔵する狐井城山古墳出土の子持勾玉はⅢ型式（六世紀前葉）になります。

さらに、子持勾玉には山陰地域など地域色の強いものが多く、当該遺物は「土師の里型」と呼んでよく、土師氏に関わるものではないかと申し上げたところ、古代史学の塚口義信氏が狐井城山古墳を武烈陵に比定し、すでに土師氏との関連が指摘されているとの返事です。私は、この子持勾玉が土師の里出土のものと同一工人の作（わずかに土師の里の方が年代は古い）と考え、河内土師氏は埴輪だけでなく滑石製模造品の製作にも関与していたと捉えました。

コラム②

五色塚古墳から出土した子持勾玉の祭りを探る

子持勾玉とは、大形の孤状を呈した勾玉形の本体（親勾玉）に、突起物（子勾玉）をその腹と背及び胴部に付帯するものです。古くは石剣頭・魚形勾玉・有鰭勾玉と呼称されました。主に古墳時代の中期から後期の時期に製作・使用され、その分布は密度の差があるものの、北は秋田県から南は鹿児島県まで拡がっています。朝鮮半島でも出土し、母子勾玉と呼ばれました。

神戸市垂水区にある五色塚古墳は、明石海峡を見おろす絶好の位置に造られた兵庫県下最大の古墳です。この古墳を築造時（四世紀後葉）の姿に戻そうと神戸市教育委員会が一九六五年から十年の歳月をかけて復元整備をしました（写真40）。この時に西側くびれ部の調査で出土したのが破片を含め四点の子持勾玉です（完形品二点、写真41）。調査当時は古墳が築造された時のものか、造られてから年月を隔て置かれたものか良く分かりませんでした。

写真40　明石海峡を見下ろす五色塚古墳
（神戸市教育委員会）

名称の特徴である子勾玉の部分は、独立したもの（勾玉形）と連続したもの（突起形）があり、独立したものには発達したものから退化したものまで存在し、連続したものにも波長の長い山形突起で範囲の広いものから、波長の短い山形突起で範囲の狭いものまで認められます。当然この変化も年代差を示すものと捉えられますが、型式分類

写真41　子持勾玉　五色塚古墳
（神戸市教育委員会）

の研究史を繙くと親勾玉の胴部截断面《せつだん》の形態で編年するのが正当な方法と判断できました。親勾玉の截断面の形態は円形・楕円形・そして厚板状の長方形・偏平な長方形のものがあり、変遷はこの順序で徐々に偏平化していったと考えられます。また、親勾玉の反りは年代が新しくなるほど小さくなることも分かりました（図19）。

そこで、筆者は親勾玉の形態分類（本体胴部断面の厚みの比率と本体孤状部の反りの比率）のみで年代比定（編年）を試みました。五色塚古墳のもの（完全なもの二点）は、Ⅳの一と二型式に当たり六世紀中葉に比定できます。これに間違いなければ古墳の造られた年代ではなく、それよりも一二五年ほど新しいものということになるのです。

では、誰が何のために古墳に置いたのでしょうか。子持勾玉は古墳出土の場合、被葬者の副葬品であれば埋葬時の「鎮魂儀礼」と考えられ、また墳丘や周濠の出土ならば築造時より新しいものが多く、祖先供養を含む古墳祭祀の一つでしょう。奈良県の桜井茶臼山古墳にも類例があります。こちらは、七世紀前半の年代です。地元の豪族阿倍氏が自分たちを権威づける出自・来歴説明のため、茶臼山古墳の被葬者を祖《おや》（出自の祖先）として祀ったもので供養と考えるのが妥当なところでしょう。五色塚古墳出土例も、おそらく明石国造となった海直がこの被葬者を祖として祀ることにより、国造に就任する正当性を図ったものと推測できるのです。

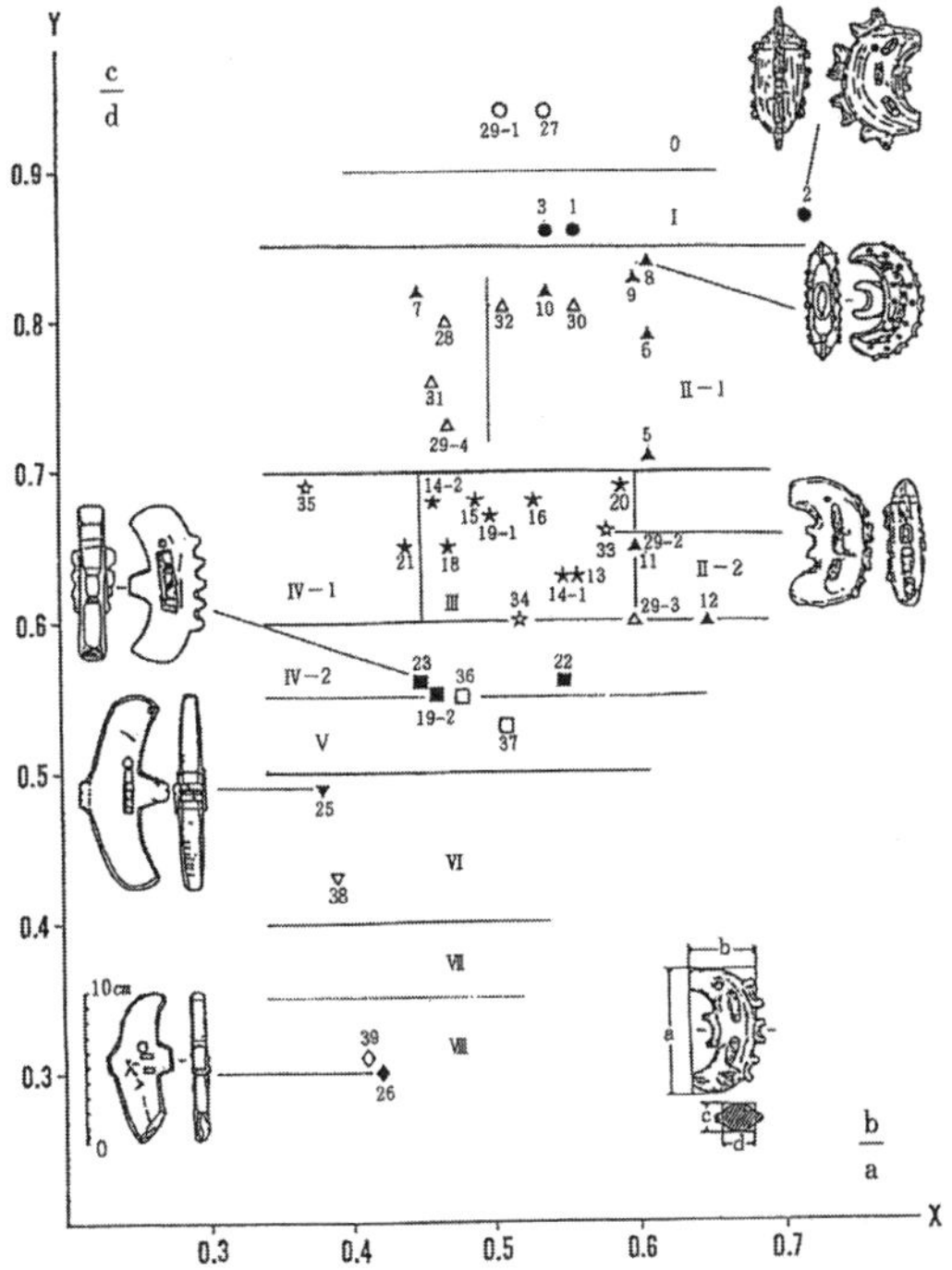

0型式－断面の比率0.90以上、反りの比率0.50以上あるもの（5世紀前葉？）。

Ⅰ型式－断面の比率0.85～0.89、反りの比率0.50以上あるもの（5世紀中葉）。

Ⅱ－1型式－断面の比率0.70～0.84、反りの比率0.40以上あるもの（5世紀後葉）。

　2型式－断面の比率0.60～0.69、反りの比率0.60以上あるもの（5世紀末葉）。

Ⅲ型式　断面の比率0.60～0.69、反りの比率0.45以上～0.59以下のもの（6世紀前葉）。

Ⅳ－1型式－断面の比率0.60～0.69、反りの比率0.44以下のもの（6世紀中葉）。

　2型式－断面の比率0.55～0.59、反りの比率0.59以下のもの（6世紀中葉）。

Ⅴ型式－断面の比率0.50～0.54、反りの比率0.59以下のもの（6世紀後葉）。

Ⅵ型式－断面の比率0.40～0.49、反りの比率0.50以下のもの（7世紀前葉）。

Ⅶ型式－断面の比率0.35～0.39、反りの比率0.50以下のもの（7世紀中葉）。

Ⅷ型式－断面の比率0.30～0.34、反りの比率0.50以下のもの（7世紀後葉）。

図19　子持勾玉の本体断面及び反り比による編年表

3　土製模造品の祭祀世界

土製祭祀具は、土で人形や馬形など神の好むものを模して作ったものです。まず、加古川市の行者塚古墳の造り出し部で発見した鳥・魚・植物（アケビ・菱の実など）を

写真35　古墳出土の土製模造品　行者塚古墳
（加古川市教育委員会）

模した土製品があります（写真35）。笊形土器や高坏と共に出土し、造り出し部での祀りを考える上で大変貴重な資料です。同様の発見が、加西市のクワンス塚古墳の造り出し部でも見られました（笊形土器に円板（餅か）とねじり棒形の食物など）。元々、この祭祀は墳丘上で実際の食物が捧げられていたのを、土で作ったものと考えられます。岐阜県昼飯大塚古墳後円部からは、ガラス玉・滑石製の臼玉類と土師器高坏などミニチュア土器に笊

形土器と食物形の土製品が発見されています。

さらに、加古川市行者塚古墳と朝来市池田古墳では家形埴輪や囲形埴輪が出土し、導水遺構に当たる槽形の土製品も出土しています。県内では、奈良県南郷大東遺跡のような規模の大きな導水遺構や豪族居館内での水祭祀の遺構は発見されていませんが、これらの祭祀遺構を真似た行者塚古墳の埴輪類や槽形品は注目する必要があります。この祭祀の背景には、首長が禊・祓を行って常に清浄性を保持しなければならないこと、辰巳和弘氏の言うように地中より湧き出る水や精製された聖なる水を地霊の象徴として、それを祀るものこそが地域を支配できる認識（「古代地域王権と水の祭儀」『歴史と傳承』永田文昌堂、一九八八年）が広く存在したのでしょう。

その先駆けが、佐用町本位田遺跡の井戸状遺構（古墳時代初頭）近辺出土の手捏土器群と小型精製土器などです。従来、土製模造品は石製模造品の後を受け、六世紀代に製作された新しいものとの考え方がありました。しかし、行者塚古墳やクワンス塚古墳のように五世紀代のものが多くなり、さらに播磨町大中遺跡や宍粟市飯見遺跡に見る古墳時代初頭の鏡形土製品などの発見から、石製模造品と同時期か古墳時代前期まで遡るとの意見も提起されています（竹内直文「土製模造品研究の現状と課題」『静岡県考古学研究』№33、静岡県考古学会、二〇〇一年、大平茂「土製模造品の再検討」『研究紀要』第二号、兵庫県教委埋蔵文化財調査事務所、二〇〇三年）。

また、古墳の周濠に置かれた水鳥型埴輪（朝来市池田古墳出土品・令和元年国指定重要文化財）

についても、死者の魂を天に運ぶだけでなく死者霊を呼び戻す再生の役割、すなわち魂振りの呪力・霊力をもつ鳥と亀井正道氏は解釈します（『人物・動物はにわ』日本の美術第三四六号、一九九五年）。鎮魂には、死の儀礼としての鎮魂と生の儀礼としての魂振りがあるのです。私は、魂振りが葬送儀礼の場に唐突に現れたものではなく、先の導水遺構と同じく日常生活の中でも行われていたものを葬送儀礼の場にも取り入れたと考えます。櫃本誠一さんが最初の調査後現地保存すると共に始めた池田古墳の研究を引き継ぎ、今般大部な調査報告書を纏めた後輩山田清朝君の努力に敬意を表します。

集落遺跡から出土した土製模造品

祭祀遺跡での土製模造品出土例は、加東市河高《こうたか》・上ノ池遺跡と神戸市深江北遺跡などに見られます。河高上ノ池遺跡は、加古川中流域右岸の段丘上に立地する遺跡で、発見された遺構には古墳時代の竪穴住居跡があります。祭祀具は竪穴住居跡から人形六点、鏡二点と勾玉四点、楯形と短甲が各一点、手捏土器が出土しています（写真36）。年代は、五世紀の後半頃です。この遺跡では土製品が単独ではなく、武具や装身具の模造品と手捏土器を伴うことが注目できます。私は、祭祀の対象を遺跡から西方の加西方面（青野ヶ原）に向かう低い峠で、境界にいる荒ぶる神や悪霊の侵入を防ぐ峠（境界）の祭祀と考えています。また、この遺跡の内容（年代）について、大場先生の弟子にあたる亀井正道氏（元東京国立博物館、在学中に神道考古学の講義を受けた）から櫃本誠一さんを通じて問い合わせがありました。石製模造品の盛行時期とこの遺跡の年代が同じなのを気に掛けられていると感じ、遺物の年代の根拠や遺跡の概要を書いた手紙を差し上げたと記憶しています。

深江北遺跡は芦屋市境の砂堆《さたい》上に立地する古墳時代から平安時代の遺跡で、古墳時代後期と考えられる土製祭祀具が飛び飛びに一定の範囲に集中した状態で発見されました。遺物には鏡形、動物形（猪・馬など）や玉類（勾玉・管玉・小玉）に手捏土器が伴っています。私は、これらの遺物を品部《ともべ》など漁業に従事した海人《あま》集団の祭祀具と捉え、荒ぶる海の神への供献品と考えました。この他、神戸市内では古墳時代後期（六世紀中頃）に渡来人の建物として知られる大壁造りで著名な寒鳳遺跡に、土坑他から人形土製品が五点出土しています。ただし、この遺跡では土製品は人形のみで、別の遺構には滑石製の管玉や臼玉などの発見がありました。

また、播磨地域の土製品で注目されるものに窯跡出

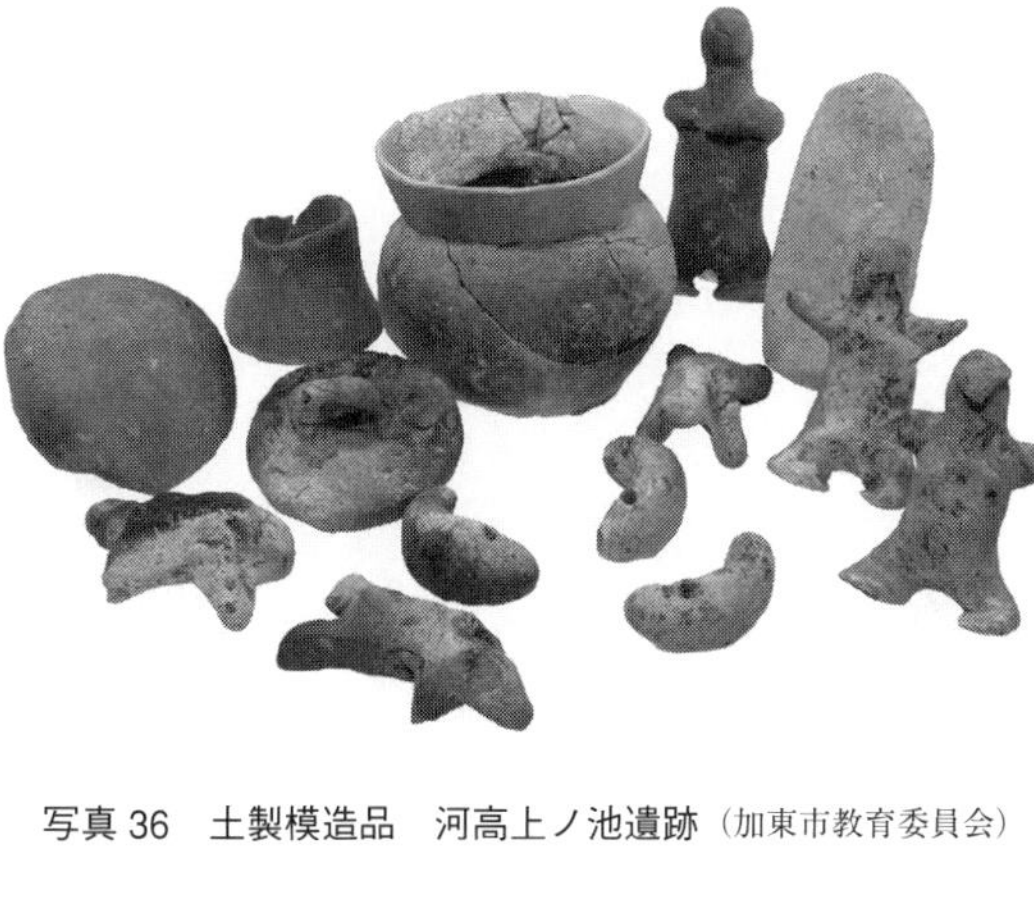

写真36　土製模造品　河高上ノ池遺跡（加東市教育委員会）

土のものがあります。相生市丸山窯跡出土の鍬先か鋤先形品（図20左）と、加古川市神野大林窯跡の斧形品（図20右）です。どちらも、六世紀後半頃のものです。農具や工具の模造品であり、他の土製品を伴わず単独出土であることを考えると、祭祀場の使用ではなく遺構の通り祭祀具を生産した場所と言えます。奈良時代以降も、播磨地域には窯跡が多く造られ、土製馬形がよく発見されるのも特徴です。

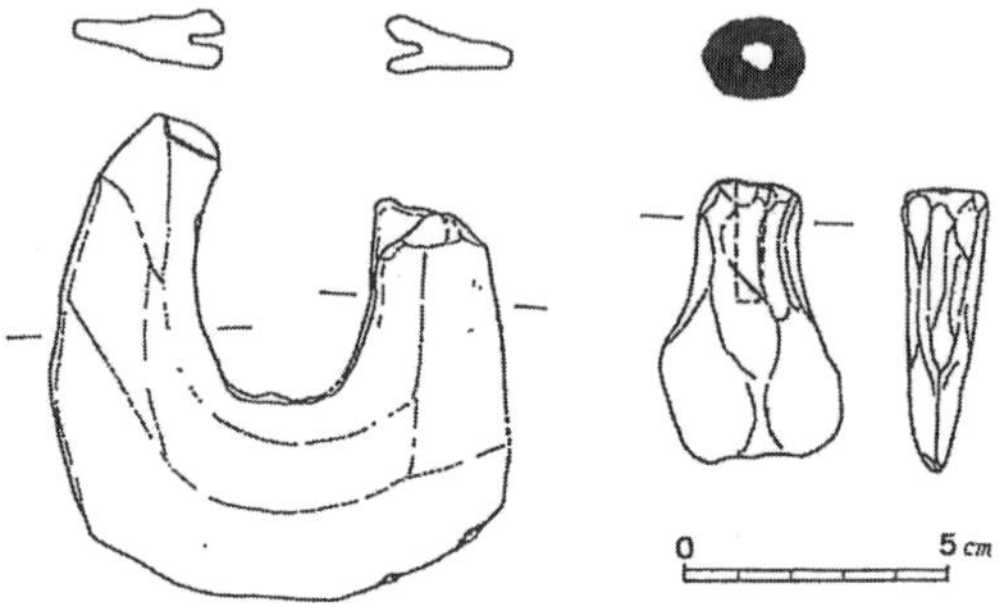

図20　土製模造品鍬先（左）・斧（右）
相生市丸山窯跡・加古川市神野大林窯跡
（筆者実測・『神野大林窯跡』兵庫県教育委員会）

古墳時代の淡路は、海人の居住する製塩遺跡が多く存在した島です。その中の、淡路市北淡町貴船神社遺跡（六世紀）では、船形の土製品や石製模造品の管玉が出土しています。これらは、製塩に伴う生産祭祀の痕跡と考えて良いでしょう。

播磨地域の土製馬形

兵庫県内出土の土製馬形（土馬）は、奈良時代以降を含め約四五例の発見（摂津一〇例、播磨二〇例、丹波二例、但馬八例、淡路五例）があります。その中で、播磨地域には間違いなく古墳時代の後期と考えられる土馬が、次の二箇所の竪穴住居跡に確認できました。

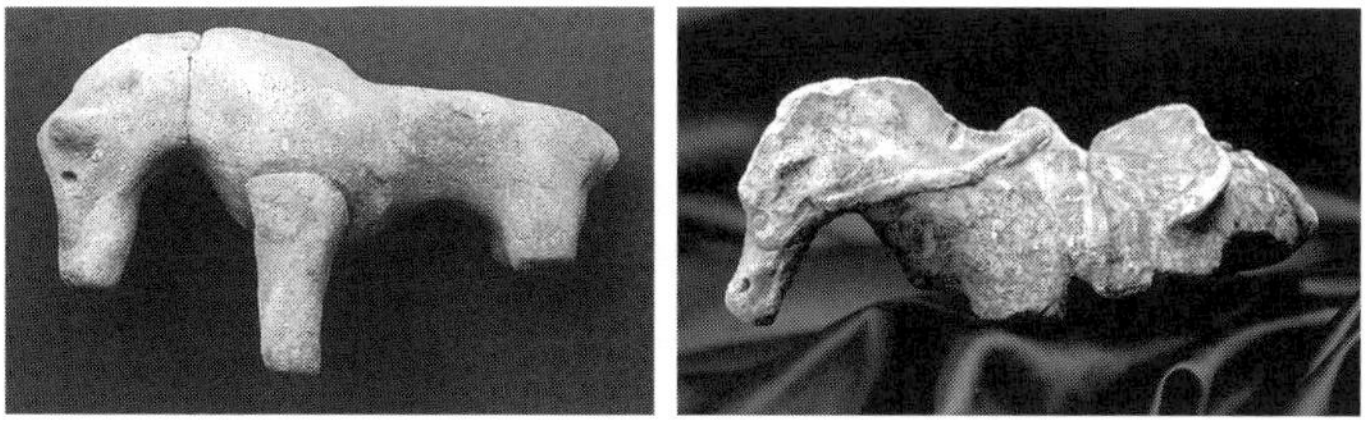

写真 37　土馬　東有年沖田遺跡（左）・三木市田井野遺跡（右）
（赤穂市教育委員会・兵庫県立考古博物館）

赤穂市東有年・沖田遺跡（写真37左）は、千種川の下流域右岸の微高地に立地する集落遺跡です。馬形は六世紀後半の竪穴住居跡から、手捏土器と共に発見されました。また、三木市の田井野遺跡（写真37右）は美嚢川（加古川の支流）右岸の段丘上に立地する集落遺跡です。ここでも、馬形は竈を持つ竪穴住居跡で出土し、六世紀末から七世紀初頭の年代と考えられます。この例は、特に住居の柱穴から発見されており、住居の廃棄に伴う祭祀で間違いないでしょう。さらに、推測すれば流行病で亡くなった人達の家を祓う目的で土製馬形を使用したと考えられます。

これまで、馬は文献史学や民俗学の研究者によって水神と関連付けられ、土製馬形も井戸や河川跡からの出土が多く、大場磐雄先生も水神祭祀の供献品と考えてきました。これは、民俗学の河童《かっぱ》と馬の関係もあり否定すべきものでもありません。

しかし、近年では奈良大学の水野正好氏が、土馬には完全な形で発見されるものが少なく、『本朝法華験記』や『日本霊異記』に記された板絵馬の脚が折れたため、行疫神（祟り神）がその馬に乗って病気をばら撒く責を果たせなかったことから、馬を行疫神の乗り物と捉え、この活動を止めるために故意に壊して祀ったと捉えたのです（水野正好「馬・馬・馬―その語りの考古学」『文化財学報』第二集、奈良大学文学部、一九八三年）。実に卓見でした。

『肥前国風土記』佐嘉《さか》郡の条には、通行人の半数を殺害する荒ぶる神を、特定の土で作った人形・馬形で祀ると祟りは鎮まったと記しています。土製馬形は奈良時代にも継承され、「大祓」に使用されました。こうした事実から、古墳時代の馬形も基本的な用い方は水野正好氏の言うように奈良時代以降と同じ「祓」にあると考えて良いでしょう。

その他の祭祀土製品

また、珍しいものに芦屋市三条寺ノ内一号墳（六世紀前葉）と、たつの市袋尻浅谷三号墳（六世紀末）出土のミニチュア竈のセット（竈・甕・甑）があります。朝鮮半島からの渡来人が持ち込んだ祭祀具の一つですが、模型竈と呼ばれる八・九世紀に都城で使用されるものとの関係がよく分かりません。都城で用いられた新しい時期のものは、土馬と同様に律令祭祀の祓に用いたものとされています。なお、袋尻浅谷三号墳には特異な形態の土師器（小型の高坏七個と壺一個を円盤上に配した脚付土器、子持須恵器を真似たものか）も出土しました。

その他、初期須恵器（特に𤭯）は当時最新のものとして貴重品のためか、五世紀前半の祭祀遺跡に石製模造品と供伴して出土し（豊岡市五反田遺跡・南あわじ市井手田遺跡など）、さらに横穴式石室を持つ古墳には、人物・動物像や小型の壺などの付いた装飾付き須恵器を副葬することがあります。地域の首長墳とされるもので、尼崎市大塚山古墳・神戸市毘沙門一号墳・同市金棒池一号墳・三田市西山六号墳・篠山市箱塚四号墳・加東市小丸山一号墳・姫路市長塚古墳・たつの市西宮山古墳・同市小丸山古墳・養父市禁裡塚古墳などからも出土し、朝鮮半島（渡来人）の影響と考えます。小野市勝手野六号墳（円墳六世紀末）出土品は二個一対のもので、器台上の壺に人物や動物の小像群が、簡単な作りの中で躍動感を持って付設されていました（写真38）。

写真38　装飾付須恵器　小野市勝手野古墳（兵庫県立考古博物館）

ところが、最近姫路市の前田遺跡で、井戸を廃棄するための祭祀に使用されたものを発見していいます。私は現地へ呼ばれた時に、装飾付須恵器は墳墓祭祀だけに用いる祭祀具と思っていたので、集落跡からの出土例はなかったのではと答えました。

改めて調べ直すと、神戸市松野遺跡と尼崎市若王寺遺跡に出土例があり、当然窯跡からの発見例もありました。主要品の扱いではありませんが、間違いなく使用しています。なお、横穴石室を持つ後期古墳の墳丘上では、須恵器の大甕を使用した祭祀と、石室内に滑石製の紡錘車を用いる祭祀儀礼があったようです。これらの例も、古代史学者井上光貞氏の言う六世紀と七世紀の間で葬祭分離が行われた証拠の一つになるのでしょう。

こうした先学の研究と遺跡の立地や祭祀遺物の出土状況から考えると、土製祭祀遺物は間違いなく荒ぶる神の鎮魂を目的とした性格の強いものと理解できます。王権の祭祀具である石製祭祀遺物に対して、土製祭祀遺物（古墳以外で出土するもの）は土着の神々（特に、古風土記の言う荒ぶる神）への供献品と考えることが可能になるのです。

4　木製模造品と祭祀

近年、古墳時代の祭祀遺跡に石製模造品・鉄製模造品だけでなく、木製模造品が存在することを明らかにしたのが静岡県山ノ花遺跡と三重県六大A遺跡です。山ノ花遺跡は五世紀代を中心とした大溝内から子持勾玉や有孔円板・剣形などの石製模造品と、須恵器・土師器と共に刀形・船形・鏃形・琴・琴柱・案・機織具・農具など多種多様な木製品があります。古くは、群馬県三ツ寺I遺跡の濠から出土した琴・ササラ・刀形・鳥形・弓・楯・農具などがありました。

兵庫県内の古墳時代木製祭祀具は発見例が少なく、豊岡市五反田遺跡と入佐川遺跡、朝来市筒江片引遺跡、篠山市葭池北遺跡、姫路市長越遺跡、神戸市白水遺跡・玉津田中遺跡・松野遺跡、そして古墳時代終末期の芦屋市三条九ノ坪遺跡などまだ数えられる程度です。

五反田遺跡は、自然河道と水路から発見された刀形・剣形と船形です。ここでは、建築部材や田下駄・穂摘み具などの農具、紡織具、発火具（火鑽《ひきり》板・火鑽棒）、腰掛・天秤棒の器財類、箱・容器類などがあります。

注目できるのは、石製模造品の琴柱と有孔円板や須恵器の樽形𤭯を共伴していることです。年代は五世紀代で、山ノ花遺跡や六大A遺跡に近い様相が認められました。

この例より古い年代（須恵器出現前）の遺跡が、出石町の入佐川遺跡です。自然流路内で楯形と斎串に、直孤文を施した黒漆塗りの刀装具（柄頭《つかがしら》）と紡織具、農具の未製品や火鑽板・建築部材などを伴っていました。また、下流の水路からは大量の土師器（穿孔したものを含む）・桃核と石釧片が出土し、倉庫などの扉材を転用したシガラミも確認しています。

玉津田中遺跡は、兵庫県教委が昭和五十七年から約十年間の歳月を掛け発掘調査を行った遺跡で、私も確認調査と本調査に四年程度関わっています。そこで、報告書にも亀ノ郷七区流路出土の石製模造品（勾玉・臼玉）について書きました。しかし、この遺跡は何と言っても弥生時代が中心だったため、私も今回祭祀遺物出土の地名表を改作するまで、古墳時代の木製祭祀具があったことは完全に忘れていました。兵庫県でも早くから、石製模造品には木製祭祀具（剣形・刀形・船形・琴など）や機織具・案（机）、穂摘み具などの農具、土製品の紡錘車・手捏土器までセットとして伴うことが明らかになっていたのです（写真39）。埋蔵文化財担当者（しかも、祭祀を専門とする者）として、本当に恥ずかしい限りです。

これらの遺物も、石製模造品と同様に五世紀末の年代と考えられます。玉津田中遺跡は、弥生時代だけでなく古墳時代も兵庫県を代表する遺跡でした。またまた言訳になりますが、玉津田中遺跡の調査現場を離れた後は、県教委時代の発掘人生で最大の成果を上げることが出来た袴狭遺跡群（木製模造品が日本一の出土量を誇る）の調査が待っていたのです。そして、袴狭遺跡での調査が完了するまでの五年間は、この遺跡に集中・没頭していたのでしょう。事実、阪神・淡路大震

写真39　木製祭祀具と土器類及び石製模造品の出土状況
神戸市玉津田中遺跡（兵庫県立考古博物館）

災が起こった朝も、家に大きな被害がないと分かり、普段通りの時間に現場へ出発しました。大阪府から通う中村弘君も到着していました。現場事務所で、初めて地震後の火災で神戸の街が煙を上げ燃えていると知った次第です。驚いて所属先の兵庫県教委荒田発掘調査事務所に連絡を入れると、出石の方（請け負い業者の川島建設）に支障がなければ調査を続行しても良いとのことで、荒田事務所に戻り長田高校で支援に当たったのは一週間後だったと覚えています。

白水遺跡では、水路から矢形（鏃）と剣形の発見があり、農具や機織具の木製品と桃・瓢箪などの種子類が供伴しています。近くの土器溜りからは、偏平な勾玉・有孔円板・臼玉などの石製模造品と、鉾《ほこ》・鉇《やりがんな》・鉄鋌などの鉄製品と鉄片が出土し、祭祀の遺構と考えられています。多量の土師器・須恵器と共に、製塩土器も確認できました。年代は、五世紀後葉から末の時期です。この近くで、県教委に異動した恩師の村上紘揚さんが有孔円板の入った小型丸底壺を採取し、注意すべき地点だとの認識はありました。しかし別地点担当の兵庫考古学研究会の真野修氏からは、広範囲の調査にも関わらず少量の石製模造品しか出土していないと聞かされていたので、まさか市教委の調査側に鉄鋌まで出土していたとは驚きでした。

松野遺跡では、井戸から刀装具（柄頭）が竪杵《たてぎね》や加工木・板材と共に出土しています。年代は五世紀末から六世紀初頭で、周辺からは石製模造品を伴う祭祀遺構や竪穴住居跡が多数発見されました。この地点は、北にある豪族居館に伴う集落であり、予想通りというところでしょう。滑石製の玉作りも行っています。

　葭池北遺跡では、昭和五十二年という早い段階に出土した琴板と腰掛（案）があります。古墳時代前期の大溝から、小型丸底壺・高坏・手捏土器などと共に砧《きぬた》・槌の子や梯子などの建物部材を多量に発見しました。長越遺跡の発見と言い、この時点で小型丸底壺の使用時期には石製模造品だけでなく、祭祀用木製品が伴うことを認識すべきでした。また、町が保管していた木製品が全て干からびて滅失したことを考えると、貴重な琴板だけでも保存処理を施していた渡辺昇君の判断の良さには頭が下がります。

5　祭祀遺跡調査・研究で見えてきたこと③

　播磨地域の石製模造品出土遺跡は、播磨に置かれたとする三箇所の国造（針間国造・針間鴨国造・明石国造）の支配地域と、それぞれの地域で最初に石製模造品が出土した遺跡の位置がうまく重なりました。また、倭王権祭祀を受け入れ服属した時期が針間国造と針間鴨国造が五世紀の前半、明石国造が六世紀前後に登場し、改めて王権に服属したのだと判明しました。

　こうした中、明石地域に石製模造品の普及が遅れた理由は、王権が関与する瀬戸内海航路（明石海峡・海の祭祀）が鍵で、南あわじ市の木戸原遺跡と雨流遺跡の二つの遺跡の出現が関係しているのではと、ひょうご歴史研究室による淡路島の調査・研究で閃きました。早速、平成二十九年八月に淡路島日本遺産委員会との合同研究会で発表しましたが、今ひとつ反応が良くありません。南あわじ市の研究者は現在松帆銅鐸で頭が一杯、それどころではないのでしょう。

私が木戸原遺跡を注目したのは、祭祀遺物の中に鉄鋌と韓式土器を持っていたことです。早くから石製模造品と共に鉄鋌を出土した遺跡には、愛媛県の出作《しゅさく》遺跡（五世紀後半）と大分県荻鶴遺跡（五世紀前半）等があります。これらの遺跡では、鍛冶遺構と祭祀が結びついていました。それ故、木戸原遺跡（祭祀）と雨流遺跡（鍛冶）を同一目的のために新しく造られた集落と考えれば、五世紀代の早い段階の鉄鋌は間違いなく朝鮮半島（伽耶・百済・新羅）から持ち込んだもので、瀬戸内航路が関係してくるのです。

これを理解するには、紀伊北部の古墳時代前期末から中期初頭にかけて突然出現した遺跡が参考になります。和歌山市鳴滝遺跡・楠見遺跡・西庄遺跡などの諸遺跡です。鳴滝遺跡は大型倉庫群から収蔵・保管の拠点として評価でき、西庄遺跡は製塩・漁労の生産物流の拠点として、楠見遺跡は紀ノ川に隣接した津の性格が想定できるのです。何れも、渡来系の要素を強く持ち、海上物流の拠点遺跡と位置付けられます。これに、淡路島の鍛冶生産が加われば申し分ありません。

古墳時代前期後半、朝鮮半島との交流は神戸市五色塚古墳（四世紀後葉）の立地を見るまでもなく、瀬戸内海北側（山陽側）の津・泊りを利用して、明石海峡を通る航路でした。明石市藤江別所遺跡の井泉祭祀（車輪石・小型仿製鏡を使用した祭祀）と姫路市長越遺跡（津の祭祀）も飲料水の供給と通行航路安全のための祭祀地点です。この航路が、五世紀前半の紀伊北部の遺跡に見るように大和から紀伊へ出て、紀伊から淡路島南廻りのルートに変更された結果、南あわじ市の木戸原遺跡が造られたのだと推測します。朝鮮半島に影響力を持つ、大和・葛城氏の存在が大きかったのは言うまでもありません。

また、鳴門海峡も通過しなくても良いように、淡路島の南部に中継基地（旧南淡町阿万から旧西淡町湊までの陸上ルート中に物流の拠点）が必要だったのです。初めは、井手田遺跡（南淡町阿万）を使用していたのでしょうが、私は五世紀の前半に突然出現した木戸原遺跡がこれだと直感しました。この居館は地元豪族の集落ではなく、倭王権によって意図的に造られた直轄の集落（淡路屯倉の前身）だったと考えたのです。

こう捉えると、先の播磨地域の祭祀遺跡、なぜ明石国造域が針間や針間鴨国造域より石製模造品の使用が遅れるのか、明石川海岸部に五世紀前半の祭祀遺跡が認められないのかということも、合理的に解釈できます。王権が派遣する朝鮮半島との交流船は難所の明石海峡を通過しないため、王権が関与する就航の安全祭祀も執り行う必要が無くなったと考えたのです。

摂津地域の石製模造品出土遺跡の年代

今一度、本当に隣接の神戸市域でも五世紀前半の石製模造品を使用した祭祀遺跡がないのかを見てみましょう。神戸市長田・須磨地域には松野遺跡があります。これは豪族居館を持つ遺跡で、木戸原遺跡と同じように滑石の玉作りを行っています。石製模造品の時期は、共伴する須恵器の年代五世紀末から六世紀初頭と考えられます。明石海峡を通るルートが復活し、木戸原遺跡が衰退した頃、長田に造られた豪族居館と集落でしょう。周辺の神楽《かぐら》遺跡・大田町遺跡も、五世紀後葉から六世紀初頭です。祭祀の対象（神の降臨地）は近隣の大田町遺跡などと共に高取山（神奈備）と考えています。若干気に掛かるのは、明石市の北王子遺跡の石製模造品を見直したところ古いタイプの有孔円板が混じっていたことです（祭祀の開始時期が五世紀の中葉、木戸原遺跡から雨流遺跡に主体が移った時期に遡るかもしれません）。

中央区には、五世紀末から六世紀代の生田遺跡があり、竪穴住居内や掘立柱建物（倉庫群）の柱穴から有孔円板・臼玉や滑石製紡錘車が出土しています。最初の担当者である神戸市丸山潔氏が、住居に敷設された竈内の土を水洗いし魚類の骨や製塩土器を発見した驚きの遺跡です。できれば、竈内の土や井戸内の土は選択的でも良いから可能な限り洗浄したいものです。

さらに、東灘区の郡家遺跡でも子持勾玉や有孔円板・臼玉などが出土し、これまた五世紀後葉から六世紀初頭の年代です。また、この遺跡では第七七次調査出土の鉄製品と鉄片が愛媛県出作遺跡や南あわじ市木戸原遺跡と同様に注目できます。ここで、気になったのが森北町遺跡の第五次調査出土の石製模造品の類です。勾玉一四点・有孔円板三点・臼玉約一三〇〇点が出土しています。これらに、韓式土器（四世紀後半から五世紀初頭）が伴っていました。当該地は、五色塚古墳が造られた時期の瀬戸内航路の拠点祭祀遺跡になるのでしょう。

芦屋市には、三条九の坪遺跡に偏平な形態の勾玉と月若遺跡の子持勾玉などの出土例があり、尼崎市でも若王寺遺跡に石製模造品（有孔円板・勾玉・臼玉・紡錘車など）と鍛冶具（羽口・鉄滓など）が発見されました。何れも、五世紀後葉から六世紀代の年代です。ただし、尼崎市田能高田遺跡では石釧片が出土しており、森北町遺跡の五次調査と近い時期の瀬戸内航海に関係するものと捉えています。瀬戸内海北岸コースの時代、兵庫県内では尼崎市田能高田遺跡から神戸市森北町遺跡・明石市藤江別所遺跡・姫路市長越遺跡を使用するルートだったと推測できるのです。

このように、五世紀前半から中葉の時期には明石・須磨・長田・東灘・芦屋・西宮・尼崎側で、石製模造品の発見がありません。また、淡路島の北部地域でも、明石海峡側には確認できません。先に記した八木奘三郎氏報告の伊佐奈岐神宮禁足地出土品と、淡路市東浦町の今出川遺跡出土の有孔円板だけでした。その他、島内の南部地域では木戸原遺跡・雨流遺跡を除くと、洲本市平野部の下内膳遺跡と波毛遺跡に新しい時期の有孔円板、南あわじ市の海岸部にあたる阿万の井手田遺跡（管玉と臼玉）と湊の平石遺跡（有孔円板・剣形品と管玉）にしか見られません。井手田遺跡と平石遺跡は、木戸原遺跡に関連した（鳴門海峡を回避するために、阿万から湊へは川を利用した陸上交通だった）時の祭祀遺物でしょう。そこで、瀬戸内航路は明石海峡を通るコースから淡路島南廻りのルートに変更したため、それが明石以東の祭祀遺跡の出現に影響したのではと捉えた次第です。

神々への供献品（幣帛）が形成された時代

古墳時代の石製模造品・鉄製模造品・木製模造品・そして土製模造品を見ていくと、県内でも五世紀頃から六世紀にかけて豊岡市五反田遺跡・入佐川遺跡、神戸市白水遺跡・玉津田中遺跡のように石製模造祭祀具と共に鉄製の武器武具・農具・鉄素材が確認できました。併せて、木製模造品（刀形・剣形・船形・斎串など）と火鑽板・火鑽棒などの木製生活具や、糸車・桛《かせ》などの実用紡織具から布帛類の存在も考えられるようになりました。國學院大學の笹生衛氏（「古代の祭りと幣帛・神饌・神庫」『延喜式研究』第二七号、二〇一一年）が指摘するように、この時期「神々への供献品セット」が形成され、これらが神社「幣帛」の原型になったのです。

銅鐸祭祀（地的宗儀）から鏡祭祀（天的宗儀）への宗教改革で幕開けした古墳時代の祭祀は、墳墓祭祀と同じ祭祀具を使用して四世紀後半から、磐座祭祀（奈良県桜井・山ノ神遺跡と福岡県宗像・沖ノ島遺跡）と新たな導水・湧水の祭祀（奈良県纏向遺跡・愛知県八王子遺跡）を始めたのです。特に、後者の大きく一括りにできる水の祭祀（奈良県南郷大東遺跡・三重県城之越遺跡・同県六大A遺跡など）は、四世紀末から五世紀代に導水施設による聖水造りや湧水地点の囲形埴輪として、墳墓祭祀にも取り込まれて行き最盛期を迎えました。そして、葬と祭の分離がなった後の、飛鳥時代（奈良県上之宮遺跡・酒船石遺跡）・奈良時代へと王権の「祓の祭祀（木製模造品・土製馬形）」として引き継がれていったのです。

『日本学談話会』の例会で、京都上鴨社の社家さんの自宅にお邪魔した時、何気なく見た庭の中に上之宮遺跡の石組みに似た池というか井戸というか、おそらく禊の場所と思えるものを見てしまいました。神職の方は、近年までこうした遺構の中で禊をされていたのだろうと畏れ入った次第です。また、鎮魂と魂振りの儀礼は宮中の鎮魂祭に繋がっていくのです。

こう見ていくと、古墳時代から飛鳥・奈良時代への祭祀には断絶がなく、最大の変革が、井上光貞氏（初代国立歴史民俗博物館館長）のいうところの六世紀と七世紀の交に起こった葬儀と祭儀の分離だったと捉えて間違いないようです。

コラム③

三木市野々池七号墳の被葬者を考える

考古学では最大や最古の遺構・遺物と判明しても、誰（個人名）のものなのかは分かりません。

そこで、他分野の力を援用することが大切になってきます。「文献学」と呼ばれるものから、『古風土記』などに記された古代氏族名や地名・伝承を考古学の資料と結び付けるのです。

例えば、加古川流域の三木市下石野に愛宕山古墳という古墳時代前期に市内最大の前方後円墳が造られます。全長九一メートル、県下で九番目か十番目に大きいものですが、誰のお墓だか分かりません。それと比較して、三木市自由ヶ丘には全長約二一メートルと小さい、五世紀後葉の野々池七号古墳があります。これは、三木市内で数少ない前方後円墳であり志染《しじみ》に存在すること、二重濠と人物・馬の埴輪を持つこと、さらに古墳の築造年代が志染屯倉の設置時期と一致することからも『日本書紀』・『播磨国風土記』に記載のオケ・ヲケ伝承に云う縮見屯倉《しじみのみやけ》の管理者に任じられた「明石郡縮見屯倉首忍海部造細目《おびとおしぬみべのみやつこ》」の墓で間違いのないところでしょう。

倭王権に服属した豪族たちは、政治に占める地位や社会における尊卑によって、王権から氏と姓を与えられます。一般に、氏は居住地や職務によって付けられ、姓は王権との政治関係に応じて授けられたものです。地方の有力豪族には「君・直」などが与えられ、地方官である国造になりました。小豪族には「首」が授けられ、「村主《すぐり》」の姓は渡来人に与えられました。いわゆる「氏姓制度」で、その成立は五世紀中頃と捉えられているようです。

このように、文献の地名や氏族名を考古学の発見と照合することで、血の通った地域の歴史・古代氏族のことも明らかになってくるでしょう。播磨には、幸い『播磨国風土記』が残っているので、ここから得る情報は非常に多いと考えています。

第五章
律令時代「祓」の祭祀

1　人形祭祀の成立と終焉

飛鳥時代になって中国の隋に倣い国の体制が整えられると、壬申の乱の後に天武天皇・持統天皇は太政官と並立して神祇官を置き、祭祀は国家主導になっていきました。神祇官では「神祇令」に基づいて二月祈念祭、三月鎮花祭、四月神衣《かんみそ》祭・三枝祭・大忌祭・風神祭、六月の月次祭・鎮火祭・道饗《みちあえ》祭、七月大忌祭・風神祭、九月神衣祭・神嘗《かんなめ》祭、十一月相嘗《あいなめ》祭・鎮魂祭・大嘗祭、十二月の月次祭・鎮火祭・道饗祭の年間一三種一九例の祭祀と二度の大祓《おおはらえ》（六月、十二月）を管掌《かんしょう》しています。なお、祭祀を執行するのに必要な祭具・祭料については施工細則である式に記載され、延喜式が現存しているのです。

さらに、六世紀代の祭祀遺跡に見る一定の祭場の成立と祭祀具の保管場所、そして寺院の建立が常設神社建物の発生を促していき、各氏族は基本的に各神社の祀りを担当していたのです。

これら奈良・平安時代の年中行事を見ていると、我が国古代の季節ごとの祭りには正月と盆を中心とする二つのサイクルがあることに気付きました。正月と盆は、元来同じ性格を持った行事と民俗学が説明しています。つまり、一年のうちに二度同じ祭りをやるというわけです。

国家の祀りに使用された最古の金属製人形が、宗像沖ノ島二二号遺跡と五号遺跡で発見されました。おそらく、七世紀代の前半に律令制祭祀の先駆けとして遣隋使派遣に伴い実修されたのでしょう。

この人形は、前期難波宮（孝徳朝）において「大祓」の祭祀具として確立すると、藤原京・平城京・長岡京へと続きます。しかし、長岡京期には疫病・大雨洪水や怨霊の祟りが起こり、人面墨書土器・模型竈を加え、再び土製馬形が盛行すると木製人形の形態も変わっていきました。そして、平安京期における人形は九世紀の中頃に手を作り出さない形態に変化し、神仏習合が進む一〇世紀代には仏の顔を描いたものも現れ、一一世紀初めに偏平な正面全身人形は見られなくなります。これは、律令体制の崩壊に伴ったもので、古代が終了することを暗示していたのです。

律令制祭祀の中の大祓

律令期を代表する祭祀遺物に金属製人形（皇族用）・木製模造品（官人用、人形・馬形・刀形・斎串など）と土製馬形・人面墨書土器・模型竈などがあります。都城では、この他に鏡・鈴・刀子などの金属製品も伴っていました。

これらの祭祀具は、奈良国立文化財研究所の金子裕之氏が七世紀中頃の前期難波宮において、古墳時代の伝統を持った祭祀具と人形など中国系の祭祀具を新たに加えて再編成したものと捉えています。そして、個々の遺物は律令祭祀の中で、最も重要な位置を占める「大祓」に関与したものと考えました。祓とは、人形に息を吹きかけ体を撫で、その人に付いた罪や穢れをこれに移した後、人形を水（川）に流して罪・穢などを消し去ることで、身と心を清浄にする祭祀儀礼です。この内、六月と十二月の晦日《みそか》の夕刻に行うものを、特に「大祓」と呼びます。道教の影響を強く受けた大祓の目的は、天皇と都（国家）を穢れから守り、天皇と都の清浄性を保つことにあったのです。

以下、神社正式参拝時の「祓詞《はらえことば》」を記してみましょう。

掛けまくも畏き伊邪那岐の大神　筑紫の日向の橘の小戸の阿波岐原に禊祓へ給ひし時に生り坐せる祓戸の大神たち　諸々の禍事罪穢有らむをば　祓給ひ清給へと申す事を聞こし食せと　恐み恐みも白す

『古事記』と『日本書紀』の伝えるところによれば、「禊」は淡路に祀られている伊邪那岐命が黄泉の国で触れた穢れを、筑紫の日向の橘の小戸の阿波岐原で祓ったのが最初だというのです。そして、「祓」は須佐之男命が高天原で犯した罪を贖《あがな》ったことが始まりです。また、大祓の儀式には朱雀門前で中臣氏が宣読する祝詞「大祓詞」がありました。

考古学から見ると、三重県城之越遺跡の湧水点祭祀・奈良県南郷大東遺跡の導水施設や、大阪府心合寺山古墳と兵庫県加古川市行者塚古墳などの家形埴輪・囲形埴輪に表現された豪族居館内の王権祭祀が、禊・祓の起源になります。

さらに、律令国家の神祇祭祀を重視した政策は、中央（都城）だけでなく地方支配の末端まで浸透していきました。このことが、全国各地の官衙遺跡で発見される木製模造品からも見て取れるのです。

九州宗像・沖ノ島遺跡の祭祀②

沖ノ島二二号遺跡や五号遺跡では、金属製人形や紡織具の雛形品など七世紀代の早い時期に律令制祭祀の先駆けとなるものが登場し、祭場が巨岩の岩陰と巨岩に隣接する露天で行う「半岩陰・半露天祭祀（第三期）」に移行して行きます（写真40）。巨岩に神の依代を求めた磐座・磐境祭祀から、社殿祭祀への重要な転換期とも考えられ、併せて祭祀遺物は金属製雛形など古墳の副葬品に見られない質的

写真40　半岩陰・半露天祭祀　福岡県宗像沖ノ島五号祭祀遺跡（宗像大社）

な変化を遂げました。なお、この第三期は遣隋使・遣唐使や遣新羅使が行われた時期にも当たり、金銅製の龍頭・唐三彩などの渡来品も出土しています。

そして、律令制祭祀の確立期（第四期）に引き継がれていきます。この祭祀は巨岩から離れた露天で実修され、同一の場所で祭りが繰り返し執り行われたのか、実に夥しい数の滑石製品（人形・馬形・船形、写真41）、土器類が出土しました。土器の示す年代はおおよそ九世紀末で、沖ノ島祭祀遺跡の古代祭祀は遣唐使の廃止（八九四年）に伴って終焉を迎えたのだと考えられます。

木製人形

人形は、偏平な板材を切り欠いて、頭・胴・手・足部を作り出します。一〇センチ前後の小さなものから、百五〇センチもある大型（等身大）のものまで存在しますが、よく見ると時代ごとに一定の規則で製作していたのです（コラム④参照）。

その他、馬形・船形・刀形・剣形・斎串などがあり、馬形は鞍《くら》を有するものと裸馬に分類できました。なお、年代は鞍の無い裸馬が古く、鞍を作り出すものが新しくなります。

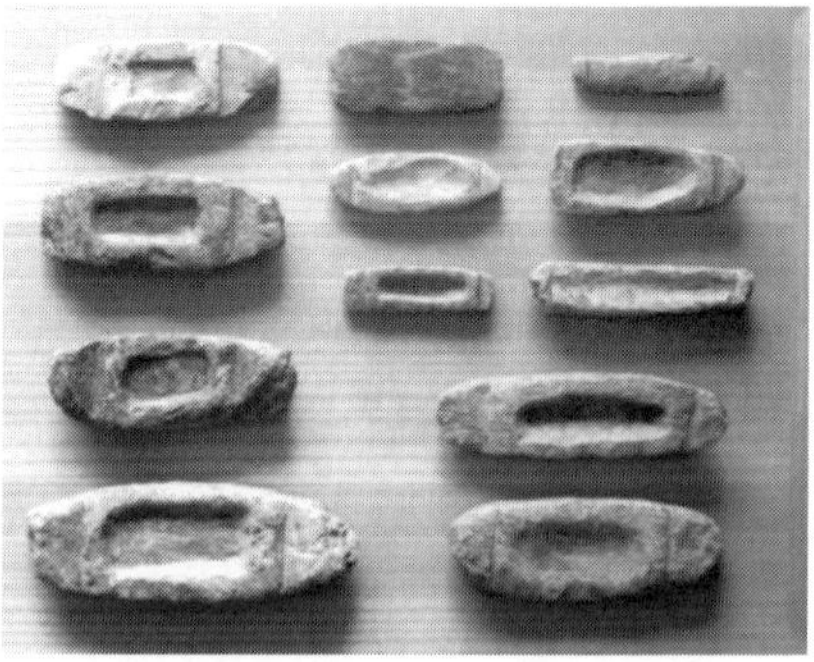

写真 41　滑石製船形
福岡県宗像沖ノ島一号祭祀遺跡（宗像大社）

祓の儀式には、これらの木製模造品を組み合わせて用いました。人形は大・中・小がセットとなり、馬形・船形・鳥形は穢れを負った人形を他界へ運ぶ乗り物、刀形・剣形は祓所《はらえど》を邪気から守る武器、斎串は結界を張るためのものとする金子裕之氏の考え方が肯定されています。

コラム④

木製人形の変遷を「型式」で考える

人形は、頭部・胴部・手部・足部の四部分から成り立っています。一般に、人工物は長い年月の間に改良を加え、変化するところと変化しがたい部分を持っていることが分かります。そんなモノの形態の中に表れた様々な特徴を捉え、ある考えに従って分類・整理したものを「型式」と言い、その分類方法を「型式学」と呼びます。

筆者の人形分類図をご覧ください(図21)。Ⅰ類からⅣ類に分けました。どこに変化した処、特徴があると考えたでしょうか。頭、それとも足でしょうか。

その中で、一番の大きな違いはⅠ・Ⅱ類には手があり、Ⅲ・Ⅳ類は手を作り出さないことです。日本一人形の出土量が多い豊岡市袴狭遺跡群で、有る方は下層で見つかり無い方が上層から発見されたので、有るのが古く無いのは新しいと判定できました。これは、考

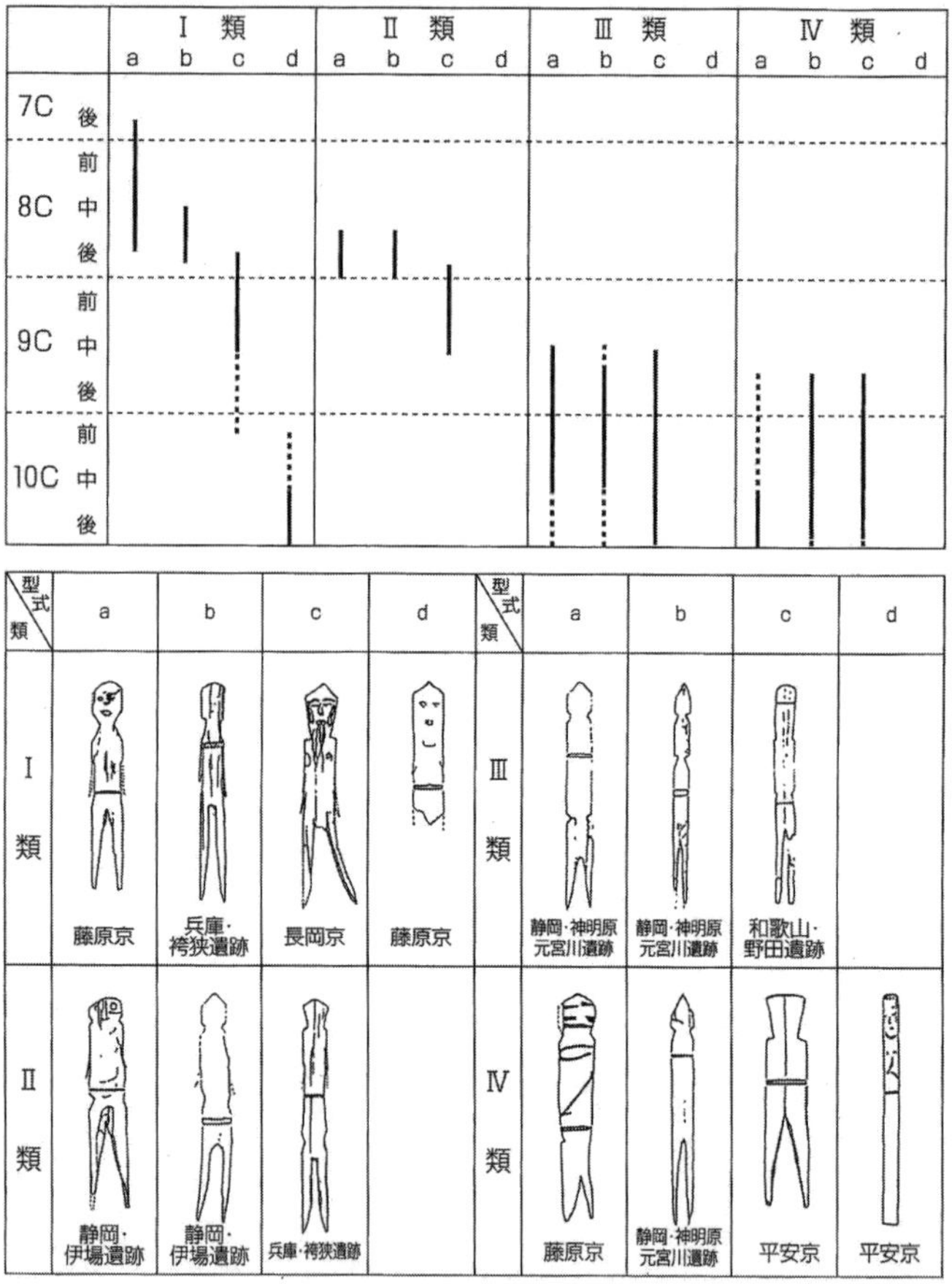

図21　木製人形分類及び編年表

古学研究の基本の一つである「層位学」を援用し、モノの新旧を推定したものです。

次いで、各類をaからdの四つの変化で細分しています。この違いは何でしょうか。答えは、首から肩への切り欠き角度の違いです。aは、上からと下からの角度を同じに切っています。そのため、形態は撫で肩となります。bは、上から短めに深く、下から長めに浅く切ります。形態は下がり肩です。cは、逆に上から長めに浅く、下から短めに深く切っています。形態は怒り肩となります。dは切込が無く、首なしの形態です。

この分類に、全国から出土した年代が明らかなものを当てはめて見ると、撫で肩のa型式から下がり肩のb型式、そして怒り肩のc型式から首なしのd型式という順に変化したことが分かります。細かく見ていくと、藤原宮で発見されたI類a型式（手の表現が有り、撫で肩）で、頭は楕円形のものが最古になります。ここから、全国の官衙関係の諸遺跡に拡がっていったのでしょう。なお、近年同形態でこれより時期の遡るものが大阪府前期難波宮の住友銅吹所遺跡などに見つかり、七世紀中葉が人形の起源となってきました。

次いで、撫で肩が強く頭の尖るb型式（八世紀の中頃）となり、この時期に腰部に切り欠きを持つII類のa・b型式も出現します。その後、I・II類にはc型式の怒り肩が登場してきました。この時期が、長岡京の年代時期に当たります（人形の第一の画期）。

I・II類のc型式の終末となる九世紀の中頃には、東北の秋田城まで分布が拡がっていきます。

　これに前後して、手を作らない型のⅢ・Ⅳ類が出現してきます（人形の第二の画期）。Ⅲ・Ⅳ類の盛期は十世紀の前半と考えられ、さらに日本海側の因幡国（青谷横木遺跡）を中心として新たな神仏習合の形態と捉えられる人形の顔に仏を描いたものも登場します。そして、十一世紀の前半には人形祭祀も律令制の衰退と共に終わっていきました。ただし、Ⅰ類のd型式や平安時代末のⅣ類d型式の人形は、中世にも続くことが明らかになっています。

　蛇足となりますが、最近の高校社会の教科書は中世の始まりを後三条天皇の即位（一〇六八年）に置いていました。かつて、筆者が予測したように人形（偏平正面全身型）祭祀の終焉と律令国家の崩壊（古代の終り）は繋がっていたのです。

兵庫県内出土の木製模造品

　現在の所、兵庫県内で奈良時代以降の木製模造品を出土する遺跡は五三箇所です。その中で、日本一の出土量を誇ったのが豊岡市袴狭遺跡群（砂入遺跡・入佐川遺跡を含む）の人形・馬形・斎串などで、私は但馬の第一次国府跡及び出石郡衙跡だと捉えています。第二次国府跡の豊岡市祢布ヶ森遺跡や関連の祓所とされる同市川岸遺跡・深田遺跡でも多量に発見され、日本海側（但馬国は二〇遺跡）に多いのが特徴となっています。人形が県内で最初に発見された但馬国分僧寺跡や日高町の姫谷遺跡も、第二次国府関連の遺跡でした。注意すべきは、山陰道但馬国粟鹿駅家とされる朝来市柴遺跡で、人形（九点）より馬形（一四点）が数多く発見されたことです。

丹波国（九遺跡）では、二つの氷上郡衙跡になる丹波市七日市遺跡（東縣《あがた》）と市辺遺跡（西縣）などに出土し、市辺遺跡は一本足の人形が多く存在することに特色がありました。また、七日市遺跡に隣接する山垣遺跡の馬形は、県内で最古時期に位置付けられるものです。

摂津国（九遺跡）でも、山陽道葦屋の駅家とされる神戸市深江北町遺跡に発見例があり、ここでは人形よりも馬形と船形の数の多いことが注目できます。この駅家では、陸上交通だけでなく海上交通も考える必要があるということでしょう。近年、新名神高速道路の建設工事で調査された川西市石道才谷・堂ノ後遺跡では馬形と斎串を発見しましたが、人形が見当りません。遺跡の立地環境と、馬の飼育に必要な塩（製塩土器）の出土も確認できるところから、私は牧の可能性がある遺跡と考えています。

播磨地域（二二遺跡）は、国府跡の姫路市本町遺跡、郡衙・荘園関係の上郡町山野里大坪遺跡・姫路市丁柳ケ瀬遺跡・多可町安坂城の堀遺跡と同町曽我井沢田遺跡、山陽道駅家（布勢・草上）の小犬丸遺跡・辻井遺跡などです。小犬丸遺跡には人形が認められず馬形と斎串のみ、また辻井遺跡も人形より馬形が多いという特色があります。そして、多可町内の遺跡の特徴は一本足の人形が多いことでした。

淡路地域（二遺跡）は、淡路市田井A遺跡に人形・斎串などの発見例があり、馬形が見当たらず船形が出土するのは津名郡衙に関わった津（港）の遺跡だからでしょう。

このように木製模造品は大祓に関連する律令制祭祀遺物で、これら（人形・馬形・船形・刀形・斎串など）がセットで発見されると国衙・郡衙・荘園の遺跡か、もしくは駅家・牧など馬関係の遺跡だと判断できるのです。課題は、なぜ但馬地域（日本海側）に日本で一番多く発見される（出土する）のかということになります。

袴狭遺跡は但馬国の第一次国府跡か

出石町から旧豊岡市にかけ、かつて神美《かみよし》村と呼ばれた地域があります。この地が、律令期の出石郡（出石郷・穴美郷）です。出石郷には「天日槍」を祀る出石神社、穴美郷には「田道間守《たじまもり》」を祀る中島神社が鎮座し、『記・紀』が両祭神を新羅の人とするのは、この地域が『記・紀』の成立以前より古く海上交通を介して、朝鮮半島と深く関わってきた土地柄だったからでしょう。

その出石郷に、ほ場整備工事や河川改修工事に伴って兵庫県・旧出石町の両教育委員会が調査に入りました。その発掘成果は以下の通りです。

砂入遺跡は、祓所があったと推定される平安時代の道路跡や下層の奈良時代の溝跡から、平城京や他の地方官衙遺跡を遥かに凌ぐ大量の木製祭祀具（人形・馬形・船形・刀形・斎串など）が出土しました（写真42）。これらは、杉や檜材の薄板を人・馬などの形に表現する律令祭祀の「大祓」に使用されたものです。

荒木遺跡には、奈良時代と平安時代の二つの時期の一一棟の掘立柱建物跡、並びに塀跡六箇所と井戸一基が発見され、墨書土器・硯・緑釉陶器などの遺物が出土しました。奈良時代の八世紀前半とされる建物群は、現在袴狭遺跡群で最も古い時期のもので、出石郡衙跡と考えられます。

写真 42　木製祭祀具の出土状況　豊岡市砂入遺跡
（兵庫県立考古博物館）

袴狭遺跡では、内田地区を中心に奈良時代の掘立柱建物跡と平安時代の礎石建物跡が二〇棟以上と、その下流域に条里制に伴う上下三面の水田遺構を確認しました。遺物は官衙的な性格を示すものが多く、木製品に「延暦十六年（七九七）」・「天平勝宝六年（七五四）」の紀年木簡をはじめ「国府」・「出挙《すいこ》」などと記された約七〇点の木簡、祭祀具・琵琶・琴・沓《くつ》・壺鐙《つぼあぶみ》などの木製品、金属製品には「福」銘の銅印・八稜鏡・鈴・腰帯装飾品・銅椀・銭貨などがあります。土器類には、主に須恵器・土師器と共に秦氏の人名を記した約一二〇点の墨書土器、円面硯・緑釉陶器・灰釉陶器などが出土しました。

また、「天日槍伝承」本貫地での渡来系氏族である秦氏（新羅系）の人名を記した墨書土器と木簡の発見は、天日槍の系譜や伝承の形成に秦氏が大きな役割を果たしたことが裏付けられたのです。そして、内田の上流域でも木簡が出土したことから、さらに上流域の条里跡が異なる方一町の範囲（網掛け部分）が国衙（第一次国庁）になると想定できました（図22）。

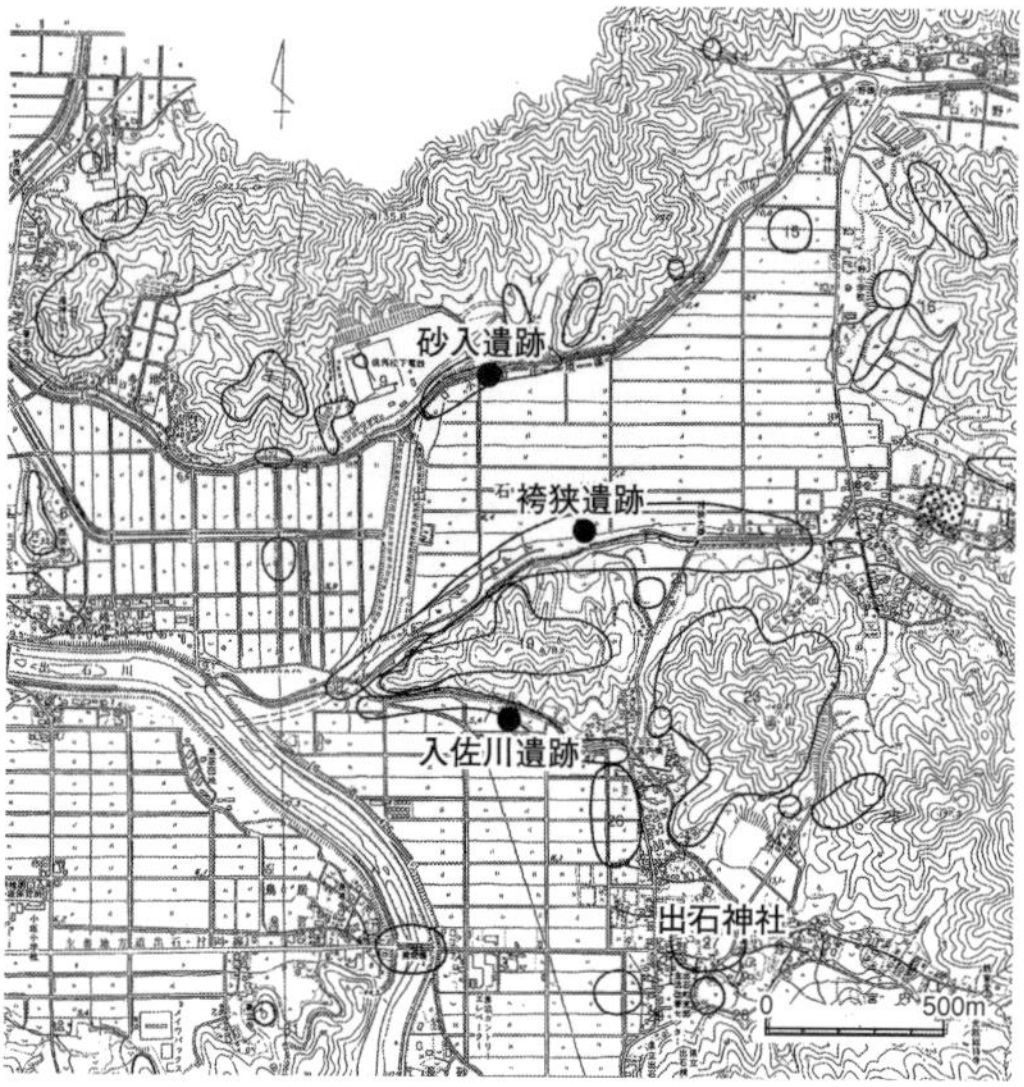

図22　袴狭遺跡群の位置図（『袴狭遺跡』兵庫県立考古博物館）

その他、下流域の最下層部の調査で弥生時代後期から古墳時代前期にかけての海外交流を窺わせる「船団を描いた板材」や、シュモクザメ・カツオ・サケに鹿を描いた楽器とされる「琴板」を発見しています。

入佐川遺跡には、平安時代の橋状遺構が二箇所と水田遺構を発見しました。遺物は、人形・馬形などの木製祭祀具と田下駄などの木製品や墨書土器などがあります。なお、この遺跡は律令時代よりも古墳時代に遺構・遺物の中心が認められ、掘立柱建物跡と水辺の祭祀に使用したとされる石釧や桃核、木製漆塗柄頭なども出土しました。この上流域には出石神社が鎮座し、古墳時代の豪族居館もあったと推測でき、また出石神社の鳥居が発見された出石川沿いには弥生時代後期以降の津（船着場）が存在するとも考えています。

各遺跡の性格は出土遺物から見ると、袴狭遺跡を中心とした奈良時代から平安時代の官衙遺跡（郡衙）及び条里制が施行された水田地帯と推測でき、地方行政の場・祭祀の場・生産の場として一括把握の出来る遺跡群です。さらに、全国最多の木製祭祀具出土は日本海から畿内の入り口にあたる但馬国において、当時都で流行していた異国からの疫病除けを実修した「臨時大祓」の結果と捉えました。袴狭遺跡群（砂入遺跡）と第二次国府関係遺跡（川岸遺跡）の大祓には、都の役人と異国人も参集したことが人形に墨書された顔からも窺えます。

但馬国府の所在地について考える上で、重要なのは『日本後記』の延暦二十三（八〇四）年正月の条に「但馬国の国治を気多郡高田郷に遷す」という一文があることです。そのため、国府は新・旧二箇所の検討を行うことが必要となっています。近年の考古学調査の結果（国・郡衙などの役所があったとする指標）では、豊岡市袴狭遺跡群（出石町）と祢布ヶ森遺跡（日高町）の二箇所の遺跡群に絞り込めた状況です。そこで、この二つの遺跡を木簡に書かれた年紀と私が専門とする木製人形の型式年代から考えてみましょう。

木簡を使用する場合は、その内容や発見されたと遺跡の性格を考慮しなければなりませんが、ここでは単純に年紀を比較します。国府移転前の延暦二十三年以前の木簡は、袴狭遺跡のみの発見であり、「天平勝宝七年、宝亀九年、延暦十四年、同十六年」の四点が出土しています。

一方、日高町の祢布ヶ森遺跡や祓の祭場とされる深田遺跡では、「大同五年、弘仁三年、同四年、天長三年、承和二年、寛平七年、同九年」のものがあります。うまく年代的に第二次国府の時期と整合します。こちらは、第二次国府跡で間違いないと考えます。

次は、祭祀遺物の人形です。コラム④でも書いたように、変遷はⅠ・Ⅱ類からⅢ・Ⅳ類に変わっていきます。この編年表に祢布ヶ森遺跡や深田・川岸遺跡ものを加え比較しますと、実測図が公表されているものでは祢布ヶ森遺跡に一点だけⅠ類のb型式があります。その他はⅠ・Ⅱ類のc型式で九世紀に入ってから作られたものに間違いありません。国分寺遺跡ではⅢ・Ⅳ類のb型式、祢布ヶ森遺跡ではⅠ類のd型式・Ⅳ類のa型式まで含んでおり、一〇世紀に入ってもおかしくありません。

一方、袴狭遺跡群（特に、砂入遺跡の下層のもの）出土の人形はⅠ・Ⅱ類のa・b型式であり、八世紀の初めから使用が始まったと考えられます。上層のものは、九世紀代のⅠ・Ⅱ類のc型式が大半です。川岸遺跡と同様に顔を墨で描いたものや、刀子で線刻したり突き刺したりして表現したものも見られます。さらに、一〇世紀に入ると「一人当千急々如律令」と書いた大型品を始め、Ⅲ類a・b型式のものが出土しました（写真43）。

このように、日高町内の遺跡では九世紀前半から一〇世紀代のものを発見し、そして出石町内の遺跡には八世紀前半から一〇世紀のものまで出土しているのです。

以上のように、国府の所在地を探求するために候補遺跡の年代を検討した結果、考古学から見た状況では第一次国府は出石町の袴狭遺跡が一番有力な候補になるのです。出石郡衙（荒木遺跡）と併設であったと捉えています。また、『日本後紀』に記載された第二次国府は日高町の祢布ヶ森遺跡で確定したと考えました。もちろん川岸・深田遺跡も第二次国衙関係のものと捉えられます。

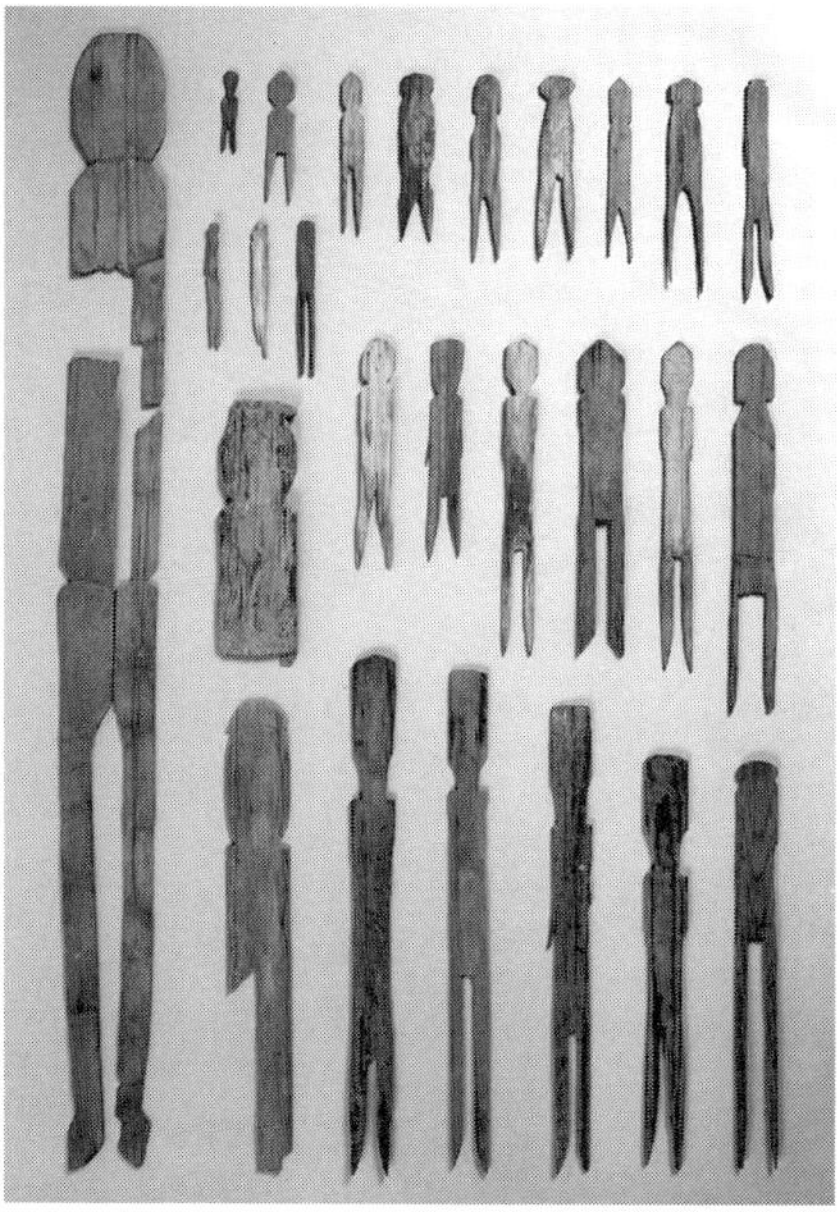

写真43　様々な人形　豊岡市袴狭遺跡群
（兵庫県立考古博物館）

土製馬形

都城型（大和型）と呼ばれる、顔が三日月形をした土馬は、都城とその周辺地域にしか出土しません。この型は大型の土馬から小型のものへ、飾り馬から裸馬へといった変遷で、九世紀の後半を最後に消滅します。また、都城以外の地域では古墳時代からの伝統的な土馬が、都城型と似た変化をしながら継続しました。

兵庫県内で、都城型の土馬を発見しているのは川西市小戸遺跡のみです（写真44）。在来のものは、官衙関係（赤穂市原小学校遺跡・姫路市本町遺跡・加古川市坂元遺跡・多可町牧野町西遺跡・神戸市吉田南遺跡・同上脇遺跡・同上沢遺跡・同住吉宮町遺跡・同御蔵遺跡、・同二宮遺跡・西宮市高畑町遺跡・芦屋市三条九ノ坪遺跡・篠山市西岡屋遺跡・豊岡市定谷遺跡・養父《やぶ》市米里《めいり》遺跡・淡路市富島遺跡・南あわじ市嫁ヶ淵遺跡など）、駅家関係（たつの市小犬丸遺跡・姫路市辻井遺跡など）、寺院関係（多可町円満寺東の谷遺跡など）、窯関係（姫路市御坊ヶ山一号窯跡・加古川市白沢五号窯・明石市高丘三号窯跡・豊岡市市場神無五号窯など）で県内の摂津・播磨・但馬・丹波・淡路の全域に出土しています。木製人形と同じく、集落関係では官衙と寺院址に認められます。

写真44　都城型の土馬　小戸遺跡（川西市教育委員会）

殺牛・殺馬の漢神信仰

私は、水野正好氏の説を採用して、その用途を古墳時代のものと同じ「祓」にあると捉えました。

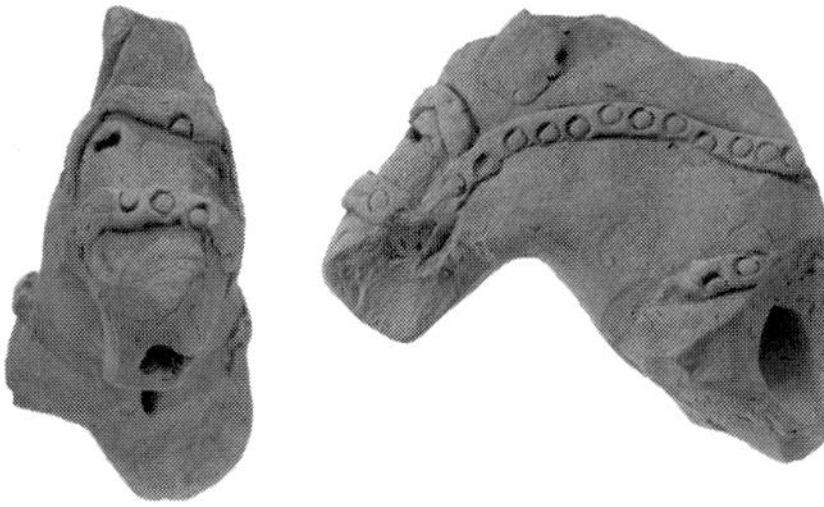

写真45　喉元を一突きした土製馬形
篠山市西木之部遺跡（兵庫県立考古博物館）

その他、姫路市天神遺跡や平安時代末の赤穂市堂山遺跡には馬遺体そのものや、多可町の安坂・城の堀遺跡などを始めとする馬歯・牛歯出土の遺跡が数多く見られ、牛馬を生贄《いけにえ》として祀る漢神《からがみ》信仰も存在したようです。私も、早くから土製馬形に注目し、前記の西木之部遺跡で、馬の喉元をヘラ状工具で一刺しする殺馬を表現したものを見つけました（大平茂「考古学上から見た馬の祭祀」『兵庫の絵馬』兵庫県立歴史博物館普及資料第六集、一九八六年）。西木ノ部遺跡B地区出土の当該土馬は須恵質の飾り馬で、頭から首にかけての部分のみ残ったものです（残存長一〇・八センチ、写真45）。古墳時代後期から奈良時代にかけての土器が含まれる層からの発見で、製作年代は限定できません。しかし、その形態から私の分類（大平茂「小型土製馬形年代考」『研究紀要』第一号、兵庫県立考古博物館、二〇〇八年）ではI類第一型式に当たり、六世紀後半代に推定することができます。すなわち、馬の飾り具の表現が写実的であり、埴輪馬の影響を受けた最古形式の様相を呈しているのです。また、出土のB地区には平安時代の掘立柱建物や井戸などがありますが、奈良時代の遺構・遺物が少ないこともこのことを裏付けているようです。

さらに、わが国の古代に、殺牛・殺馬の漢神信仰があったことは『日本書紀』皇極天皇元年七月戊寅の条「牛・馬を殺して、諸社の神を祭る」や、『続日本紀』延暦十年九月甲戌条「若狭・越前等の国の百姓、牛を殺して漢神を祭るに用いることを断ず」と、『日本霊異記』中巻第五に「漢の神の祟りに依り、牛七頭を殺し祭り」などからも理解できます。この起源を、西木ノ部遺跡の土馬の喉頚部《のどくび》に付けられた表現から古墳時代後期に遡らせるかも知れません。明らかに、渡来神に関わるものです。また、県内には神戸市郡家遺跡に五世紀末から六世紀初頭の牛下顎骨の発見もあり、担当者は殺牛・殺馬漢神信仰の先駆けと捉え、雨乞い祭祀と考えました。

人面墨書土器・ミニチュア土器竈セット

人面墨書土器は、壺・甕など土器の外面に頭髪・目・眉・鼻・口・耳・髯を描いたものです。これに、罪・穢れを人の息と共に取り込み、紙の蓋で封じ込め、人形と同じく水に流し去るものです。描かれた顔は胡国の鬼（病気をもたらす蕃神《ばんしん》）の表現とする説や、鬼が都に入るのを防ぐための道饗祭に用いたなどの説などがあります。八世紀前半の平城京に出現し、都城型の土馬・ミニ土器竈とセットで長岡京期の年代に盛行しました。しかし、県内での出土は姫路市本町遺跡と神戸市宅原《えいばら》遺跡（図23）の二例しか見当たりません。

ミニチュア土器の竈セットは、実用土器の形を極めて小さく作り祭祀具としたもので、模型竈とも呼ばれます。都城型の土馬と同様に都城及びその周辺でのみ使用され、大陸の竈信仰と関わる祭祀具と考えられています。兵庫県内ではこの時代のものが発見されていませんが、たつの市と芦屋市では古墳時代後期の古墳（横穴石室）の副葬品として存在します。ただし、律令期のものとの関係が分かっていません。

このように、兵庫県内は律令制の木製祭祀具は普及するのですが、土馬は都城型でなく人面墨書土器・ミニ土器竈セットも普及しない地域に入っています。

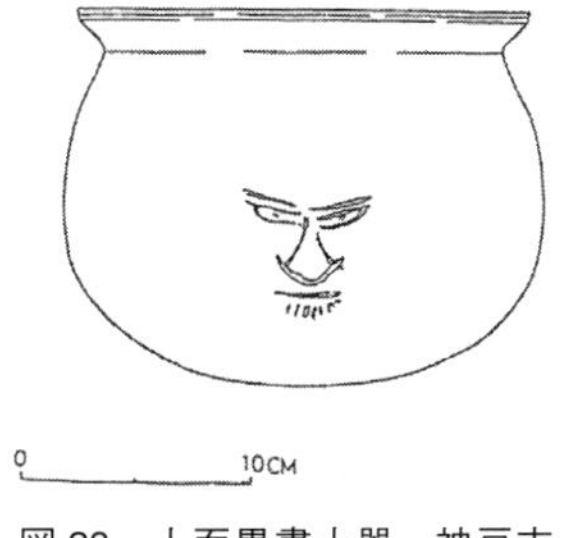

図23　人面墨書土器　神戸市宅原遺跡（『原始古代の絵画と文字』平成5年度兵庫県埋文職員研修会）

2　まじないの世界

律令体制が弱まった一〇世紀頃から、まじないの世界が王権と貴族の政治世界から庶民の日常生活に及ぶ世俗領域全般へと拡がっていきます。天刑星《てんぎょうせい》信仰・北斗七星信仰もこの一つ、治病・消災・延生などの効能があるとされました。そして、穢れを忌避・排除する方法も祓除から物忌みというより厳格な措置が採られます。物忌みは、陰陽道がもたらしたもの。穢れは人に付着するもので、祓だけでは完全に排除できず、全て排除するには時間を掛け穢れが消滅するのを待たねばならないとする観念（穢れ忌避観念の肥大化）が生まれてきたのです。

　こうした考古遺物には、道教の秘文である符録《ふろく》や呪句「急々如律令」などを記した呪符木簡や蘇民将来札・物忌札があります。播磨国では神戸市玉津田中遺跡（写真46）と多可町安坂・城の堀遺跡、そして赤穂市有年原田中遺跡（図24）の井戸から発見されています。有年原田中遺跡の「咄天罡《とってんこう》（符録）急々如律令」木簡は、咄天罡は天帝が北斗七星の天罡に命じる、符録の鬼の群列は病魔を表し、急々如律令は速やかに正常に戻れという呪句。すなわち、鬼よ去れの意味を持ち、天罡星に病魔の侵入を止めるよう指示した「鬼押さえ」のまじない札なのです。また、丹波の篠山市初田館跡では、手を作り出さず足のつま先まで表現する最終末の人形と共伴して、呪符木簡が出土しました。摂津では、芦屋市六条遺跡（写真47）や宝塚市安倉南遺跡に、蘇民将来札が見つかっています。

写真46　道教の秘文である符録や呪句を記した呪符木簡
神戸市玉津田中遺跡
（兵庫県立考古博物館）

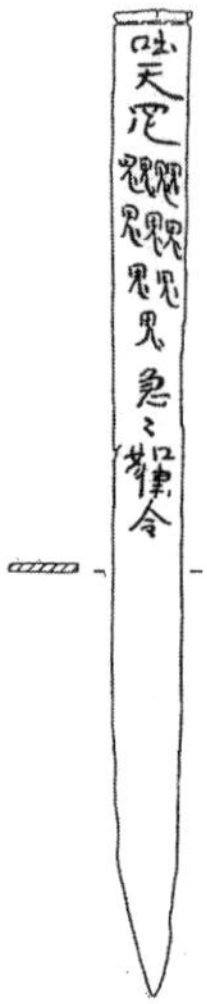

図24　井戸出土の呪符木簡　赤穂市有年原田中遺跡
（『木簡研究』第18号）

蘇民将来札と牛頭天王

　これは、『備後国風土記』逸文にある「蘇民将来神話」で、疫隈《えきくま》国社（素戔嗚神社）の縁起として以下の話を伝えています。「昔、北の海に武塔という神がいました。南の海の娘に求婚するための旅の途中に、宿を求めたところ富裕な弟の巨端将来は断り、貧しい兄の蘇民将来は精一杯に丁重なもてなしを施しました。数年後、北の海に戻る際ここに再び立ち寄って、お礼として蘇民将来の家族に茅の輪を作り、腰に着けて寝るように言ったのです。その夜、武塔神はこの村に疫病を流行らせ、蘇民将来の家族を残して村人を全て殺してしまいました。そして、武塔神（スサノヲの神）は、後に流行病が起こったなら蘇民将来の子孫と名乗り、茅の輪を腰に着けていればまぬがれると申し渡しました。」この茅の輪と同様に効き目のあるのが、この蘇民将来札なのです。これを門に掲げておくと、ハヤスサオ（牛頭天王）の撒き散らす疫病から逃れることが出来るというものでした。この札は木製の荷札と同じく紙に変化しましたが、その伝統は現代にも引き継がれているのです。

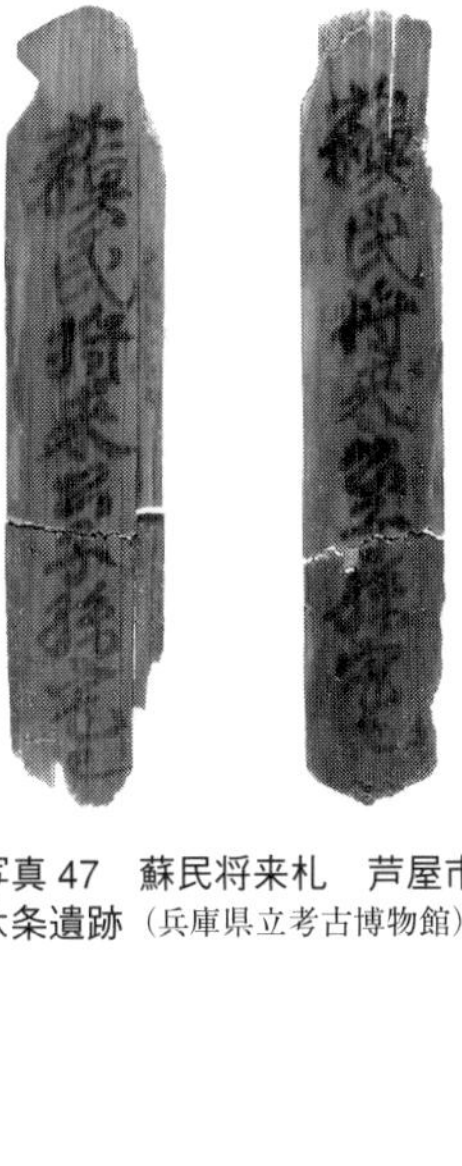

写真47　蘇民将来札　芦屋市六条遺跡（兵庫県立考古博物館）

地鎮と井戸の祭祀

土地を触《さわ》る際にその土地の神に永き安寧を願って行う「地鎮」と呼ぶ供養があります。仏経・神道・陰陽道などそれぞれの方法で執り行うため、地鎮具もお金と共に捧げる五穀と七宝などに少し異同があり、厥《けつ》・輪宝《りんぽう》などの密教法具を埋納する例も見られました。姫路市上原田遺跡では、奈良時代の掘立柱建物横の土坑から和同開珎（銅銭）と小壺が出土しています。太子町立岡遺跡には、平安時代の掘立柱建物横の土坑から、銅銭一枚と土師器小皿一〇枚が見つかりました。また、先に一本足の人形で取り上げた丹波市氷上町市辺遺跡で、奈良時代の掘立柱建物横の土坑から和同開珎（銅銭）など皇朝十二銭一五枚を「金真利」と墨書した須恵器に納めていたのが確認できました。

さらに、加西市宮ノ谷遺跡（一〇世紀後半、写真48）には鉄製の鍬（鋤）先と共に、須恵器長頸壺・土師器椀と小皿を意図的に配置した土坑が発見されています。南あわじ市では、後山《あとやま》遺跡の平安時代末の土坑に箸皿を一七枚重ね、この間に北宋時代の銭貨を置いた遺構がありました。これらが、古代の地鎮の跡と言えるでしょう。

井戸の祭祀では、姫路市辻井廃寺跡の方形横板組井戸から、ミニチュアの木製砧（横槌）を土師器内に密閉したものと斎串や丹彩の鉄斧などが出土しています。斎串

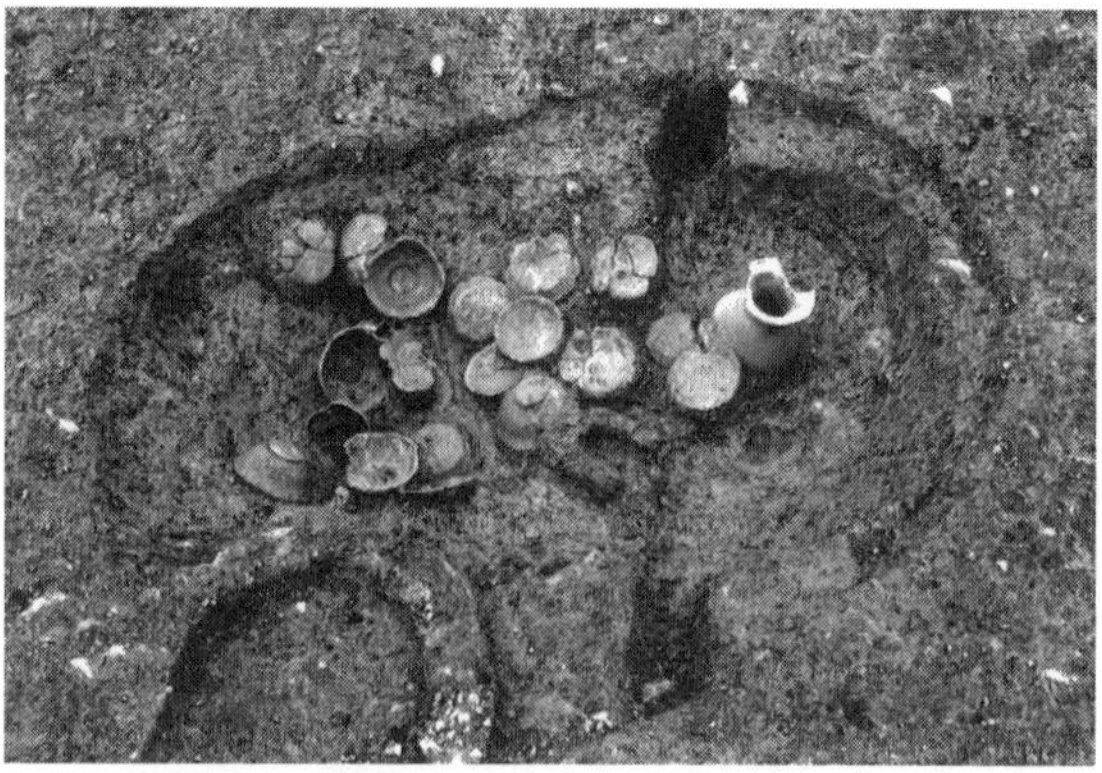

写真48　地鎮遺構　宮ノ谷遺跡（加西市教育委員会）

だけでなく、朱・丹の呪力も必要なのでしょう。同市上原田遺跡では、縦板組の方形井戸から鉄鏃・斎串・槌の子などが出土し、別地点の井籠組方形井戸には小刀・斎串と掘方から手斧《ちょうな》が出土しました。また、豊岡市袴狭遺跡では井戸底の曲物に斎串を立てた例があります。さらに、中世では姫路市加茂遺跡で、井戸の廃棄に際し節を抜いた竹筒を差し立て「息抜き」とした発見もありました。この祭祀も、現代に続いています。

写真49　井戸の祭祀　姫路市才村遺跡
（兵庫県立考古博物館）

ごく最近の調査では、姫路市郷着《ごうじゃく》遺跡の井戸で、掘方と井戸内（方形縦板組）に「万吉」と吉祥句を記した墨書土器、下層の井桁枡中には「西南・崑」と墨書した須恵器に蛤《はまぐり》を数個入れ、鱧《はも》の骨も出土しています。これらは、井戸神に捧げた神饌でしょう。さらには、斎串・横櫛・槌の子にミニ竹箒なども曲物内からの出土品です。取り上げた曲物枠にも、「万吉」と刻んでいました。井戸の廃棄と使用時、そして井戸造り時の三つの時期の祭祀があるようです。隣接地に所在する才村遺跡の令和元年度の調査では、郷着遺跡と同時期の井戸内（方形縦板組）から底に「永」と刻んだ曲物に須恵器の蓋をした容器が発見されました(写真49)。容器の中味は明らかではありませんが、先の井桁枡中の神饌と同様のもので、井戸神に水が枯れないことを祈ったものでしょう。

3　赤穂の塩田遺跡から見つかった祭祀の遺構

次は古代塩生産の遺跡にも祭祀の痕跡が認められた話です。昭和五十四年、日本で最初に塩田跡を発掘したのが、赤穂市大津堂山遺跡の調査でした。

文献に記載の「塩浜」の語句は、『東大寺諸荘文書幷絵図等目録』(平安遺文二一五七号)貞観五年(八六三年)が初見となっています。それ故、塩浜の出現はそれ以前ということになります。また、『播磨国風土記』飾磨郡安相里の条に「塩代田二千代」とあり、天平十九年(七四七年)の『法隆寺伽藍縁起幷流記資材帳』に「合わせて海浜二渚は、印南郡と飾磨郡との間に在り」とする記録もありました。この塩代田や海浜は、塩浜とも推察されます。

さらに、天平二十年十一月二十三日の太政官符に「明石郡垂水塩山地三百六十町」とあり、宝亀十一年(七八〇年)の『西大寺流記資材帳』には「赤穂郡塩山」の記載がありました。塩山は言うまでもなく製塩用の燃料を採取する山です。奈良時代の寺院が広大な塩山を財産として所有する背景には、貴族社寺の主導する塩浜による大規模な塩生産が行われていたものと考えられます。因みに、当時の塩釜は『周防国正税帳』によれば径は五尺九寸（二メートル近いもの）でした。藻を利用した採鹹《さいかん》が土器を使用する煎熬《せんごう》と対応し、海浜の砂を利用した採鹹が塩釜の出現に繋がるのです。そうであれば、播磨地域では七世紀末に土器製塩から、自然浜の海砂を利用した製塩（塩尻法）が始まったと考えられます。なお、藤原京や平城京の遺跡から出土した塩の荷札木簡を見ますと、最も多いのが若狭国（福井県の西部）と周防国の屋代島（山口県の周防大島）のもの、次が紀伊国（和歌山県）、そして小豆島（香川県）・伊勢国（三重県）のものと続きます。県内では、淡路国の三原郡阿麻郷からのものが良く知られています（銀銭の和同開珎が出土した南あわじ市九蔵《ぐぞう》遺跡）。この時代は、まだ古墳時代から続く土器製塩で作った塩でした。

平安時代、そしてその継承でもある中世の塩浜の実態は今一つ明らかになっていません。こうした中で、建久四年（一一九三年）に僧顕昭が著した『六百番（歌合）陳状』の一節「あまのまくかた」に鎌倉時代初期の伊勢国の塩浜形態と塩浜の作業内容を書いたものが残っています。要約すると、当時の塩浜は採鹹場（干潟の鹹砂を集めた所）のみを言うのではなく、採鹹場と塩屋を中心とする煎熬場を含む浜辺を指しているようです。そして、干満の影響を受けない浜辺の一部に釜屋が建てられ、その中に塩釜を築いていました。塩浜は満潮時には海底となり、干潮時には干潟となるところです。満潮によって濡れた砂が乾燥すると、結晶塩が付着します。この

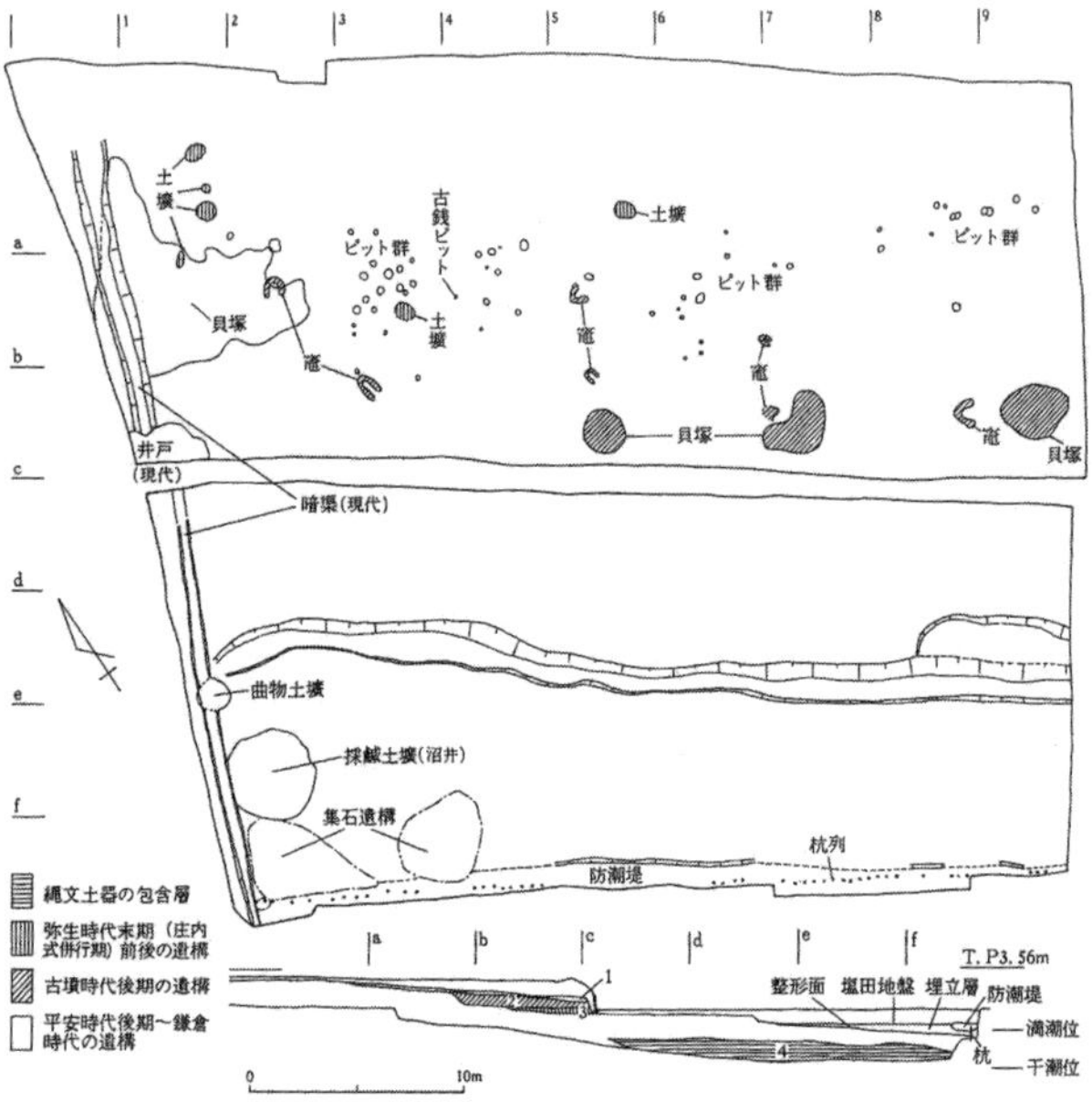

図25　遺構配置図　赤穂市堂山遺跡（『堂山遺跡』兵庫県教育委員会）

砂を掻き集めて海水を注ぎ、濃い塩水（鹹水《かんすい》）を採るのです。この鹹水を、塩釜で煎熬することによって塩が出来上がりました。これが平安時代から鎌倉時代初期の製塩技術であり、自然の干潟を利用する段階であったと考えられています。

これと似た状況の遺跡が、赤穂市大津で発見されたのです。場所は、大津にある山陽自動車道赤穂インターの料金所入り口です。遺構配置図（図25）をご覧ください。上下二枚の田畑が対象地です。その結果、下の田では平安時代後半（一二世紀）から鎌倉時代初頭（一三世紀）に及ぶ塩田関係の遺構（塩田・防潮堤・沼井・曲物土坑など）と弥生時代末の土坑群、そして上の畑では古墳時代後期の竈と貝塚、塩田時代の作業場などが確認できました。

馬遺体を使用した祭祀

馬遺体は、塩田をまもる防潮堤（塩堤）の土留めと馬踏《うまふ》の間に頭・胴・脚など馬の主要部分のほぼ大半を置いた状態で発見しています（写真50）。

馬を祭祀に使用した例は、もちろん古墳時代に馬が朝鮮半島から持ち込まれてからです。まず、埴輪馬や土馬と呼ばれる小型の模造品があり、律令時代には木で作った馬形模造品も登場します。埴輪馬は墳墓の祭祀に使用するもの、土馬は水神に捧げたものとの説があります。また、木製馬形は祓に使用する人形の乗り物と考えられてきました。

このように、古墳時代の中頃から奈良・平安時代を通じ模造品（代用）としての馬を使用する祭祀は盛行していたのですが、神社の神馬奉納から絵馬に変化するように実物の馬を使用した例は非常に少ないのです。文献を見ると、国はこれ（漢神信仰の殺牛殺馬）を禁止したようですが、『続日本紀』宝亀三年八月申寅条には「毎年九月になると、暴風雨を鎮めるため荒ぶる神に馬を捧げた」と記録されていました。牛馬を犠牲にする祭祀は、確実に存在したようです。

石崎家所蔵文書の『播磨国坂越神戸両郷解』（平安遺文九号）によれば、「大伴宿禰の支配地である当該地に目代の秦大炬が塩堤を造ろうとした（延暦十二年四月）が、これが失敗に終わり大炬は退却した」ということです。この事例は奈良時代終末のこと、新しい塩田法への移行が試みられたものの築堤は困難を極めたようで、依然として自然浜による塩尻法の段階に留まっていたと考えられます。また、この文書は考古学資料では少ない赤穂での秦氏の存在が注目できました。

広山堯道先生は、塩浜の成立について、土器製塩及び藻塩法（弥生・古墳・奈良時代）から自然浜の塩尻法へ、次いで自然の浜に塩堤などの人工が加わる汲塩浜へ移行し、ここに初めて塩浜という用語が使用されたと、製塩の発達段階を系統的に定義しました（『日本製塩技術史の研究』雄山閣、一九八三年）。こうした塩尻法から人工の塩田法への移行に長い年月を要したのは、当時の築堤技術の未熟性も然ることながら、暴風雨等の自然現象が大きく影響したことでしょう。

築堤を行う際、馬遺体はこれらに対処するため、荒ぶる神々に実物の馬を捧げ塩田の無事完成を祈ったものと捉えてみました。これは、馬の持つ祓の力に基づいた祭祀と言えるのです。

写真 50　塩堤の横に埋納された馬遺体　赤穂市堂山遺跡
（兵庫県立考古博物館）

沼井の中に封じ込めた祭祀具

もう一つ、調査地西端の塩田中に造られた沼井《ぬい》土坑（鹹水溶出装置）は、直径四一〇センチ、深さ六〇センチの円形を呈しています（写真51）。土坑の東半分には、黒灰色の粘土が厚さ四〇センチに張り詰められ、この中から祭祀遺物として漆器椀一・刀形一・人形？一・斎串一を発見しました（図26）。その他、槌子・砂を掻《か》き均《なら》す沼井かき・須恵器椀などがあります。須恵器は鎌倉時代初頭の時期、沼井が廃棄された時以降に埋まったものなので、塩浜の年代が決定できる資料なのです。採鹹工法の詳細は明らかでありませんが、沼井かきの出土と粘土張りで液体を保管できる構造から、濃縮した塩水を得るための施設であったことは間違いありません。つまり、一連の祭祀遺物は沼井構築時に意図的に封じ込めたものと考えられます。こうした遺構は、塩田の発掘調査が少ないことにも因りますが堂山遺跡以外いまだ発見例はなく、岡山県（沖須賀遺跡）と香川県（大浦浜遺跡）に海藻か自然浜の砂を利用した鹹水を採るためか保管用の粘土貼り土坑があるのみです。ただし、祭祀遺物と塩

写真51　塩田中に造られた沼井　赤穂市堂山遺跡
（兵庫県立考古博物館）

田は確認されていません。

祭祀遺物の組み合わせは、律令時代の大祓に使用された木製模造品の組み合わせによく似ています。祓の場合、使用後の取り扱いは大別すると水に流す、火により焼き払う、坑に埋めるものが見られます。堂山の例は埋めることが流すことに通じ、祓の後に埋めたと考えています。

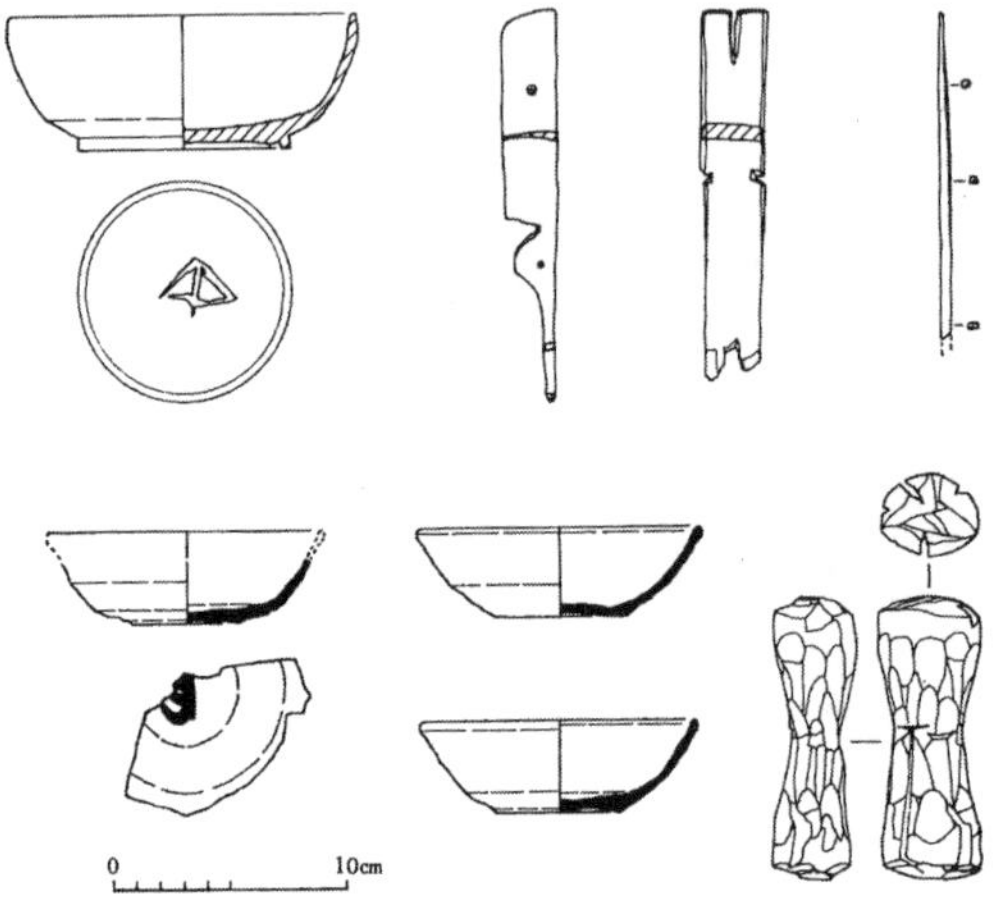

図26　沼井内出土の祭祀遺物　赤穂市堂山遺跡
（『堂山遺跡』兵庫県教育委員会）

祭りとは、神に神酒《みき》・食事を供える行為で、そのために慎み清めて儀式を執り行わなければなりません。すなわち、禊・祓をして身を浄めた時に初めて神霊を迎える（祭りに参加する）ことができるのです。塩の生産を祭りに例えると、塩釜で煎熬することが祭りの中心であり、その前段階である採鹹の工程は祭りに参加するための準備過程なのです。

古代の人々は塩生産が単なる労働作業ではなく、極めて神聖な祭りの行為と捉え、それに必要な条件を満たし初めて塩作りが成功すると考えたのでしょう。このために、沼井構築時に漆器椀や刀形・斎串などの祭祀遺物を、禊・祓を行った後封じ込めたのであり、さらに塩田保全のためにこそ、海の神が最も好む馬を捧げたのだと推測してみました。

4　祭祀遺跡調査・研究で見えてきたこと④

兵庫県内では、なぜ日本海側の地域に「祓」に使用した多量の木製人形が発見されたのでしょうか。単に、但馬地域は地下水が豊富という残り易い条件が揃っていたからでしょうか。どうも、これには大きな理由があったと推測できます。

人形の顔と馬形の足から分かること

但馬第二次国府の祓所とされる豊岡市川岸遺跡、ここから出土した墨書人形（図27）が謎解きの決め手になりました。この遺跡の人形は顔を墨で描いたものが多く、都城で発見された人形の顔と比較しても見劣りするものではありません。むしろ、優れていると表現した方が適切でしょう。また、顔は官人の倭人ではなく、異国人に見える顔が多いのも特徴です。

奈良大学の水野正好氏は、人面墨書土器に描かれた顔を「湖国人《ここく》」（ペルシャ、イラン・イラク）

の顔と言います。行疫神は湖国から中国に入り、日本に来たという発想です（『まじなひの文化史』水野さんの奈良大学学長就任を祝う会、一九九四年）。これらから考えると、但馬地域の大祓には異国の人々も関わっている可能性が高く、都からも多くの官人が参集したに違いありません。その出土量から考えても、臨時の大祓が何回も実修されたことでしょう。

その理由を、この地が日本海側からの畿内への入口（玄関口）に当たるため、私は当時流行していた異国から持ち込まれる疫病除けの対応措置として実施した、日本国政府の水際作戦だったと捉えたい訳です。

図 27　人形に描かれた異国人の顔
（『川岸遺跡』日高町教育委員会）

もう一つ、袴狭遺跡群（砂入遺跡ほか）の調査で明らかになったのが馬形の脚です。馬形の実測図や写真を見ていただければ良く分かるのですが、多くは脚がありません。馬形発見当初の頃、木製馬形には脚がないものと長い間理解されていました。しかし、誰が考えても脚が無いのは不自然です。その後、下腹部に竹籤《たけひご》のような一本の棒を持つものが見つかり、馬は一本脚と考えられました。それでも、馬に脚が無かったり一本脚というのは納得できないと頑張ったのが、木製品に強い県立考古博の藤田淳君です。彼は、砂入遺跡の多量の馬形を一点ずつ念入りにチェックし、終に胴部に差し込んだ薄い紙のような板脚を発見したのです。これを差し込むには、胴部横に一本の刺し口（傷口）を付ける必要があります。そして、この傷口の数から袴狭遺跡の木製馬形は四本足であると判明したのです。近年は、馬形に脚が残っていなくとも胴部の刺し傷さえ見つければ、一本脚か四本脚なのかを判別出来るようになりました。彼の努力の賜物です。ただし、全て四本かと言えばそうでもなく、地域により違いがあることも分かってきました。

馬を祓うための遺跡だった？

さらに、これまで木製馬形は罪・穢を背負った人形の乗り物と考えられてきました。しかし、これでは木簡などの文字史料から駅家跡と確定できた数少ない例の播磨国小犬丸遺跡や、但馬国柴遺跡などの駅家遺跡に不都合が生じることになります。小犬丸遺跡の第二次調査では、井戸の周辺から木製祭祀具を多数発見しましたが、人形が全く見当たらずに馬形（図28、一〇点）と斎串のみの木製祭祀具でした。金子裕之氏のように馬形が人形の乗り物であると考えるならば、単独出土（馬だけ）というのは合点がいきません。

疑問が氷解したのは、山陰道但馬国柴遺跡（粟賀《あわが》駅家）の報告書に国立歴史民俗博物館の平川南氏が四号木簡（呪符）について解釈されたのを見てからのこと。平川氏は『日本霊異記』を参考に、この呪符は山陰道粟賀駅家の門前でご馳走を土器に盛って鬼（行疫神《ぎょうえきしん》など）を饗応し、災厄を逃れるために門の両側に立てたものの一つ（左門）と評価されたのです（「出土木簡」『朝来市柴遺跡』兵庫県教育委員会第三六〇冊、二〇〇九年）。

では、駅家の門前において鬼を饗応する理由は何だったのでしょうか。

馬は当時最速の乗り物であり、私は他国や他郡へ行く先々で穢れ・禍《わざわい》、すなわち鬼を持ち込む動物だったのではと捉えました。特に、駅家では人よりも馬に付く穢れをまき散らさないように祓う必要があったのでしょう。駅家出土の馬形は、穢れを背負った人形の乗り物ではなく、馬に付いた鬼・穢れを祓うための形代であったと考え直したのです。

私は五畿七道を結ぶ幹線道路に置かれた駅家、これを確定するための決め手に木製馬形を考えています（山陽道の駅家遺跡では、瓦葺建物ということから今里

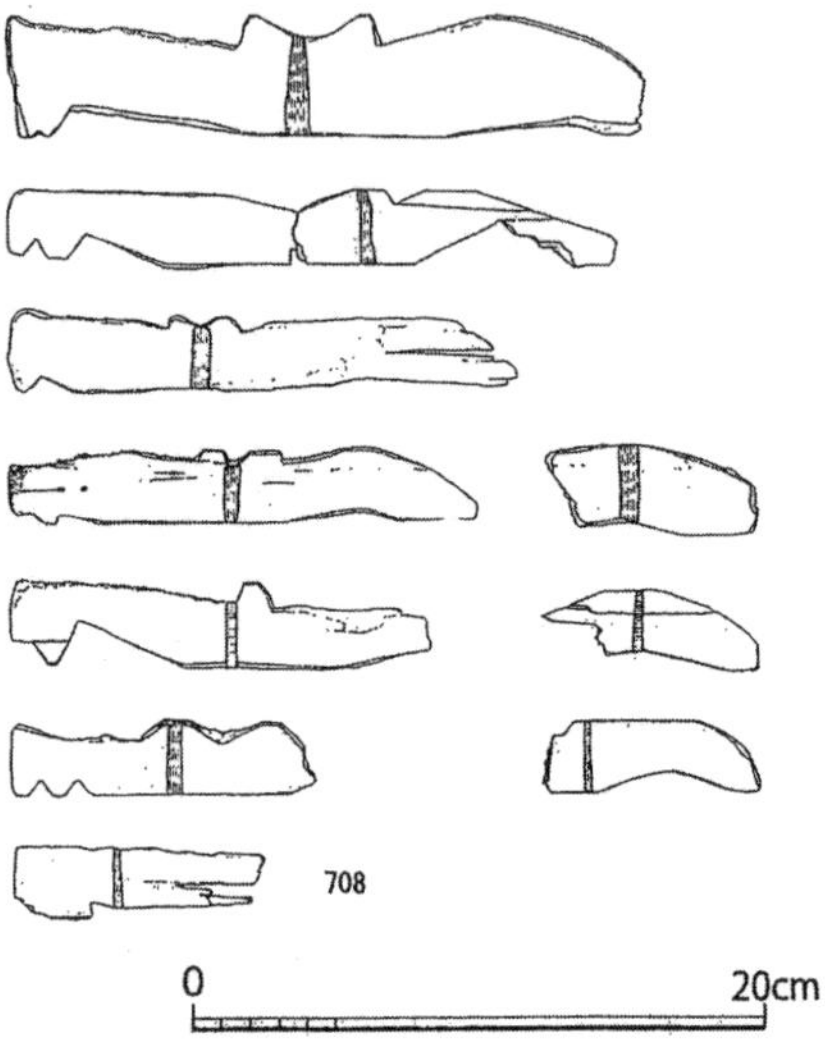

図28　馬形模造品　たつの市小犬丸遺跡
（『小犬丸遺跡』兵庫県教育委員会）

幾次・高橋美久二両氏が国府系瓦をこの特定品に提唱)。前記のように理解すれば、小犬丸遺跡の馬形のみの出土や柴遺跡で発見した人形(九点)の倍近い馬形(一四点)の出土は合理的に説明できました。摂津国の深江北町遺跡(葦屋駅家)も、同様に考えられます。ただし、船形も多いので海上交通にも注意する必要がありそうです。このように、駅家では人よりも馬が重要だったのです。木製祭祀具を発見した遺跡の場合、人形よりも馬形の数が多いほど、近くに駅家もしくは牧という馬が実在した確かな証拠になるのです。

播磨国では姫路市内にあった山陽道草上の駅家、今里先生の言われる「播磨国府系瓦」の出土から今宿丁田遺跡で決まったように考えられていますが、近くの辻井遺跡には木製模造品も出土し(昭和六十年、市道安室バイパス建設工事の事前調査)、当時の私の見学メモには人形(二点)より馬形が多く発見された(六点)と記していました。辻井遺跡は、草上駅家にも関係した遺跡で間違いないと捉えます。

そして、摂津国川西市の石道才谷・堂ノ後遺跡(人形は確認できず、木製馬形のみの出土)は『日本後紀』大同三年七月条に記載のある「畝野牧《うねのまき》」と想定できるのです。

さらに、巻末の祭祀遺物出土遺跡の地名表を完成させるために、加西市の埋蔵文化財調査センターで県下市町教委発行の発掘調査報告書を閲覧していた時、篠山市の『西浜谷下小西ノ坪遺跡』が目に留まりました。この遺跡は、小犬丸遺跡と同じように文字資料として「永丙」と墨書された須恵器が出土しており、古代山陰道（長柄《ながら》駅家）の可能性が高い遺跡です。頁をめくっていくと、木製模造品（馬形）を掲載しているではありませんか。一点だけですが、人形は見当たりません。またまた、嬉しい事例が増えました。

木製人形が大量出土したのは臨時大祓の遺跡

近年の日本海側の調査に注目すると、能登半島の石川県小島西遺跡では小面積の発掘調査にもかかわらず、大量の木製模造品が出土しました。さらに、隣県の鳥取自動車道の調査でも鳥取市青谷横木遺跡・常松菅田遺跡・大桷《だいかく》遺跡などで大量に発見しています。木製祭祀具の全国一の多量使用は但馬国の袴狭遺跡群であり、これを調査した関係で鳥取県教委から現地指導の依頼がありました。おそらく、ここは但馬国に次いで多い地域でしょう。これを、私は異国から持ち込まれる災いに対処するため、但馬一国だけではなく日本海側全域（石川県から鳥取県の範囲）で臨時大祓（疫病除け）を実修していたと考え直しました。『続日本紀』や『日本後期』を探せば、間違いなく臨時大祓が記録されていることでしょう。

もう一つ、注意しなければならないのが鳥取県の調査（大桷遺跡・青谷横木遺跡）で発見された珍しい一本足の人形です。大桷遺跡では、一本足（剣先状）の人形が出現の初期から最終段階のものまで連続して残り、山陰因幡国が国内での発祥地になると直感できました。このタイプの人形は、兵庫県内でも山陰道沿いの特定地域（丹波国旧氷上町と播磨国多可町）にのみ集中して出土します。

播磨国多可町の安坂・城の堀遺跡で初めて一本足の人形（写真52、足部を残存のもの二一点全て）を見つけて以来、不思議で顔の刻みと手の痕跡がなければ斎串と見間違うものです。近年、発見の多可町曽我井・沢田遺跡出土の人形も四点中三点が一本足のものでした。

私は、これを丹波地域（市辺遺跡）との関わりの中で捉えました。『播磨国風土記』に拠れば、前代は丹波と播磨の国境が播磨国法太《ほうだ》里（西脇市明楽寺）で、そこに大甕を埋めた（甕坂《みかさか》）と記載しているのです。そこで、この甕坂を加西市境の二ケ坂に比定し、多可町域は針間鴨国造域（北播磨地区）ではなく古くはここまでが丹波国造域であって、飛鳥時代前後に播磨国に編入されたと考えたのです。そのため、兵庫丹波国との関係が強く、市辺遺跡から一本足のものが導入されたのでしょう。なお、因幡国（一本足人形出現の地）との関係は、山陰道（但馬国）を介して繋がる国という程度

写真52　一本足（剣先状）の人形
安坂・城の堀遺跡（多可町教育委員会）

（豊岡市内の、確かヱノ田遺跡と日高町の遺跡に一本足のものが一・二点あったと記憶）で、調べ直さないと実態は明らかでありません。もう一箇所、一本足の人形が目立つ地域は、日本海側越の国の富山県です。なぜ一本足にする必要があったのかを明らかにすれば、面白い事実に到達するかも知れません。

この原稿を書いている途中、元職場の後輩藤田淳君から新しい情報を受け取りました。奈文研藤原京調査部の和田一之輔氏が、奈文研の調査した藤原宮跡ＳＤ一九〇一Ａ出土木製模造品（当初、金子氏が人形の国内起源とした遺跡）の全容を改めて報告（「藤原宮跡ＳＤ一九〇一Ａの木製祭祀具と『律令的祭祀』論」『待兼山考古学論集Ⅲ』、二〇一八年）していたのです。ここには、一本足の人形（半身像尖端式）が確実に存在すると記しています。私の直感は、はずれました。やはり、金子裕之氏のご指摘の通り、全ての人形の初源は都城にあり、地方へ拡散していたと考えるしかありません。でも、因幡国は都城よりも何故か一本足が盛行した地域であることは間違いないでしょう。

仏の顔を描いた木製人形

最後は、鳥取県青谷横木遺跡で出土した手を作り出さない新しい型（一〇世紀代）の人形の中に、仏の顔を描いたものが発見されたことです（写真53）。大きな耳朶《たぶ》や顎下の皺（三道《さんどう》）などの特徴から、これは仏であり、仏教の影響（新たな神仏習合の形態）が現れたと考えました。これを鳥取県立埋蔵文化財センターで見た瞬間に、豊岡市袴狭遺跡群出土の人形の中にも、耳朶を作り出したものがあったと思い出しました。赤外線カメラで見直せば、仏の顔が残っているかも知れません。

また、兵庫県内で最初に人形が見つかった遺跡は、九世紀中頃の（新しい段階の神仏習合の時期、全国的には私の言う手を作り出さない人形の出現時期）但馬国の国分寺遺跡です。この仏の顔を描いた人形の発見によって、寺院跡からも人形が出土した理由が良く理解できるようになりました。おそらく、私が「人形の第一の画期」と考えた長岡京の年代（八世紀末の神宮寺の造営、神仏習合の始まり）から存在しても不思議ではないのでしょう。

では、なぜ神祇祭祀の祓の中に、神仏習合の時代とはいえ明らかな仏が描かれたのでしょうか。

東京大学の義江彰夫氏は王朝国家完成への歩みの中で、「穢れ忌避観念」の肥大化は仏教と神祇信仰が初めて対等となり、各々の固有価値観を堅持したまま共生するという神仏習合の新しい

写真53
仏の顔を描いた人形
鳥取県青谷横木遺跡
（鳥取県教育委員会提供、奈良文化財研究所撮影）

段階を築いたと評価されています（「ケガレ忌避観念と浄土信仰」『神仏習合』岩波新書、一九九六年）。

人形で言えば、手を作り出さないⅢ型式がこの時期に当たり、神と等質化した「日本の仏」が律令官人と同じ位置まで目線を下げ、人形に自分の顔を描くまでに至るのでしょう。

第六章

祭祀具から見た古代のまつり——通史

祭祀遺物の継承と断絶

発掘調査などで見つかった出土品の中には、現代人の感覚で考えると実用品でないものが数多く存在しています。祭祀遺物もこれに含まれ、各種の土製模造品・石製模造品・木製模造品・金属製模造品などがあるのです。古代において、祭祀の重要性は言うまでもなく、国や共同体の未来を決定するものでした。すなわち、祭りによって国の政策が決められ、祭りによって一年の農事を定めたのです。そこで、祭祀遺物の変遷を「継承と断絶」の視点で捉え直すと、この背景に当時の社会や国家が選んだ精神世界が見えてきます。

本章の趣旨は、第二章から第五章に見た祭祀遺物の中で古代の社会や国家が前時代の何を受け継ぎ、何を否定したのかを明らかにすることです。その際、基本となるのが祭祀遺物の推移（型式学変遷）であり、祭祀遺物も人工物である以上これらは出現・発達・盛行・衰退という時間軸の流れを持っています。この流れに逆らって発達途中で終了したものは、何がしかの原因・社会的な変化があったと捉えて間違いありません。この考え方で、古代の祭祀を通史として概観してみましょう。

1　旧石器時代・縄文時代――始まりはヴィーナス？

わが国最古の祭祀遺物は、大分県岩戸遺跡から出土した長さ一〇センチのコケシ形石製品です。河原石（結晶片岩）を丹念に叩いて形を整え、目・鼻・口を表現しています。これは石偶と呼ばれ、ヨーロッパ・ロシアなど大陸の女性像（ヴィーナス）の流れの中で、出現したものと考えることができます。

続いて、縄文時代を代表する祭祀具は土偶と石棒です。それぞれ、女性や陽物（男根）を象ったものと考えられています。土偶は前の石偶や、愛媛県上黒岩岩陰遺跡から出土した線刻礫女性像の系譜の中で生まれたと言えます。形態は、板状のものから立体的な形に変化していきます。また、石棒は断面円形のものから徐々に偏平化・小型化しているようです。さらに、イノシシやヘビ・クマなどの動物を象った祭祀具（土器を含む）も認められるところです。

小林達雄氏は、土偶・石棒などを非日常的な呪術や儀礼の精神生活に関わる「第二の道具」と捉え、実用的な「第一の道具」が世界各地の道具と共通するのに対し、縄文社会独自の世界観に根ざしたものと捉えます（「縄文世界の形と心」『縄文人の道具』古代史復元3、講談社、一九八八年）。

水野正好氏は、この土偶と石棒の祭りをそれぞれ女性原理（女性・農耕・植物）と男性原理（男性・狩猟・動物）で捉え、そうしたものの死からの蘇りを祈ったと説きます。さらに、水野氏はこうした祭祀具を使用する祭りの場を、環状集落の中央に位置する墓地を含む広場に求め、ムラ人（生者）は葬られた死者と共に各種行事（祭儀・饗宴など）に参加し、被葬者はやがて祖先神へ転化していくとする想念の世界を描いて、祖先祭祀の始まりを提言しました（「生者と死者の織りなす古代」『宇宙への祈り』日本古代史3、集英社、一九八六年）。

このように、縄文時代の祭祀具は旧石器時代から始まった女性像の流れの中に、新たな活力をもたらす石棒を加え、生命の誕生と再生、並びに豊穣の祈りに関わる地母神の象徴としたのです。私は、水平な地平面に立てた石棒類は太陽を利用した季節を把握するための装置と捉えました。これらは、日時計であり、東西方位も確認でき、ここからの日の出・日の入り場所と特定の山などを重ね合わせ、季節の把握（夏至と冬至、春分と秋分）が出来るようになったと考えるのです。太陽の日の出・日の入りの方位は季節的に決まっているものです。そこで、特定の山への日の出・日の入りを基準として生産活動を展開し、季節に合わせた恵みをもたらすカミへの感謝が始まったのでしょう。しかし、太陽そのものを信仰するようになったのは縄文・弥生時代ではなく、鏡を祭祀具とした卑弥呼の時代からというのが私の持論です。

2　弥生時代――青銅器の出現

弥生時代を代表する祭祀具は、水稲耕作と共に大陸から伝わった青銅器を改変した銅鐸・銅剣・銅戈・銅矛で間違いありません。金関恕氏は『魏書』東夷伝の馬韓の条にある「蘇塗」・「鬼神」に注目し、「鬼神」を祖霊、「蘇塗」は元々鳥杆を指し、後にこれを立てた祭場を意味するようになったと解釈しました（「神を招く鳥」『考古学論考』小林行雄博士古稀記念論文集、平凡社、一九八二年）。

ここで、注目したい祭祀具は播磨や淡路地域で確実に前期末まで残っていた石棒と土偶です。兵庫県内ではたつの市の新宮宮内遺跡、神戸市新方遺跡や大開遺跡と南あわじ市井手田遺跡などから出土した結晶片岩製の石棒が注目でき、併せて新方遺跡で偶然発見された人骨は形質学的に縄文人そのものでした。また、抜歯の風習も残しています。この後、西日本では土偶が分銅形土製品に変化したと考えられ、石棒（陽物）は土製品あるいは木製品に姿を変えながら、古墳・律令期と継続しています。縄文の祭祀具は弥生時代に主要な祭祀具とはならなかったものの、決して断絶はしていないのです。さらに、私は井手田遺跡の石棒祭祀と南あわじ市松帆出土の銅鐸祭祀は繋がり、二つは同様の目的に使用した祭祀具と捉えました。

青銅器について佐原眞氏は、銅鐸を農耕祭祀に使用するものと考え、聖域に埋めて保管し、祭りの際に取り出したとする地中保管説を主張しました（「銅鐸文化圏」『図説世界文化史大系』第二〇巻、角川書店、一九六〇年）。神話学の三品彰英氏も、地霊の祭り（地的宗儀）から日の神信仰（天的宗儀）の流れの中で、銅鐸を地霊・穀霊の依代と考え、大地に納めておくことが大切で、これを取り出すことにより地上に迎え、祭りを行ったとする見解を示し、佐原氏の地中保管説を補強しています。

一方、酒井龍一氏や森岡秀人氏等は詳細にみれば差異はあるものの、基本として銅鐸を共同体の非常発生時に邪悪なものや外敵を防ぎ止めるため、地域や境界に埋納したとする結界祭祀説を提唱したのです（第三章「1　石棒祭祀から銅鐸祭祀へ」）。

春成秀爾氏は、佐原氏の考えを発展させ銅鐸は稲魂を結びとめておくための祭器と捉え、この祭りには年中行事的なものと、最後（埋納）の祭りがあったと説きます（「銅鐸のまつり」『国立歴史民俗博物館研究報告』第一二集、一九八七年）。さらに、近藤喬一氏や寺沢薫・福永伸哉氏は埋納の意義付けは異なるものの、埋納時期に二段階があったことを披瀝しました。これまた、卓見です。

従来、縄文（石棒）と弥生（銅鐸）の間には断絶があるとされていましたが、石棒祭祀が弥生時代の前期にも行われていたことが明らかになると、南あわじ市では銅鐸祭祀とスムーズに繋がる可能性が出てきました。石と金属の違い、さらに祭祀具が異なるという大きな違いはあるものの、二つの祭祀目的は基本的に大地の霊を保護し、春の蘇り（再生）と秋の豊かな稔りを促すことにあります。

そのため、銅鐸も（神戸市桜ヶ丘銅鐸出土地や宍粟市閏賀銅鐸出土地で見たように）埋納地から見た日の出・日の入りの方向と神奈備の山などを重ね合わせ、季節（夏至・冬至や春分・秋分など）の把握が出来る地点に埋納したと考えるのです。季節を知るための太陽観測は、祭祀の目的ではなく方策だと捉えれば、石棒祭祀と銅鐸祭祀は間違いなく繋がっていたのです。縄文祭祀と弥生祭祀の間に、断絶はありませんでした。

そして、近藤氏や寺沢氏・福永氏の見解から窺えるのは、銅鐸の最後の姿である埋納には中期末から後期初頭の段階と、後期末のものがあり、共同体の中では森岡秀人氏等が説く集団主導型の首長制から個人型の首長制に移行している地域があることです。いち早く銅鐸祭祀を否定した吉備・出雲は、墳墓祭祀に力を向けました。銅鐸が形態的にも盛行期（一番大きく発達した時）から衰退せず終わったことは、何がしかの原因があったと考えて間違いのないところでしょう。

さらに、この感を強くしたのが豊岡市久田谷破砕銅鐸の発見です。最終段階（近畿式Ⅳの5）の銅鐸で、銅鐸破片が何枚も重なった形で出土しました。破片は一一七片で、全体の約五分の二程度しか残っていませんが、銅鐸は意図的に破壊しないと、実験でも叩いたりぶっつけたぐらいで割れることはなかったのです（これまでに、兵庫県立考古博物館において二回の銅鐸破壊実験を行った結果、意図的に破壊しない限り偶然に割れることはないと判断しました。また、久田谷銅鐸のように比較的均一な大きさにする破壊は、再利用を考えた可能性が高いと思われます)。

弥生終末期は邪馬台国の登場した時代とされ、卑弥呼の宗教は「シャーマニズム」と呼ばれています。これを、文化人類学者の大林太良氏は新興宗教であり、「シャーマニズム」と「道教」を再編したものと捉えました(「倭国大乱の原因と結果」『邪馬台国』中公新書四六六、一九七七年)。

卑弥呼はこうした外来の宗教・呪術を駆使して、在来の宗教(銅鐸祭祀)を圧倒しました。祭祀具では銅鐸・銅矛類を否定(断絶)し、道教の影響を受けた鏡(画文帯神獣鏡や三角縁神獣鏡)を尊ぶ時代へ突入していくのです。そして、大和を中心に分布する最初の鏡が後漢末の画文帯神獣鏡だということなのです。間違いなく、三品彰英氏の言う「地的宗儀」から「天的宗儀」の段階に移行しているのでしょう。私は、ここから太陽信仰が始まったと捉えます。

3　古墳時代――墳墓祭祀と副葬品

古墳時代前期の祭りは、弥生後期に吉備から始まった葬送儀礼の場としての墳墓祭祀が主流でした。ここでの祭祀具は、副葬品である鏡・剣・玉類を中心としながらも、極めて呪術性の強い鍬形石・石釧・車輪石等の碧玉製品や、鉄製・滑石製の模造品を埋納する特徴が見られます。

古墳築造に関わる祭祀・儀礼には近藤義郎氏や春成秀爾氏等の論考があります。春成氏は「埴輪の起源」から始めた研究の到達点として、竪穴式石室の基底部を構築し、粘土床に割竹形木棺が置かれた段階で、亡き首長から新首長への霊を継承する儀礼が行われたと言います（春成秀爾「古墳祭式の系譜」『歴史手帖』第四巻七号、一九七六年）。神道史学の岡田精司氏はこれを折口信夫氏の「真床覆衾」論の影響を受けたもので葬送儀礼と継承儀礼は異なり、墳墓上での継承儀礼はあり得ないと批判しました（「古墳上の継承儀礼説について」『国立歴史民俗博物館研究報告』第八〇集、一九九九年）。

また、水野正好氏は埴輪から考えて、墳丘上で践祚（天皇霊の継承）大嘗祭が執行されたと捉え、人物埴輪を新首長に従う構成員が自らの芸能を持って忠誠を誓う場面と解釈します。岡田氏は、これについても葬送儀礼と継承儀礼はあくまで異なると考え、埴輪は継承儀礼の反映ではないと指摘しました。同様に、榎村寛之氏も神祭りと死者の祭りは区別すべきもので、王権継承儀礼（即位儀）は神祇令に規定があり、神祭りの一環と主張するのです（「古代日本の「信仰」」『日本の美術』第三六〇号、至文堂、一九九六年）。

初期の王権の神祭りでは、湧水点まで穴を掘る土坑祭祀が奈良県纒向遺跡に発見されています。石野博信氏は、稲籾を脱穀し、炊飯・盛り付け、儀礼の後共食する過程を想定すると共に、これを「纒向型」と名付けました（「四・五世紀の祭祀形態と王権の伸張」『ヒストリア』第七五号、一九七七年）。

ただし、この祭りは継承されず、王権が選択したのは同じ纒向遺跡にも確認されている「導水施設型」の井泉祭祀でした。地中から湧き出た水を精製し身体を清める禊が、大王として君臨するための必須要件だったのでしょう（この井泉祭祀は一義的に大王（首長）の禊であり、次いで辰巳和弘氏が「地中より湧き出る水を地霊の象徴として、それを祀るものこそが地域を支配できる認識が広く存在したのであろう」と言うように、開発に不可欠な水を確保する場所に作られた祭場なのでしょう。辰巳和弘『地域王権の古代学』白水社、一九九四年）。

さらに、四世紀後半には新しく三輪山での「磐座祭祀」が始まってくるのです。また、四世紀後半は倭王権が海を渡って朝鮮半島と交渉を開始した時期に当たり、宗像・沖ノ島遺跡でも巨石を対象にした海の祭祀が開始されます。祭祀具の内容について、沖ノ島祭祀第一・二期では古墳の副葬品と共通するもののみで、まだ「葬と祭の分化」がなされていなかった状況です。石室内や墳丘上で王権継承の儀礼が執行されていても、不思議ではありません。

神道考古学の小出義治氏は、五世紀代の古墳出土の石製模造品は勾玉・臼玉・農工具類が主体であるのに対し、同時期の祭祀遺跡では勾玉・臼玉・剣形品・有孔円板が主要なセットを形成していると組成の差から、古墳時代五世紀前半に「喪葬祭祀」と「神祭祭祀」が分離し始めたと指摘しました（「古代における祭祀形態の変化とその要因」『人類科学』一八、一九六六年）。同様に、椙山林継氏も古墳では刀子や農工具が中心であるのに対して、祭祀遺跡では剣形品と有孔円板が一般的である事実から、同じ石製模造品を使用しながらも墳墓への副葬と神祭りの遺跡では異なった意識の下に扱われ、中期以降の段階に葬と祭の分化が成ったと小出説を補強しました（「葬と祭の分化」『國學院大學日本文化研究所紀要』第二九輯、一九七二年）。

一方、白石太一郎氏は改めて古墳出土の石製模造品の時期変遷を整理し、祭祀遺跡出土のものと比較検討しました。まず、石製模造品は古墳に副葬された鉄製農工具の石製化から始まることを明らかにします。そして、椙山氏が指摘する神祭りに用いた剣形・有孔円板・勾玉は、古墳における祭祀にも使用されることが少なくないことから、中期になって初めて分離したとは考えられないと従来（小出氏・椙山氏等）の分化論を否定しました。さらに、首長に対する葬送儀礼と、神に対する祭りは古墳時代の初めから別個のものと捉えたのです（「神まつりと古墳の祭祀」『国立歴史民俗博物館研究報告』第七集、一九八五年）。

古代史学の井上光貞氏は、沖ノ島祭祀第二期（六世紀前葉前後）から第三期（七世紀代）への展開こそが葬と祭の分化・祭儀の確立と把握しました（「古代沖ノ島の祭祀」『日本古代の王権と祭祀』東京大学出版会、一九八四年）。

私も宗像・沖ノ島遺跡に注目し、以下のように考えています。

四世紀代までの古墳には、鏡に続いて鍬形石・車輪石・石釧といった石製呪具が重要な副葬品でしたが、四世紀後半には斧・鑿・刀子・鎌という工具類の石製模造品が主流になってきました。

この状況は、四世紀後半に始まる神祭りの遺跡（沖ノ島遺跡・三輪山祭祀遺跡）でも同様で、鏡と石製腕飾類が「岩上祭祀（磐座）」に奉献されているのです。五世紀になると、銅鏡や石製腕飾類は少しずつ減っていき、替わって滑石製品と雛形の鉄製品が出現してきます。次いで、六世紀代になると岩上祭祀は「岩陰祭祀」に移動し、祭壇が巨岩上から巨岩下の平坦な地面に設けられていくのです。また、奉献品にも二つの傾向が見られました。一つは、西日本の古墳時代後期の古墳副葬品と同等のものがあること。鉄剣・鉄矛などの武器類、ガラス製の切子玉・三輪玉などの装身具類、金銅製の馬具類があり、朝鮮半島からの舶載品も確認できるのです。もう一つは、時期が新しくなるにつれて、金属製の雛形品や祭祀に特化した土器などの祭祀品が出現してくることでした。その内容は、刀・刀子・斧・儀鏡などの鉄製雛形品や金銅製の機織具・壺・椀の雛形品、形代としての金銅製人形、須恵器の大甕・壺・器台などが見られ、いわゆる「律令的祭祀」の先駆けと捉えられるのです。

年代的には、七世紀前葉というところでしょうか。この辺りを、真の葬・祭の分化として押さえることが可能です。古代人の心の意識は、中期段階に祭祀遺跡が各地に出現することから考えても明らかに分離していたのでしょうが、祭祀具の変遷から見ればこれが妥当と捉えます。

次に、古墳時代の代表的な祭祀遺物として石製模造品と土製模造品があり、このうち石製模造品（鏡・剣・玉など）が倭王権の使用した祭祀具なのです。播磨地域の滑石製模造品の普及から見ていくと、各地域の豪族が倭王権の祭祀を受け入れたのは五世紀前半から六世紀初頭で、この分布が文献に記載のある針間国造・針間鴨国造・明石国造の三つの勢力範囲とうまく重なることが注目できたのです（大平茂「祭祀遺物より見た古墳時代の播磨地方」『播磨考古学論叢』今里幾次先生古稀記念論文集、一九九〇年）。

そして、明石国造域に石製模造品の開始が遅れた理由を、淡路地域の石製模造品の始まりと関係づけてみました。すなわち、瀬戸内航路の利用に明石海峡を通行しない淡路南廻りのルートが生まれたのです。このため、淡路国内に中継基地として造られたのが木戸原遺跡であり、続いて鍛冶と祭祀を行った雨流遺跡が存在しました。この遺跡で出土した石製模造品類は、播磨・長越遺跡と同じ瀬戸内航路の通行安全のための祭祀具なのです。

また、播磨地域での伊和氏からの国譲りと、淡路島の神である伊弉諾から支配権を奪ったのも同じ流れと捉えます。但馬地域では、垂仁《すいにん》天皇がアメノヒボコの招来した神宝を召し上げたことが文献に記載されています。全国各地の豪族が所有していた神宝の奉呈も、倭王権に帰順させるための措置だったのでしょう。

さらに、奈良県南郷大東遺跡など集落遺跡に発見された木製の「導水施設」は、王権の重要な祭祀の一つで、これを土製槽形品として加古川市行者塚古墳などの囲形埴輪・家形埴輪の祭祀に取り込んでいったのです。一方、古墳時代後期以降の土製模造品は、土着の神（特に、荒ぶる神）

への供献品となっていきます。すなわち、土着の神を祭るのに神の性格づけが始まり、各地『古風土記』に残る夢のお告げなどに現れたそれぞれの神が好むものを捧げるようになるのです。

祭祀具の変遷は、石製模造品が写実性の高い立体的なものから偏平な退化したものに変わって終了します。これは、石製模造品が倭王権の祭祀を統一するという役割を終えた為で、畿内では新しいタイプの子持勾玉を除いて、飛鳥・奈良時代には継続していません。しかし、土製模造品では馬形が木製模造品の刀形・斎串や船形などと共に継承され、律令制祭祀具に取り入れられているのです。これらから考えると、古墳時代の土製馬形も水神祭祀というよりも、水野氏の指摘した律令時代と同じ「祓」に用いた可能性が高いと言えるでしょう。

近年では、古墳時代の祭祀遺跡出土の遺物と律令制祭祀の祭料を再検討した國學院大學の笹生衛氏が、主要な供献品は鉄製の武器・武具、農・工具、鉄素材の鉄鋌、布帛類のセットで、五世紀中頃に朝鮮半島からの鉄素材の流入、新たな鍛冶・紡織技術の導入を背景に成立し、その系譜は六世紀に馬具類を加え、律令制祭祀における幣帛に引き継がれたと結論付けました（「古代の祭りと幣帛・神饌・神庫」『延喜式研究』第二七号、二〇一一年）。

課題は、葬・祭分離にも関わる王権継承儀礼が、本当に竪穴石室内または墳丘上で行われたかどうかと、「崇仏論争」の結果採用された仏教が日本の基層信仰である神道に与えた影響でしょう。このうちの一つが、古墳に替えて地方豪族が行った寺院建立であり、さらに神社建築の始まりに繋がっているのです。

4　飛鳥・奈良・平安時代─神祇祭祀と古代の終焉

古墳時代は、古代史的に言うと大化改新時に発布された薄葬令によって終焉に向かいました。そして、祭祀具から見ていくと古墳時代の後期まで副葬品と祭祀遺跡出土品の類似性（鏡・玉・剣がその代表）が認められたのです。

この後、律令制国家の体制が整っていくと、神祇祭祀も国家主導になっていきます。そして、天武天皇によって発動された宗教変革が始まり、伊勢神宮（天照大神）を頂点とする神祇制度を整備していきました。

祭祀具はそれぞれ金属製祭祀具（人形・鏡・鈴など）、木製祭祀具（人形・馬形・船形・刀形・斎串など）、土製祭祀具（馬形・ミニチュア竈セット・人面墨書土器など）が代表的遺物です。

金子裕之氏（奈良国立文化財研究所）は、これらを使用した祭祀の背後に政治的な要素があるとして、「律令的祭祀」の名称を付け、神道考古学の大場磐雄先生に倣い、木製祭祀具を「木製模造品」として取りまとめました。そして、七世紀後半の天武・持統朝をこれまでの古墳時代の伝統を持った祭祀具に、新しく人形などの中国系の祭祀具を加え、再編成した時期と推測したのです（「古代の木製模造品」『研究論集VI』奈良国立文化財研究所学報第三八冊、一九八〇年）。近年では、七世紀中葉の前期難波宮段階にその祖形が成立した可能性を指摘しました。これが、考古学資料に見る「律令制祭祀具」の成立です。

　また、個々の遺物の性格を律令祭祀の中でも重要な位置を占める「大祓」と関連づけています。さらに、宗像沖ノ島遺跡の金属製や滑石製の人形・馬形・船形についても、都城と同様「祓」に用いられたと指摘したのです（「都城と祭祀」『古代を考える　沖ノ島と古代祭祀』吉川弘文館、一九八八年）。

　沖ノ島遺跡の祭祀は、最古の金属製人形が二二号遺跡、そして五号遺跡で発見されています。二二号遺跡の人形は型式学的に藤原宮出土の金属製人形と同型式で、前記のように七世紀前葉に「律令祭祀の先駆け」があったと推測できました。さらに、祭場は巨岩に神の依代を求めた「巨岩祭祀」から、沖ノ島祭祀第三期「半岩陰・半露天祭祀」に移行し、社殿祭祀への重要な転換期とも捉えられます。その後、沖ノ島祭祀は第四期「露天祭祀」に引き継がれていき、土器が示す年代の九世紀末には遺唐使が廃止されたこともあり、終了していったと考えるのです。

　次に、律令期に入ると中央の豪族では中臣氏（藤原氏）の台頭が大変顕著に認められました。そうした中で、中臣氏と藤原氏の分離を命じた詔があります（『続日本紀』文武天皇二年（六九八）八月条の詔）。天皇は、鎌足の次男で後継者の不比等に藤原を継ぐよう命じ、一方親族の意美麻呂らは旧姓の中臣に戻すよう指示しました。これは、藤原氏が政事に関わり中臣氏は神事という意味で、「太政官と神祇官の並立・分掌」の動きと対応していたのでしょう。

木製祭祀具の変遷は、人形の首から肩への切り欠き角度が逆転する長岡京の時期に大きな画期(人形の第一の画期、神仏習合の始まり)を認めますが、基本的には平安京まで継承され、手を作りだす型式は九世紀中葉まで継続しています(大平茂「木製人形年代考(上)・(下)」『古文化談叢』第三〇集・第三五集、一九九三年・一九九五年)。この直後に、手を作らない型式(第二の画期、神仏習合の新しい段階)が出現し、一一世紀初めまで続きました。人形には、仏の顔を描いたものも登場(神仏習合の新しい形態)します。そして、律令制の崩壊に伴って偏平正面全身人形は姿を消しました。まさに、人形祭祀の終焉と共に古代が終わったのです。なお、一部の人形の型式は呪符木簡・物忌み札と共に、中世へ続いていくことも明らかになっています。

課題は国家主導としながら、律令制祭祀具とする製品の中に木製祭祀具以外のもの(都城型土製馬形・人面墨書土器・模型竈)の分布が、地域によって異なることの解明です。

5　古代祭祀の「継承」と「断絶」

各時代の祭りを祭祀具の通史で見ていくと、縄文時代から弥生時代の移り変わりでは、水稲農耕の社会になっても石棒祭祀・土偶祭祀が少なくとも弥生前期末まで続き、その後も他の材質や形態を変えて継承されたと捉えました。弥生中期以降になって、大陸から伝わった青銅器を改変した銅鐸・銅剣・銅矛などの祭り（地的宗儀）が普及していくのです。

私は、石棒と銅鐸の祭祀は祭祀具が異なるのですが、対象は山などの自然神であり、目的はどちらも出土地点から見た特定の山などと日の出・日の入りの位置の重なりで、季節（夏至・冬至や春分・秋分など）を把握するための祭祀だったと捉え直してみました。これに間違いなければ、縄文祭祀と弥生祭祀の間に断絶はありません。

こうした中で、最初の宗教改革と捉えたのは、弥生時代後期から古墳時代初頭にかけての青銅器（銅鐸）祭祀の断絶です。銅鐸は個人の墓から副葬品として出土しないように、共同体の祭器としての使用法が確立していたのでしょう。それ故、古墳時代の首長制の先駆けとなる個人型の首長制が生まれると銅鐸祭祀は否定され、墳墓祭祀に力を入れると共に、最終段階では最も大型化した型式のものを破壊する事態も起こったのです。そして、中国の道教（神仙思想）の影響を受けた鏡（神獣鏡）が「天的宗儀（太陽信仰）」の祭祀具となっていくのです。

古墳時代は、倭王権の「三種の神器」である鏡・剣・玉類を模した祭祀具の石製模造品が普及しました。そして、王権支配下の祭祀具の統一という当初の目的を果たすと型式学的には終了したのですが、なぜか七世紀代の九州の一部（宗像・沖ノ島遺跡）と関東地域の一部（群馬県長根羽田倉遺跡・埼玉県西別府遺跡）には、律令祭祀の先駆け（人形・馬形など）として滑石製品が残っていたのです。

そして、古墳時代(五世紀代中頃以降)の祭祀遺跡から発見される祭祀具の布帛類・農工具・武器・武具は、六世紀代に馬具類を加え、律令制祭祀の幣帛へと引き継がれていました。また、土製模造品からは馬形が律令時代へ継承され、木製模造品の刀形・剣形・斎串なども同様に律令制祭祀に採用されています。こうした事象を見る限り、古墳時代から律令時代への祭祀具の変遷に断絶はなく、宗像・沖ノ島遺跡の国家祭祀のように古墳時代後期以降、古墳の副葬品と異なる祭祀具の採用が変革と言えるでしょう。井上光貞氏の言う「葬・祭の分化」ということです。

律令期は、古墳時代から継承した祭祀具（木製刀形・斎串、土製馬形など）に、新たに採用した人形・馬形を始めとする木製祭祀具、さらに人面墨書土器や模型竈などが天皇の宮都を清浄に保つために奈良・平安時代前期まで盛行していきました。

しかし、八世紀後半頃から九世紀前半にかけて全国至るところで、地域の大神として人々の信仰を集めていた神々（地方の豪族達）が、神の身を離れ仏教に帰依すること（神身離脱）を求めだしたのです。その結果、配下の村々と国家を鎮護するために、各地で神社（基層信仰）と寺院（仏教）を結合した神宮寺（修行して仏になろうとする神・菩薩のための寺）が建立されました。いわゆる「神仏習合」の始まりです。この長岡京の時期に、人形の第一の画期があるのです。

さらに、密教に支えられた神宮寺建立や御霊（怨霊）信仰の出現が、神祇信仰の核となる穢れ忌避観念と浄土信仰を結びつけ、仏の世界が神祇世界の上に立つ「本地垂迹説（神社に祭られた神々は、仏教の菩薩・諸天が仮の姿となって現れたものとする説）」が登場するのです。これが、手を作り出さない人形の出現時期（人形の第二の画期）に重なるのです。

平安京では律令体制の崩壊と共に、新たな神仏習合（仏教と神祇信仰が初めて対等となり、各々の固有価値観を堅持したまま共生する新しい段階）の影響によるのか、一〇世紀代の人形の一部には顔に仏を描いたものも登場します。しかし、長く続いた人形祭祀もやがて一一世紀前半には衰退していきました。それでも、一〇世紀後半までは充分に役割を果たした祭祀具と言えるでしょう。なお、こうした人形祭祀は陰陽師を通じ、次第に天皇・貴族から庶民へも拡がって行ったのです。

原始・古代の祭祀を通史として見ると、いつの世も人々は健康・長寿、除災・招福、豊饒・繁栄を祈り、病気・災いを生む原因と考えた穢や悪霊・疫神・鬼神、これらを居住空間に入れないように、外部へ追い出す努力を行ってきたようです。民俗学で言うところの「神送り」であり、仮に災厄をもたらす存在が入って来ても、これを丁重に持て成すと禍をもたらした神々は自然に出ていくものだとする信仰です。この考え方が、日本人の特徴・特性と言えるでしょう。

まとめると縄文人・弥生人のカミは自然神であり、律令期（神社成立後）の神は人格神なのです。その中間に位置する古墳時代とは、大王が神となっていく過渡期と捉えることが可能になります。特に、王権の祭祀が開始されてから、大王の穢れを祓うための禊・祓（導水・湧水の遺構）が神祇祭祀の中心になっていきました。そうした祀りの集大成が、律令制祭祀に基づいた人形祭祀だったのです。

おわりに

わが国の祭祀を継承と断絶の視点で見直すと、宗教改革があったと捉えられるのは弥生時代後期から古墳時代初頭にかけての青銅器（銅鐸）祭祀の断絶だけでした。いわゆる、「地的宗儀」から「天的宗儀」への移行です。その後は、倭王権の祭祀が始まると神祇祭祀は大王・天皇の清浄性の保持が最重要となり、穢れをいかに祓うかが課題になっていきました。

祭祀とは、個人または集団に幸をもたらすもの、あるいは護ってくれるものを丁重にもてなすこと。そのために、供物を捧げると共に楽《がく》を奏で、共食することが基本となるわが国固有の信仰（神道・基層信仰）が生まれてきたようです。

近年、日本の考古学にも人の心がどう進化したかを考える「認知考古学」や、「祭祀考古学」という新たな枠組みも生まれてきました。しかし、研究方法は進んでも、実態は大場磐雄先生の提唱した「神道考古学」を越えるものではありません。「祭祀遺跡・祭祀遺物」の定義及び分類を改めて提示し、その体系化を進めていく必要があると考えているところです。

例えば、これまでの古墳時代の祭祀遺跡研究は、大きく王権と関わりの中で神を祭る遺跡（狭義の祭祀遺跡）と、死者を祀る遺跡（墳墓の葬送儀礼）の二つの方向から進められてきました。狭義の祭祀遺跡だけを扱っても、古墳時代祭祀の実態は窺い得ません。墳丘上で行った葬送儀礼

（墳墓祭祀）を祭祀遺跡に取り込むこと（一本化）が急務かと思います。これを実践されたのが、大場先生の高弟佐野大和先生でした。残念ながら、完成するまでに至っていません。

私は、昭和の後半代に日本考古学の基層信仰分野を席巻した大場先生の〝ウエット〟な研究法に導かれ、今後も播磨地域に残された先人からの贈り物の『播磨国風土記』を大いに活用し、ひょうご原始・古代人の精神世界をさらに追求していきたいと念じています。

次に、祭祀遺物はこれまで周知された石製品・土製品・木製品だけでなく、鉄製品や幣帛の元となった絹織物など、各時期の最新の素材と技術を駆使して作った製品を供献したと考えられます。実際に、祭祀遺跡の周辺には玉作の遺跡だけでなく、渡来人の関与した須恵器窯や鍛冶と機織を始めとした生産遺跡（工房）が存在しているのです。

このため、祭祀遺物の認定には祭祀具と非祭祀具（実用品）という区別ではなく、明らかな祭祀遺物と伴出した実用品は祭祀儀礼に使用したか否かを検討しなければなりません。また、祭祀遺物と共伴する鳥・魚類の骨、桃の種・瓢箪などの動植物（報告書では、自然遺物に扱われてきたもの）も祭祀関連遺物（神饌）としての検討が必要になってきたのです。ここにも、「当時の信仰習俗を内包する古代生活全般すべてが対象」とする佐野大和先生の正しさが認められました。

以上、これらの研究課題を発掘調査に活かす時期が来ていると提言します。兵庫県・各市町発掘調査担当者の皆さん、素晴らしい成果を期待していますので、今しばらく頑張ってください。

〈附〉祭祀考古学との出会い

ここで、私が祭祀（神道）考古学と関わるようになった経緯を記しておきます。兵庫県の佐用町（旧三日月町）の生まれで、小学校六年生の時担任の松阪龍雲先生と共に町内の末広にある高畑一・二号墳の発掘調査を見学しました。地面の下を掘って出てきたものから、昔のことを考える、面白い（奇妙な）仕事をする人（実際は、近隣の高校教諭でした）がいるんだと感心したことを思い出します。これが考古学で、松阪先生にはお地蔵さんなど民俗学的なことも教わりました。

その後、県立佐用高校一年生の時に歴史クラブ顧問の村上紘揚先生に誘われ（野球部と掛け持ち）、初めて佐用町吉福遺跡の発掘調査（県教委担当、石野博信・松下勝・伊藤晃氏）に参加しました。土・日曜だけの実測補助と写真撮影のために遺構を清掃する作業でしたが、佐用の田舎町にも古墳の先駆けになる墳墓が存在したことは内心すごい驚きでした。隣の新宮町には吉島古墳、たつの市には養久山古墳群があります。

高校を卒業し、学費の面からは国立大学（近藤義郎氏在籍の岡山大学史学科）に行きたかったのですが、学力不足で見事に玉砕です。そのため、昭和四十六年から東京の渋谷に所在する國學院大學で本格的に考古学を学ぶことになりました。指導教授は、考古学第二研究室の乙益重隆先生（大学院共）です。國學院大學を選択した理由は学力の点を別にすれば、一番大きかったのが高校三年生の時に地元の本屋（成定書店）で買って読んだ樋口清之先生の『発掘』と、大場磐雄先生の『まつり』（共に學生社、四八〇円と四二〇円）の考古学入門書籍でした。二人は國學院大學文学部史学科考古学の第一研究室と第二研究室の主任教授で、國學院大學の考古学が東京では一番素晴らしいと憧れたのでしょう。

しかし、貧しい学生であり学費は日本育英会の特別奨学生に推薦してもらい何とかなったのですが、東京での生活が大変です。そこで、学生課前の掲示板で見つけた大学の図書館（出納手）で働くことになり、ここに奇遇がありました。何と、図書館長が大場磐雄博士高弟の佐野大和教授だったのです。この突然の関係は、私の考古学（子持勾玉の研究）に大きく役立つことになりました。また、職場の閲覧事務室には普通の学生であれば気安く口も聞けない、上司小林弘邦課長の恩師に当たる国文学の佐藤謙三学長や文化庁民俗文化財調査官の近藤喜博氏等も良く立ち寄られたので、国史・国文を問わず多くの先生に貴重な話しを伺いました。学生館員には近世の国学を学ばれた神戸市出身の岡中正行さん、そして一年先輩に埼玉県出身の林利久さん等が在籍されていました。林さんは、卒業後大学図書館の職員なられ、資料を探す時はいつもお世話になっています。また、館職員には後に佐野先生の跡を継いで図書館学教授に就任された大和博幸氏等も一緒でした。

ちなみに、憧れの大場磐雄先生（当時、客員教授）は、研究室横のトイレでツレション状態が初対面です。ただし、先生は大学院のみの授業で学部の講義はありませんでした（四年生の時に、一度だけ大学院生鈴木敏弘氏の配慮で聴講）。これを補ったのが、佐野大和先生から頂戴した大場先生の子持勾玉資料と佐野先生の『日本の古代文化　—考古学要説—』（小峯書店、一九六四年校訂第三刷）、そして国史の授業です。この佐野先生最初の著書には、大場先生の序で自身（國學院大學考古第二研）の考古学がウエット（史学・民俗学・考古学の三位一体）な学門であること、そして古代文化の通史に時代ごとの宗教生活（信仰）を描いていることが特色と挙げられています。

さらに、当時の大学国文・国史の研究者（坂本太郎・岩橋小弥太・鈴木敬三・桑田忠親・林陸朗・高柳光壽・臼田甚五郎・倉林正次・内野吾郎・岡野弘彦・坪井洋文氏等）は蒼蒼たる著名な先生ばかりでした。その頃、よく理解できないながらも読んでいたのが、院友岡田精司先生の『古代王権の祭祀と神話』（塙書房、一九七〇年）です。さらに、仕事をする中で自然と顔（名前）を覚えた学生に、史学科の青木周平氏と根岸茂夫氏、文学科の針本正行氏や哲学科の鎌田東二氏等がいました。今は、岡中正行さん始め、皆さん大学教授という偉くなられた先生達です。

祭祀遺跡との出会い

一年生の秋に、図書館の職員さんから蓼科山に登ろうと誘われ、長野県にある大学の蓼科寮に行きました。この山は大場先生の言われる神奈備型霊山で、近辺には雨境峠《あまざかい》や鳴石《なるいし》（磐座）の石製模造品（有孔円板・勾玉・臼玉など）を出土する祭祀遺跡が存在します。群馬県赤城山の櫃石《ひついし》遺跡と同様な、山岳信仰の祭祀遺跡です。現在、立派な道路が走り古道の面影もありませんが、私と祭祀遺跡（神奈備山・磐座）の不思議な出会いです。なお、図書館では翌年の夏に諏訪大社（上社・下社）を訪ね、御柱も見学しました。

三年生になって、福岡県出身の丸山康晴さん（春日市教委）を介し大学院生の鈴木敏弘さんに誘ってもらい、広島県出身の加藤光臣さん（高校教諭）・愛知県出身の片山洋さん（小学校教諭）・足立区出身の伊藤潔さ

長野県・蓼科山

長野県・諏訪大社の御柱

ん（京都市埋文研）等と東京都伊興遺跡の発掘調査に参加しました。当該遺跡は、大場先生が昭和三十二年に弟子の下津谷達男氏や寺村光晴氏等と調査された、子持勾玉などを出土する全国的に著名な水辺の祭祀遺跡です。この現場が、考古学の基本は発掘調査であると教えてくれました。鈴木敏弘さんには、発掘技術の指導と共に初期須恵器（𤭯）が祭祀遺跡に伴う貴重な遺物であるなど学問上の指摘も受けました。行政調査ではなく調査費用も余裕がなかったと思いますが、昼食は鈴木さんの奥さん（秦則子さん）の手作り弁当を参加者で食べる、優しく暖かい家族的な雰囲気の調査現場でした。

さらに、鈴木さんは慶応大学院生の山岸良二さん、後に大学院で同期になる岡村和子さん等と原史墓制研究会を立ち上げます。私も少し遅れて、兵庫県の播磨出身というだけで鈴木さんに気に入られ加えて頂きました。当時、播磨地域（揖保川流域）が古墳の発生に関わっていることを、鈴木さんは強く意識していたんだと思います。そこで、島根県出身の松本岩雄さん（古代出雲歴史博物館）、明治大学の桑原隆博さん（広島県教委）、和歌山県出身の冨加見泰彦さん（和歌山県教委）、埼玉県の坂本和俊さん（高校教諭）等と出会い、今も続く交流が始まりました。学生時代から奈良大学田辺昭三氏の所に出入りされていた伊藤潔さんには、関西の現場や田辺門下の人達を紹介してもらいました。京都産業大学教授の鈴木久男さん（愛称、大将）もその一人です。関西に戻って、考古学の世界に身を置く時にとても心強かったと思いだします。

また、大学の同期には後に佐賀県教委の職に就いた七田忠昭さんや群馬県（子持村教委）の石井克己さん等、邪馬台国を彷彿させる吉野ヶ里遺跡、そして日本のポンペイとされる黒井峰遺跡を発掘した友人達がいます。長峯光一氏の弟子に当たる縄文時代専攻の中島庄一さん（長野県中野市教委）も伊藤潔さんを介しての親友です。大学院（考古学専攻）には、青森県の鈴木克彦氏や木村鐵次郎氏、徳島県の一山典氏・神奈川県の安藤文一氏、そして出雲大社権宮司になられた千家和比古氏等が在籍されていました。

この後、学部時代に福岡県（九州縦貫自動車道）や福井県（糞置荘《くそおきのしょう》）などの遺跡、そして大学院に入った年に静岡県の下賀茂日詰遺跡（弥生時代の方形周溝墓群と古墳時代の臼玉や手捏土器を出土した祭祀遺構、平安時代の鍛冶遺構など）の発掘調査に参加しています。この現場では、鈴木敏弘さんの旧知の友であった考古学写真家の森昭さんや、後に木製模造品研究でお世話になる静岡県教委の佐藤達雄さん、加西市教委に勤務した後輩の立花聡君とも一緒でした。

また、立花君の故郷徳島県では銅鐸出土遺跡の調査中に大学の先輩小林勝美氏（徳島県教委）を訪ね、彼と共に発掘の手伝い（大柿遺跡）をしたと記憶しています。さらに、この時徳島県に見えた文化庁監査官時代の水野正好氏（宗教考古学）に、立花君の父君（博氏、徳島県教委）から紹介していただき、その後は祭祀遺物に出会う度奈良大学にてご指導を受けることになります。

このように、学部時代に鈴木敏弘先輩そして同期の伊藤潔さんに出会わなければ、大学院に行くことも祭祀（神道）考古学の道に進むこともなかったでしょう。

また、高校時代の私と國學院大學に繋がりはなかったと思っていたら、古典の恩師だった野村彦三先生が院友だったと大学四年生の教育実習時（佐用高校）に分かり、大学院（神道学）には高校の先輩佐用町出身の安藤直彦氏が在籍されていました。

もう一つ在学中のことで思い出すのは、大場磐雄先生最後の著作『考古学から見た古氏族の研究』（永井出版企画、一九七五年）刊行に関われたことです。修士論文に銅鐸を選んだこともあり、鈴木敏弘さんから大場先生の銅鐸研究法を学ぶべきとのご配慮で、校正や索引作りを手伝わせてもらいました。先輩の茂木雅博氏（茨城大学教授）には、協力者として名前まで掲載いただきお礼申しあげます。学問上の系譜では大場先生の孫弟子になるのですが、佐野先生・椙山先生や茂木さん・鈴木さん等と同じ弟子の扱いで、伝説の孤影（高）の人「折口信夫博士」の孫弟子にしてもらった気分でした。祭祀遺跡（銅鐸出土遺跡）の研究を始めてから、大場先生の研究方法に折口先生の学問（魂の古代研究、日本社会の成立は日本人の神道信仰に基づいたものであり、現在神道と呼ばれる宗教の起源となった信仰を奉じて、『日本』や『神道』という用語の成立以前に社会を作った人々がいる。これを民俗学と国文学から可能な限り復元していくこと）を感じていたのでしょう。この点、専攻は異なりますが後輩に当たる万葉集研究者の上野誠氏（奈良大学教授）とは同じ根源を持っているのかも知れません。

近年の國學院大學との繫がり

卒業してから大学との関係は、しばらく疎遠（乙益先生に、兵庫県の調査報告書を送る程度）で、後輩の奈良県橿原考古学研究所勤務の木下亘君が姫路市宮山古墳出土の古式須恵器を実測調査するために立ち寄ってくれたことと、神戸市教育委員会に須藤宏君（群馬県出身）が採用されたので、よろしく頼むと乙益先生から葉書が届いたぐらいでした。その後、平成六年に祭祀考古学会が創設され、これを機に再び大学に行くことが増えたように思います。そして、平成二十年椙山林継先生に、私の学位請求論文『祭祀考古学の研究』（雄山閣、二〇〇八年）を主査として査読いただきました。これは、本当に感謝しかありません。

さらに、國學院大學の出身ということで考古学を学ぶに当たり得たメリットは数え切れません。特に、金子裕之さんが奈良国立文化財研究所に在籍されていたお陰で、袴狭遺跡を調査してから木製模造品についての指導を度々受けてきました。その金子さんから、なぜ袴狭遺跡に日本一人形が多いかは分からないが、都の官人も関わっているのではないかと示唆がありました。近年は、年一回恒例の椙山先生が主催される祭祀考古学会地方大会で鈴木さんや坂本さん、そして後輩の笹生衛君達と顔を逢わせるのが一番の楽しみです。もちろん、いつも皆さんの活躍に刺激を受けていますが、笹生君には小生が特輯を編んだ「古墳時代から律令時代への祭祀の変遷」（『古代文化』第六十五巻第三号、二〇一三年）に原稿を執筆してもらうなど、多くの新しい情報をもらいました（感謝です）。

私は、大場先生高弟の佐野大和先生や乙益重隆先生を始め小出義治さん・亀井正道さん・下津谷達男さん・寺村光晴さん・椙山林継さん・茂木雅博さん、そして最後の弟子鈴木敏弘さんまで多くの大場系列の先生方に指導を仰ぎ、少なからず影響も受けました。また、故金谷克己さんについては、地元兵庫県の沖ノ島古墳群の調査や著作（『はにわ誕生』講談社、一九六二年）で学ばせて頂きました。それ故、直系の孫弟子であるとの自負も持っています。まあ、それを自慢したいぐらい、大場先生の学問的手法（史学・民俗学・考古学の三位一体）が偉大で好きだということですね。さらに、先生が神道考古学の巨匠として大成されたのは、三位一体の手法だけでなく「直感」という素晴らしい感性を持たれていたからとも考えます。私も、科学的ではないかもしれませんが仕事で培った「直感」、大場先生の書籍に倣った「直感」、生まれ育った環境で得た「感性」を大事にしたいと思います。

兵庫県での調査研究と思い出

一方、兵庫県内では在学中から調査（旧三日月町の下本郷銅鐸出土地周辺の分布調査、宍粟市一宮町閏賀遺跡・中安積遺跡や波賀町高田遺跡、山崎町上比地遺跡等の発掘調査）に参加していました。加西市玉丘古墳（第一次調査）もその一つです。周溝内の調査（第九トレンチ）で、名称の由来とされたであろう白い石（直径一〇センチ前後の玉石）を数個発見しました。後円部全体を葺いた石だと考えていたら、後日主体部盗掘坑を再調査した岸本一郎さんから埋葬主体部上の方形区画にのみ置いたものと教えてもらいました。この古墳は、加西市教委に勤務した故立花聡君も何度か調査を行っています。その縁で、学生時代に採集した笹塚古墳の円筒埴輪片は、後年加西市に返却しました。

そして、この頃大学の先輩磯崎正彦氏が馬の埋葬を発見した姫路市天神遺跡や国分寺台地遺跡の発掘調査を実施されており、この遺跡も見学に行きました。国分寺台地遺跡では、須恵器大甕の埋納坑や弥生の方形周溝墓が調査され、有孔円板もあったと記憶しています。また、この現場で後に同僚となる龍谷大学院生の故吉識雅仁君にも会いました。その他、宍粟郡内各町のほ場整備に伴う調査では、縄文時代の遺跡（早期から晩期まで）がよく当たっています。今も、ほ場下には沢山の遺跡（資料）が眠っていることでしょう。さすが、宍粟市内は播磨地域縄文時代遺跡の宝庫だと認識しました。

次いで、昭和五十二年から高校時代の恩師村上紘揚先生が異動された兵庫県教委社会教育・文化財課に奉職し、平成二十四年に県教育委員会を定年退職するまでの間に、県下五箇国の播磨（古代末の塩田遺構と生産に伴う祭祀を発見した赤穂市堂山遺跡や、弥生時代明石川流域の拠点集落だった神戸市玉津田中遺跡など）・摂津（祭祀遺跡研究を開始させた三田市奈カリ与遺跡や、弥生前期の環濠集落を調査した尼崎市上の島遺跡など）・但馬（木製模造品、全国一の出土点数を誇る豊岡市袴狭遺跡群など）を順次巡っています。

また、堂山遺跡では近藤義郎氏や森浩一氏・八賀晋氏・間壁忠彦氏など著名な考古学者との出会い、袴狭遺跡では金子裕之氏を始め渡辺晃宏氏・松尾光氏・西宮秀紀氏・三宅和朗氏等文献史研究者との知遇もありました。

淡路島（沼島）の上立神岩

その間に、論文として纏めたのが本書にも引用した「奈カリ与弥生遺跡の遺構・遺物より見た二、三の祭祀事例」でした。その後、暫くして堂山遺跡の塩田を使った「生産遺跡の祭祀」（『考古学資料館紀要』第五輯、國學院大學乙益重隆先生古稀記念号、一九八九年）を書き上げます。そして、天日槍《あめのひぼこ》伝承と袴狭遺跡の成果などを使った「天日槍伝承と兵庫県日本海地域の考古学」（『原始・古代の日本海文化』同成社、二〇〇〇年）、「土製模造品の再検討」と「祭祀考古学の体系」（『研究紀要』第二号・第三号、兵庫県教育委員会、二〇〇二年・二〇〇三年）を執筆の時期が一番脂の乗った頃です。気に入ったものを書けたのは、「三輪山麓出土の子持勾玉とその歴史的背景」

（『原始・古代日本の祭祀』同成社、二〇〇七年）、そして祭祀を通史として纏めたく本書にも掲載したのが「祭祀遺物から見た古代祭祀の継承と断絶」（『日本基層文化論叢』椙山林継先生古稀記念論集、二〇一〇年）です。

残念ながら、御食国《みけつくに》の淡路島調査だけは本州四国縦貫自動車道調査の最盛期に、埋蔵文化財のデスク事務、さらに本庁（文化財行政事務）勤務後は埋文の普及活用班に異動したため、大規模調査の雨流遺跡や釦田《たたらだ》遺跡始め著名な九蔵遺跡・井手田遺跡などにも参加していません。

それでも、定年後に「ひょうご歴史研究室」の播磨国風土記班の皆さん（坂江渉氏・古市晃氏・高橋明裕氏等）と淡路国の海人に関する古墳時代研究に参加させてもらい、念願の沼島《ぬしま》（上立神岩など三波川《さんばがわ》帯が走る島）に渡ることができました。古墳時代の棒状石製品のみならず、弥生時代の石棒と古墳時代の滑石製模造品はここの石を使用したのではと今も考えています。もちろん、但馬養父市地域（八鹿《ようか》系）の滑石産地も候補の一つです。

さらに、阪神・淡路大震災後の本庁勤務を除いて、播磨町に考古資料を公開する県立考古博物館が出来るまで長い発掘調査の日々でしたが、三田市の青野ダム調査の時代には櫃本誠一さん等と毎週一回で始めた『播磨国風土記』の研究会も楽しい思い出です。同成社から刊行した本にも執筆させてもらいました（「播磨国の祭祀遺跡」『風土記の考古学②』一九九四年）。

また、風土記関係では平成二年に奈良女子大学に留学されていたニュージーランド出身のパーマー・E女史を三木市の御坂神社や加古川市の褶墓《ひれはか》古墳などへ案内したことや、姫路文学館（松尾光氏・甲斐史子氏）絡みでの上田正昭氏・谷川健一氏・梅原猛氏等先学との出会いも忘れられません。平成三十年の秋に旭日小綬章を受賞されたパーマー氏には、ひょうご歴史研究室の藪田室長と坂江さんの計らいで平成最後の年に姫路駅前にて再会しました。有難うございます。そしてパーマーさん、おめでとうございます。播磨で古代の祭祀を学ぶには、折口信夫先生が「前代を貽《のこ》した播磨風土記」と言われたように、間違いなく『播磨国風土記』の研究が不可欠なのです。

さらに、日本考古学協会において史上初めて兵庫県が開催した大会（二〇一〇年度）では、県内出土の土製模造品や木製馬形を使用して、風土記に記載された「佐比《さひ》」の検討と駅家における馬の「祓」を考える「播磨国風土記から見た交通路の祭祀」の発表を行いました。良い記念です。

そして、数字に弱く文化財の保護調整が苦手な私は、埋文事務所内勤事務と本庁文化財課行政事務の仕事が好きではありません。これを助けてくれたのは、同期の故水口富夫君でした。福井県出身で南山大学卒業の彼はとても気の合う親友です。震災復興調査の疲弊から急逝し、足を向けて眠れません（『九頭竜』水口富夫さん追悼文集、二〇〇〇年）。また、学生時代の名残りである長髪（天然パーマ）のためか余り似てなくてもよく間違えられた愉快な故市橋重喜君（九州大学、姫路市出身で彼も白血病のため急逝）のことも忘れられません（『送遠』市橋重喜君追悼文集、一九九一年）。

本庁時代の仕事では、文化財審議会委員の先生方（間壁葭子氏・石野博信氏・和田晴吾氏）と一緒に指定候補物件の遺跡を見て回ったことが思い出です。この際に、車中で間壁先生（神戸女子大学）には考古遺物の見方について種々ご教示を受けました。岡山・兵庫両県の考古学先達者として、製塩土器や装飾付須恵器・石棺研究を見るまでもなくとても発想の優れた先生です。

直接考古学とは関係ありませんが、中四国ソフトボール大会の基になった兵庫・岡山県の埋文対抗ソフトボールの試合、年一回どちらかの県が主催し岡山県側の大学の先輩である下澤公明・柳瀬昭彦・高畑知功氏や江見正巳さん等と会うのは同窓という特別な楽しみでした。

また、木製人形の研究をする契機になった豊岡市袴狭遺跡の調査を確認だけで終わらせずに、本発掘調査に繋いでくれた県教委後輩の西口圭介君の頑張り（遺跡の埋没があまりにも深く、三メートル以上の地下を辛抱強く重機を使用して掘り続け、バッケットの先に数点の木製人形を引っ掛けた結果、日本一の出土量を誇る人形の調査遺跡になったこと）を、忘れてはいけません。本発掘調査や整理調査では、藤田淳君・柏原正民君・中村弘君・鈴木敬二君・深江英憲君等の協力がありました。報告書の作成時期に本庁勤務となったため、執筆もできず申し訳ありません。さらに、玉津田中遺跡は石製模造品の報告のみだったため、今回地名表の作成中に木製模造品や土製模造品が共伴していたことを改めて思い出しました。深井明比古君・別府洋二君・菱田淳子さん・甲斐昭光君・篠宮正君・多賀茂治君、本当に有難うございました。

私の行政考古学への思い

高校生だった最初の調査（吉福遺跡）以来、私の五十年間の発掘歴と研究の成果は、祭祀遺物（子持勾玉・木製人形・土製馬形）の年代を決める基準と編年（「子持勾玉年代考」・「木製人形年代考」『古文化談叢』第二一集、三〇集・三五集）作業であり、播磨地域出土の石製模造品集中箇所の分布が針間国造《はりまくにのみやつこ》・針間鴨国造・明石国造の支配領域と重なること、そして倭王権への服属時期を解明できたことなどです（「祭祀遺物より見た古墳時代の播磨地方」『播磨考古学論叢』今里幾次先生古稀記念論文集刊行会、一九九〇年）。本当に、恵まれたフィールド（遺跡・遺物）と職場の仲間達でした。特に、須恵器が専門の森内秀造君には祭祀遺物と共伴した須恵器の年代について多くの教示を受けました。また、最初の調査遺跡である佐用町吉福遺跡の調査担当者、そして最後の県立考古博物館時代の館長が石野博信さんなのも不思議な縁です。

食の為だけの行政職員になりかけた時には、職場の上司櫃本誠一さん（後に大手前大学教授）に大学院まで出てこの職場に居るなら年に一本位論文は書くように叱咤激励され、また関西在住の院友の推薦で「日本学談話会」に入れていただき、神話学の松前健氏・神道史学の岡田精司氏に種々ご指導を受けることもできました。

なお、教育委員会の仕事は定年（定年退職記念誌『私が見た兵庫県の考古学史・博物館史』二〇一二年発行）で一区切りを付けましたが、職場の後輩である山下史朗君（現文化財課長）のお陰で、県立歴史博物館内に新しく創られた「ひょうご歴史研究室」の共同研究員に任用していただき感謝です。敬愛する播磨の先学者（浅田芳朗氏・今里幾次氏・松岡秀夫氏等）に倣い、今少し頑張ってみようと意気込んでいます。さらに、平成が終わる年には、県立考古博物館の山上雅弘君と松岡千寿さんの二人が、兵庫県の退職者のため自由に考古博物館と資料を使用できるよう名誉学芸員の制度まで創設してくれました。これまた有難いことです。

岡山大学ではなく國學院大學に縁あって、一生の仕事になる神道考古学と大場磐雄先生・佐野大和先生、そして鈴木敏弘さん達に出会えたことが良かったのでしょう。特に、鈴木敏弘さんにはものになるかどうか分からない私に、期待していただき考古学の基本を教わりました。兵庫県に戻り、考古学研究者の中で一流ではないかも知れませんが、プロ野球の元ヤクルト監督だった野村克也氏の言う「超二流（例えば、土橋勝征・飯田哲也・宮本慎也選手）」には成れたと思っています。でも、兵庫県立考古博物館は人と自然の博物館と違って研究機関ではありません。それ故、研究実績・成果をあげても役所内の人事評価とは無関係なのです、残念！悪しからず。

また、行政考古学の職場では弟子を育てることが叶わなかったので、最近の著作「歴史学『通説・定説』の危うさと脆さ」（『ひょうご考古』第十三号、二〇一八年）に書いたように、若い人達には最初から偉い先生の言う定説を信じず、疑問を持った事は全て調べ尽くす信念を持って頑張れと伝えられたら幸いです。

兵庫県のおもな祭祀遺跡・祭祀遺物一覧

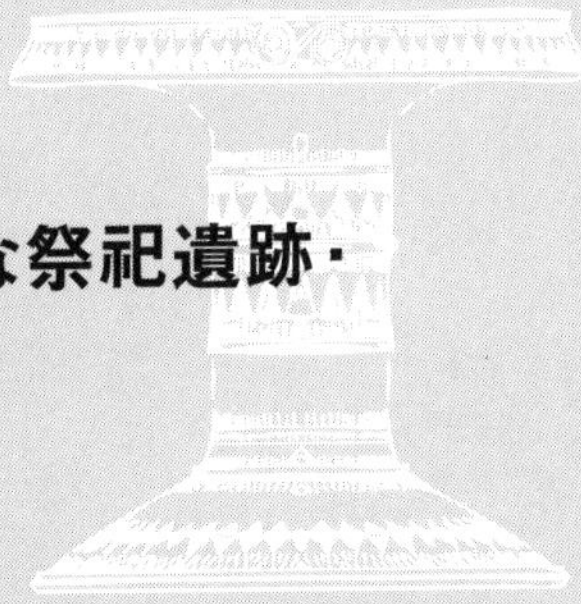

番号	遺跡名	所在地	遺跡の種類	時代	祭祀遺物	点数
1	小花遺跡	川西市小花	集落	縄文・後期	石棒	1
2	栄根遺跡	川西市栄根	集落	弥生～古墳	手焙形土器	2
				古墳	ヒスイ製勾玉	1
					石製模造品（刀子）	1
					石製模造品（剣形）	1
3	加茂遺跡	川西市加茂・南花屋敷	集落	縄文・晩期	石冠	1
				縄文～弥生	石棒（結晶片岩）	1
				弥生・中期	分銅形土製品	1
					銅剣形石剣	2
					土製鳥形	1
					絵画土器（魚）	1
					絵画土器(鳥・建物・竜)	4
				弥生～古墳	銅鏃	2
					勾玉	5
					管玉	16
					ガラス玉	2
				古墳	石製模造品(有孔円板)	6
					石製模造品（勾玉）	5
					石製模造品（管玉）	17
					石製模造品（臼玉）	90
					石製模造品（棗玉）	2
					ヒスイ製勾玉	1
4	栄根銅鐸出土地	川西市加茂	埋納	弥生	銅鐸（突線鈕５式）	1
					銅鐸（同上の飾耳）	1
5	勝福寺古墳	川西市火打	古墳	古墳・後期	碧玉製管玉	4
					土製玉	24
					銀製梔子玉	39
6	小戸遺跡	川西市小戸	集落・官衙	弥生～古墳	手焙形土器	1
				古墳・前期	碧玉製管玉	1
					ガラス小玉	1
					土製丸玉	1
				奈良	土製馬形（土師質）	2
7	石道才谷・堂ノ後遺跡	川西市石道	集落・官衙	奈良～平安	木製模造品（馬形）	1
					木製模造品（斎串）	3
8	安倉高塚古墳	宝塚市安倉南	古墳	古墳・前期	碧玉製管玉	3
					ガラス小玉	2
9	安倉南遺跡	宝塚市安倉南	集落・井戸	平安～鎌倉	呪符木簡（蘇民）	2
10	万籟山古墳	宝塚市切畑長尾山	古墳	古墳・前期	碧玉製管玉	12
					ガラス小玉	4
	伝万籟山				石釧	4
					車輪石	1
					琴柱型石製品	1

11	口酒井遺跡	伊丹市口酒井	集落	縄文晩期～弥生前期	石棒（結晶片岩）	15
					土偶（頭部）	1
12	田能遺跡	尼崎市田能中ノ坪	集落・墳墓	弥生・中期	銅剣形石剣（有樋式）	1
					硬玉製勾玉	3
					碧玉製管玉	632
					銅釧	1
				弥生・後期	銅鏃	1
13	東園田遺跡	尼崎市東園田	集落	弥生・中期	絵画土器（鹿）	1
				弥生・後期	碧玉製管玉	1
14	田能高田遺跡	尼崎市田能高田	集落	古墳・前期	石釧（緑色凝灰岩）	1
				古墳・中期	破鏡	1
					石製模造品（有孔円板）	1
15	若王寺遺跡	尼崎市若王寺	集落・祭祀・鍛冶	古墳・中期末～後期	石製模造品（有孔円板）	12
					石製模造品（勾玉）	4
					石製模造品（臼玉）	40
					滑石製紡錘車	4
					石製模造品（管玉）	1
					ガラス製管玉	2
					鋳造鉄斧	1
					須恵器装飾付壺	1
					男根状土製品	1
16	高畑町遺跡	西宮市高畑町	集落・井戸	弥生～古墳	手焙形土器	1
				古墳・後期	子持勾玉	1
					滑石製紡錘車	1
					石製模造品（勾玉）	1
					木製刀形	1
				奈良	木製模造品（斎串）	5
17	会下山遺跡	芦屋市三条町	高地性集落	弥生・中期～後期	男根状石製品	1
					女陰状石製品	2
					ガラス小玉	14
					球形土製品	1
					円板形土製品	1
					銅鏃（三角翼）	1
18	三条九ノ坪遺跡	芦屋市三条町	集落	弥生	銅鐸形土製品	1
				古墳・中期末～後期	石製模造品（勾玉）	1
					石製模造品（臼玉）	1
					ガラス小玉	1
				飛鳥	木製模造品（斎串）	4
				平安	土製馬形（土師質）	1
19	月若遺跡	芦屋市三条町	集落・祭祀	弥生・後期	絵画土器（鳥）	1
				弥生～古墳	小銅鐸	1
				古墳・中期末～後期	子持勾玉	1
					石製模造品（勾玉）	2

19	月若遺跡			古墳・中期末～後期	石製模造品（臼玉）	70
					ガラス小玉	3
					石製模造品（有孔円板）	2
					石製模造品（斧形）	1
					石製模造品（管玉）	1
					石製模造品（丸玉）	6
					土製模造品（勾玉）	1
					土製円板	1
20	寺田遺跡	芦屋市西芦屋町・三条南町	集落	古墳・中期	石製模造品（有孔円板）	1
				古墳・中期末～後期	石製模造品（有孔円板）	3
					石製模造品（管玉）	1
					石製模造品（臼玉）	5
					滑石製紡錘車	3
21	三条岡山遺跡	芦屋市三条町	祭祀	古墳・後期	子持勾玉	1
22	六条遺跡	芦屋市清水町	居館・庭園	鎌倉	呪符木簡（蘇民）	3
23	保久良神社遺跡	神戸市東灘区本山町	高地性集落	弥生・中期	銅戈（大阪湾型）	1
24	北青木遺跡	神戸市東灘区北青木	集落・官衙	弥生・前期	石棒（結晶片岩）	4
				弥生・中期	銅鐸（外縁鈕2式）	1
				弥生・後期	鳥形木製品	1
				古墳・初頭	銅鐸舌	1
				古墳・前期	碧玉製管玉	6
					ガラス小玉	6
				奈良	小型素文鏡	2
25	本山遺跡	神戸市東灘区本山南町	集落	弥生・中期	銅鐸（扁平鈕式）	1
26	桜ヶ丘銅鐸・銅戈出土地	神戸市灘区桜ヶ丘（旧名神岡）	埋納	弥生	銅鐸（外縁鈕1式）	3
					銅鐸（外縁鈕2式）	1
					銅鐸（扁平鈕式）	10
					銅戈（大阪湾型）	7
27	住吉宮町遺跡・住吉東古墳（坊ヶ塚遺跡を含む）	神戸市東灘区住吉東町	集落	弥生～古墳	管玉状土製品	3
			古墳	古墳・中期～後期	石製模造品（有孔円板）	2
					石製模造品（臼玉）	330
					メノウ製勾玉	1
					埴輪（人物・馬形）	6
					滑石製紡錘車	3
					石製模造品（管玉）	1
					滑石製紡錘車	2
			集落・祭祀		土製紡錘車	1
					木製刀形	1
					石製模造品（有孔円板）	1
					石製模造品（勾玉）	1
					石製模造品（臼玉）	2
					有孔円板・勾玉・臼玉	1000
				飛鳥	土製馬形	1

27				平安	地鎮遺構（土師器壺）	7
28	郡家遺跡	神戸市東灘区御影町	集落･祭祀･鍛冶	弥生・後期	絵画土器（竜）	1
				古墳・前期	手焙形土器	1
				古墳・中期～後期	石製模造品（有孔円板）	10
					石製模造品（勾玉）	5
					石製模造品（臼玉）	2022
					滑石製紡錘車	3
					子持勾玉	1
					石製模造品（管玉）	1
29	森北町遺跡	神戸市東灘区森北町	集落・祭祀	弥生後期～古墳	破鏡（重圏銘帯）	1
					銅鏃	1
				古墳・前期	石製模造品（有孔円板）	3
					石製模造品（勾玉）	14
					石製模造品（臼玉）	1300
				平安	呪符木簡（蘇・急）	2
30	深江北町遺跡（葦屋駅家）	神戸市東灘区深江北町	集落・官衙	古墳後期	土製模造品（鏡形）	6
					土製模造品（勾玉）	11
					土製模造品（管玉）	2
					土製模造品（小玉）	11
					土製模造品（動物形）	3
				奈良	海獣葡萄鏡	1
					木製模造品（斎串）	62
					木製模造品（武器形）	8
					木製模造品（人形）	9
					木製模造品（馬形）	21
					木製模造品（船形）	23
					土製馬形（土師質）	1
31	西求女塚古墳	神戸市灘区都通	古墳	古墳・前期	碧玉製紡錘車	1
32	伯母野山遺跡	神戸市灘区篠原伯母野山	高地性集落	弥生中期～後期	石剣（有樋式）	1
					L 字状石杵（朱精製用）	1
33	篠原遺跡A・B地点	神戸市灘区篠原中町	集落	縄文・後期	石棒・石刀	7
				縄文・晩期	土偶	4
				弥生～古墳	小型銅鏡（乳文）	1
34	雲井遺跡	神戸市中央区雲井通	集落	縄文晩期～弥生前期	石棒（結晶片岩）	3
					土偶	1
				弥生・中期	碧玉製勾玉	2
					碧玉製管玉	5
					碧玉製玉類未成品	7
35	生田遺跡	神戸市中央区中山手通	集落・祭祀	縄文・後期	ヒスイ製小玉	1
					土偶	1
					石刀	1
				古墳・後期	石製模造品（有孔円板）	1
					石製模造品（臼玉）	22

35	生田遺跡			古墳・後期	滑石製紡錘車	1
					石製模造品（管玉）	1
36	大開遺跡	神戸市兵庫区大開通	集落	弥生・前期	石棒（結晶片岩）	12
					碧玉製管玉	1
37	河原遺跡	神戸市兵庫区熊野町	集落・祭祀	弥生・中期	貝輪（ゴボウラ製）	40
38	上沢遺跡	神戸市長田区・兵庫区	集落・祭祀	古墳・中期末～後期	石製模造品（有孔円板）	345
					石製模造品（管玉・剣形）	
					石製模造品（勾玉・臼玉）	
					滑石製紡錘車	
					子持勾玉	1
					ガラス小玉	11
				奈良	土製馬形	1
39	長田神社境内遺跡	神戸市長田区	集落	弥生・前期	土偶（結髪型）	1
				弥生末～古墳	銅鏃	1
					小型銅鏡（単線波文）	1
					手焙形土器	1
				鎌倉	呪符木簡	1
40	松野遺跡	神戸市長田区松野通り・日吉町	集落・居館・祭祀	古墳・中期末～後期	石製模造品（剣形）	1
					石製模造品（有孔円板）	24
					模造品（勾玉・臼玉）	2652
					模造品（管玉・剣形）	21
					子持勾玉	3
					ガラス小玉	3
					装飾付須恵器（鳥）	1
					木製刀装具	1
41	大田町遺跡	神戸市須磨区大田町	集落・祭祀	古墳・中期末～後期	石製模造品（有孔円板）	10
					石製模造品（管玉・剣形）	2
					石製模造品（勾玉）	5
					石製模造品（臼玉）	547
42	塩田北山東古墳	神戸市北区道場町	古墳	古墳・前期	碧玉製紡錘車	1
					碧玉製管玉	8
					ガラス小玉	68
43	宅原遺跡	神戸市北区長尾町	集落	弥生・後期	銅鏃	1
					手焙形土器	1
				古墳・後期	碧玉製管玉	1
					石製模造品（臼玉）	2
				奈良	人面墨書土器	1
				鎌倉	呪符木簡（急々）	1
					木製模造品（刀子形）	2
44	奈カリ与遺跡	三田市すずかけ台	高地性集落	弥生・中期	碧玉製管玉	1
					小型精製土器	1
					磨製石鏃	1
45	川除遺跡			弥生・後期	土製鳥形	1

45	川除遺跡	三田市川除	集落	弥生・後期	手焙形土器	1
				飛鳥	木製模造品（斎串）	2
				鎌倉	呪符木簡（蘇民）	1
46	貴志・下所遺跡	三田市貴志	集落・祭祀	古墳・後期	石製模造品（臼玉）	1891
					不定形有孔板	2
47	垂水石剣出土地	神戸市垂水区	埋納遺跡	弥生・中期	銅剣形石剣（有樋式）	1
48	大歳山1号古墳	神戸市垂水区 西舞子	古墳	古墳・前期	石釧	1
					碧玉製勾玉	2
					碧玉製管玉	19
					ガラス小玉	42
49	五色塚古墳	神戸市垂水区 五色山	古墳	古墳・前期 ～後期	子持勾玉	4
					石製模造品（臼玉）	1
50	青谷遺跡	神戸市西区 櫨谷町	高地性集落	弥生・中期	石戈	1
				弥生・後期	小型銅鏡（重圏文）	1
51	表山遺跡	神戸市西区 伊川谷町	高地性集落	弥生·中期末	小型銅鏡（内行花文）	1
					赤彩文土器	2
52	玉津田中遺跡	神戸市西区 玉津町田中	集落・祭祀	弥生・中期	青銅武器切先	1
					分銅形土製品	1
					銅鐸形土製品	2
					磨製石剣	8
					木製剣・木製戈	8
					木製盾	2
					木製鳥形	2
					土製鳥形	3
					絵画土器（鹿）	5
				弥生・後期	L字状石杵（朱精製用）	1
					ガラス小玉	2
					絵画土器（建物・竜）	1
					手焙形土器	1
				弥生～古墳	銅鏃	5
					鳥形木製品	1
					木製剣形	1
					木製陽物	1
				古墳・中期 末～後期	木製模造品（剣・刀形）	11
					木製模造品（船形）	1
					機織具	3
					琴	2
					案	6
					土製鏡	1
					土製紡錘車	1
					石製模造品（有孔円板）	1
					石製模造品（勾玉）	2
					石製模造品（斧形）	1

52	玉津田中遺跡			古墳・中期末～後期	石製模造品（臼玉）	115
					碧玉製管玉	1
				奈良	土製馬形	1
				鎌倉	呪符木簡（急々）	1
					木製模造品（刀子形）	1
					木製模造品（船形）	1
53	新方遺跡	神戸市西区伊川谷町・玉津町	集落・祭祀・玉作	弥生・前期～中期前半	石棒（結晶片岩）	1
					猪の肩甲骨	1
				弥生中期～後期	銅鏃	1
					刀形木製品	1
					碧玉製管玉	5
					小型銅鏡（内行花文）	1
				古墳・前期	石釧	1
				古墳・中期末～後期	石製模造品（有孔円板）	5321
					石製模造品（勾玉）	
					石製模造品（管玉）	
					石製模造品（剣形）	
					石製模造品（臼玉）	
					子持勾玉	1
				奈良	小型銅鏡（素文）	1
				奈良・平安	木製模造品（人形）	1
					木製模造品（剣形）	1
					木製模造品（斎串）	1
				鎌倉	呪符木簡（急々）	2
54	吉田南遺跡	神戸市西区森友	集落・官衙	弥生	破鏡（内行花文）	1
					土製鳥形	1
				弥生末～	銅鏃	1
					手焙形土器	1
					小型素文鏡	1
				古墳・中期末～後期	石製模造品（有孔円板）	41
					石製模造品（勾玉）	
					石製模造品（管玉）	
					石製模造品（臼玉）	
					滑石製紡錘車	1
				奈良	木製模造品（人形）	3
					木製模造品（斎串）	10
					土製馬形（土師質）	3
55	天王山4号古墳	神戸市西区伊川谷町	古墳	古墳・前期	碧玉製管玉	2
					ガラス玉	20
					碧玉製管玉	5
					手焙形土器	1
56	白水瓢塚古墳	神戸市西区伊川谷町	古墳	古墳・前期	車輪石	4
					石釧	9

56	白水瓢塚古墳			古墳・前期	碧玉製管玉	58
					ヒスイ製勾玉	6
					ガラス玉	1820
57	高津橋大塚古墳	神戸市西区 玉津町	古墳	古墳・中期 末～後期	石製模造品（勾玉）	2
					石製模造品（管玉）	30
					石製模造品（臼玉）	289
					石見型盾形埴輪	1
					巫女形埴輪	1
58	白水遺跡	神戸市西区 伊川谷町	集落・祭祀	古墳・中期 末～後期	石製模造品（有孔円板）	6
					石製模造品（勾玉）	2
					石製模造品（臼玉）	722
					木製模造品（鎌形）	1
					木製模造品（剣形）	1
					鉄鋌	23
					石製模造品（管玉）	1
					ガラス小玉	2
					石製模造品（有孔円板）	3
					石製模造品(勾玉・剣形)	3
					滑石製紡錘車	1
59	上脇遺跡	神戸市西区 伊川谷町上脇	集落・祭祀・ 鍛冶	古墳・中期 末～後期	石製模造品（臼玉）	105
					石製模造品（剣形）	1
					子持勾玉	1
					滑石製紡錘車	1
					土製紡錘車	1
				飛鳥	土製馬形（土師質）	5
60	寒鳳遺跡	神戸市西区 伊川谷町潤和	集落・祭祀	古墳・中期 末～後期	土製模造品（人形）	5
					石製模造品（臼玉）	16
					石製模造品（管玉）	1
					滑石製紡錘車	1
61	藤江別所遺跡	明石市藤江	集落・祭祀・ 井戸	弥生・末期	銅鏃	1
				古墳・前期	車輪石	1
					小型銅鏡（櫛歯文他）	9
					石製模造品（勾玉）	1
					蛇紋岩製垂玉	1
					手捏土器	3
62	寺山古墳	明石市魚住町 錦ヶ丘	古墳	古墳・後期	琥珀玉	1
					ガラス玉	5
					石見型盾形埴輪	1
63	北王子遺跡	明石市北王子町	集落	古墳・中期	石製模造品（有孔円板）	4
					石製模造品(勾玉・剣形)	2
					石製模造品（臼玉）	450
					鉄鋌	2
64	大中遺跡	加古郡播磨町大中	集落		破鏡（内行花文）	1

64	大中遺跡	加古郡播磨町大中	集落	弥生末～古墳前期	土製模造品（鏡形）	1
					土製模造品（鳥形）	1
					土製紡錘車	1
					手焙形土器	1
65	坂元遺跡	加古川市野口町坂元	集落·古墳·埴輪窯	縄文・晩期	石棒	1
				古墳・後期	緑色凝灰岩製管玉	1
					ガラス玉	60
					須恵器大甕	1
					石見型盾形埴輪	1
					ヒスイ製勾玉	1
					滑石製紡錘車	1
				奈良	土製馬形（土師質）	1
					木製模造品（人形）	4
					木製模造品（斎串）	9
66	溝ノ口遺跡	加古川市加古川町溝ノ口	集落・井戸	弥生・中期	ヒスイ製勾玉	1
				弥生・後期	L字状石杵（朱精製用）	1
				古墳・後期	石製模造品（有孔円板）	1
				奈良	木製模造品（斎串）	1
67	望塚銅鐸出土地	加古川市八幡町上西条	埋納	弥生	銅鐸（扁平鈕式）	1
68	東車塚古墳	加古川市加古川町大野	古墳	古墳·前期末	碧玉製石釧	2
69	行者塚古墳	加古川市西条山手	古墳	古墳・中期	石製模造品（勾玉）	2
					鉄鋌	40
					巴形銅器	4
					囲形埴輪	2
					土製模造品（食物形）	31
70	升田山15号古墳	加古川市東神吉町升田	古墳	古墳・後期	ガラス玉	3
					滑石製紡錘車	1
71	砂部遺跡	加古川市東神吉町砂部	集落	弥生～古墳	銅鏃	2
				古墳・中期～後期	メノウ製勾玉	3
					石製模造品（勾玉）	1
					石製模造品（剣形）	2
					石製模造品（臼玉）	2
					滑石製紡錘車	1
					ガラス玉	1
72	神野大林窯跡群	加古川市神野町	窯址	古墳・後期	土製模造品（斧形）	1
73	白沢窯跡群	加古川市上荘町白沢	窯址	奈良	土製模造品（人形）	1
					土製馬形（須恵質）	1
74	正法寺銅剣出土地	三木市別所町正法寺	埋納	弥生	銅剣（中細）	1
75	高篠谷ノ郷遺跡	三木市細川町高篠	集落	弥生	小銅鐸	1
76	年ノ神6号古墳	三木市鳥町	古墳	古墳・中期	ヒスイ製勾玉	1
					ガラス製小玉	251
					鋳造鉄斧	1
77	高木28号古墳			古墳・後期	ヒスイ製勾玉	1

77	高木 28 号古墳	三木市別所町高木	古墳	古墳・後期	碧玉製管玉	1
					ガラス製小玉	338
					金銅製空玉	3
78	野ノ池 7 号古墳	三木市志染町	古墳	古墳·中期末	碧玉製管玉	2
					埴輪（人物・馬形）	2
79	大池 7 号古墳	三木市久留美	古墳	古墳・後期	碧玉製管玉	14
					カラス製管玉	1
					メノウ製勾玉	1
					水晶製切子玉	12
					ガラス製小玉	173
					鉄鐸	1
80	西ヶ原遺跡	三木市久留美	集落	古墳・後期	石製模造品（臼玉）	19
81	田井野遺跡	三木市久留美	集落	古墳・後期	土製馬形（土師質）	1
82	敷地大塚古墳	小野市敷地町	古墳	古墳・前期末	碧玉製管玉	15
					ガラス小玉	5
83	勝手野 6 号古墳	小野市黍田町	古墳	古墳・後期	装飾付壺（人・馬・鹿）	2
84	高田宮ノ後遺跡	小野市高田町	集落・祭祀	古墳·前期末	石製模造品（有孔円板）	1
85	長塚遺跡	加西市上宮木町	集落	弥生・中期	分銅形土製品	1
				奈良	土製馬形（土師質）	1
86	長法寺遺跡	加西市玉野町	集落・墓	弥生・中期	ガラス玉	4
87	玉丘古墳	加西市玉丘町	古墳	古墳・前期	勾玉	7
					管玉	5
					車輪石	3
					鍬形石	2
88	クワンス塚古墳	加西市玉丘町	古墳	古墳・中期	土製模造品（食物形）	29
					土製模造品（鳥形）	3
					土製模造品（杵形）	3
89	亀山古墳	加西市笹倉町	古墳	古墳・中期	蛇行剣	2
					副葬品箱（鉄製農工具）	1
90	小谷遺跡	加西市北条町	集落・祭祀	古墳・中期	ミニチュア土器	2
				古墳・後期	石製模造品（有孔円板）	2
91	宮ノ谷遺跡	加西市玉野町	集落・祭祀	平安	土師器小皿	14
					鉄製鋤先	1
92	河高上ノ池遺跡	加東市滝野町河高	祭祀	古墳・中期	土製模造品（人形）	6
					土製模造品（勾玉）	4
					土製模造品（鏡）	2
					土製模造品（盾）	1
					土製模造品（短甲）	1
93	小丸山 1 号古墳	加東市社町	古墳	古墳・後期	碧玉製管玉	3
					石製模造品（勾玉）	1
					石製模造品（臼玉）	6
					ガラス小玉	84
					土製丸玉	4

93	小丸山1号古墳			古墳・後期	子持器台	1
94	家原・堂ノ元遺跡	加東市社町家原	集落	弥生・後期	手焙形土器	1
				古墳・後期	石製模造品（臼玉）	126
					手捏土器	5
95	上滝野・宮ノ前遺跡	加東市滝野町上滝野	集落	奈良～平安	木製模造品（馬形）	2
					木製模造品（斎串）	1
96	大垣内遺跡	西脇市大垣内	集落	弥生・中期	分銅形土製品	1
					絵画土器（鹿）	2
97	滝ノ上20号古墳	西脇市上比延町	古墳	古墳・前期末	ヒスイ製勾玉	1
					碧玉製管玉	2
					ガラス小玉	27
98	寺内7号古墳	西脇市寺内	古墳	古墳・後期	子持勾玉	1
					石製模造品（臼玉）	39
99	高田井遺跡	西脇市高田井町	集落	古墳・前期	手捏土器	6
100	津万遺跡群	西脇市津万	官衙・祭祀	奈良～平安	木製模造品（馬形）	1
					木製模造品（斎串）	2
101	宮ヶ谷遺跡	多可町中区西安田	集落	弥生・中期	石棒（再利用）	1
					石戈	1
					絵画土器（鹿）	2
102	岡山1号古墳	多可町中町奥中	古墳	古墳・前期	碧玉製管玉	11
					ガラス小玉	23
103	円満寺・東の谷遺跡	多可町中区西安田	寺院址	飛鳥～奈良	八稜鏡	3
					ガラス小玉	1
					土製馬形（須恵質）	1
104	安坂・城の堀遺跡	多可町中区安坂	官衙・祓所・居館	奈良～平安	木製模造品（人形）	47
					木製模造品（馬形）	20
					木製模造品（刀形）	2
					木製模造品（鍬先形）	8
					木製模造品（斎串）	64
				室町	呪符木簡（急々）	1
105	曽我井・沢田遺跡	多可町中区曽我井	宅・祭祀	奈良～平安	木製模造品（人形）	5
					木製模造品（刀形）	1
					木製模造品（斎串）	15
					呪符木簡（急々）	1
106	法花堂2号古墳	姫路市香寺町田野	古墳	古墳・中期	鉄鋌	1
107	東前畑遺跡	姫路市香寺町土師	集落・祭祀	古墳・前期末～中期	石製模造品（有孔円板）	3
					石製模造品（剣形）	5
					石製模造品（勾玉）	3
					石製模造品（管玉）	1
					石製模造品（棗玉）	1
					石製模造品（臼玉）	378
					鉄鋌	2
108	辻井遺跡			縄文・晩期	石棒（結晶片岩）	1

108	辻井遺跡	姫路市辻井	集落・官衙	古墳中期～後期	石製模造品（有孔円板）	1
					土製模造品（鳥形）	1
					土製模造品（琴柱形）	1
				奈良～平安	木製模造品（人形）	4
					木製模造品（馬形）	6
					木製模造品（船形）	5
					木製模造品（斎串）	12
					木製模造品（琴柱）	1
					土製馬形（土師質）	2
					木製模造品（砧）	4
109	石ツミ遺跡	姫路市西庄	集落	弥生・中期	碧玉製管玉	2
					玉砥石	1
110	市之郷遺跡	姫路市市之郷	集落	弥生中期～古墳後期	分銅形土製品	1
					土製算盤玉形紡錘車	2
					石製模造品（有孔円板）	1
					石製模造品（管玉）	2
					滑石製紡錘車	3
111	小山遺跡	姫路市延末	集落	弥生・中期	分銅形土製品	2
				古墳・前期	子持勾玉	1
112	玉手遺跡群	姫路市玉手	集落	弥生・中期～後期	銅鏃	2
					銅鐸（近畿式）片	1
				弥生・後期	手焙形土器	1
				平安・後期	呪符木簡	1
				室町	呪符木簡（急々、水神）	1
113	船場川東遺跡群	姫路市玉手・飯田	集落	弥生・後期	銅鏃	2
				古墳・中期末	メノウ製勾玉	1
					石製模造品（有孔円板）	1
114	長越遺跡	姫路市飯田長越	集落・祭祀	弥生後期～古墳前期	銅鏃	2
					木製鳥形	1
					木製魚形	1
					木製刀形	1
					木製陽物	1
					手焙形土器	1
					絵画土器（太陽と山）	1
				古墳・前期末	小型素文鏡	1
					石製模造品（有孔円板）	9
					石製模造品（勾玉）	6
					石製模造品（管玉）	3
					石製模造品（剣形）	1
					石製模造品（臼玉）	6
115	池ノ下遺跡	姫路市苫編	集落	弥生・前期	石棒（紅簾片岩）	1
					ガラス玉	1
				弥生・後期	銅鏃	1

115	池ノ下遺跡			古墳・前期	手焙形土器	1
					鳥形土製品	1
				古墳・中期	碧玉製勾玉	1
					滑石製勾玉	1
116	打越山古墳	姫路市北原	古墳	古墳・中期	碧玉製勾玉	2
					メノウ製勾玉	3
					碧玉製管玉	10
					ガラス製勾玉	3
					石製模造品（臼玉）	2000
					ガラス製小玉	40
117	宮山古墳	姫路市四郷町坂元	古墳	古墳・中期	ヒスイ製勾玉	5
					ガラス製管玉	2
					金製空玉	32
					碧玉製管玉	14
					石製模造品（勾玉）	2
					石製模造品（臼玉）	1519
					ガラス小玉	12803
					鉄鋌	10
					メノウ製勾玉	2
					碧玉製勾玉	1
					ヒスイ製管玉	1
					琥珀製棗玉	1
118	見野長塚古墳	姫路市四郷町見野	古墳	古墳・後期	碧玉製管玉	6
					ガラス小玉	200
					装飾付壺（鹿・小壺）	4
					石見型盾形埴輪	1
119	三宅遺跡	姫路市飾磨区三宅	集落	古墳・中期	石製模造品（有孔円板）	3
					石製模造品（剣形）	1
					石製模造品（臼玉）	1
120	土馬出土地	姫路市船津町	集落	飛鳥	土製馬形（須恵質）	1
121	本町遺跡	姫路市本町	官衙	奈良～平安	木製模造品（人形）	1
					土製馬形（土師質）	1
122	上原田遺跡	姫路市飾東町庄	官衙	奈良	木製模造品（斎串）	5
					銭貨（和同開珎）	21
123	郷着遺跡	姫路市広畑区才	集落・井戸	奈良末	墨書土器	3
					木製模造品（斎串）	3
					横櫛	1
124	丁柳ヶ瀬遺跡	姫路市勝原区丁	集落	縄文・晩期	石棒（結晶片岩）	3
				弥生・前期	土製陽物	1
					分銅形土製品	1
				平安	木製模造品（人形）	2
125	壇特山遺跡	姫路市勝原区下太田	高地性集落	弥生・中期	石剣（有樋式）	1
					分銅形土製品	6

126	和久遺跡	姫路市網干区和久	集落	弥生末～古墳・前期	碧玉製管玉	9
					ガラス製勾玉	1
					ガラス小玉	1
					銅鏃	1
					土製勾玉	1
					手焙形土器	1
				古墳・中期	石製模造品（有孔円板）	2
					石製模造品（臼玉）	14
127	前田遺跡	姫路市網干区高田	集落・祭祀	古墳・中期	石製模造品（臼玉）	25
					装飾付壺（小壺）	1
					滑石製紡錘車	1
					ガラス小玉	1
					石製模造品（有孔円板）	1
128	御坊山窯跡群	姫路市相野	窯址	奈良	土製馬形（須恵質）	5
129	東南遺跡	揖保郡太子町鵤	集落	縄文・後期	土偶	1
					石棒（安山岩）	1
130	鵤遺跡	揖保郡太子町鵤	集落	弥生・中期	分銅形土製品	1
				弥生・後期	絵画土器（竜）	1
				弥生～古墳	銅鏃	1
131	亀田遺跡	揖保郡太子町上太田	集落・祭祀	弥生・中期	石剣（有樋式）	1
					分銅形土製品	2
				古墳・前期末～中期	メノウ製勾玉	1
					石製模造品（勾玉）	2
				古墳・中期末～後期	碧玉製管玉	2
					石製模造品（有孔円板）	1
					石製模造品（臼玉）	30
					子持勾玉	1
					滑石製紡錘車	1
					ヒスイ製勾玉	1
				奈良～平安	木製模造品（船形）	1
132	沖代遺跡	揖保郡太子町沖代	集落	弥生・後期	銅鏃	1
					人面形土製品	1
133	香山遺跡	たつの市新宮町香山	集落	縄文・晩期	石冠	1
					石棒	1
					石刀	2
134	新宮宮内遺跡	たつの市新宮町新宮・宮内	集落・墳墓	弥生・前期	石棒（結晶片岩）	7
				弥生・中期	碧玉製管玉	12
					ガラス小玉	9
					分銅形土製品	21
				古墳	碧玉製管玉	1
135	清水遺跡	たつの市揖西町清水	集落	弥生末～古墳・前期	銅鏃	1
					手焙形土器	1
					L字状石杵（朱精製用）	1

136	養久山・前地遺跡	たつの市揖西町養久山	集落	弥生・中期	絵画土器（人・鹿・建物）	1
					石製臼（朱精製用）	1
137	竹万遺跡	たつの市揖西町竹万	集落・鍛冶	弥生・中期	分銅形土製品	1
				古墳・中期末～後期	石製模造品（有孔円板）	1
					石製模造品（勾玉）	1
					鋳造鉄斧	1
					土製紡錘車	1
138	綾部山 39 号墓	たつの市御津町黒崎	墳墓	弥生・末期	碧玉製管玉	4
					石杵	1
139	権現山 51 号古墳	たつの市御津町中島	古墳	古墳・前期	ガラス小玉	220
					貝製紡錘車形	1
140	新宮東山 2 号古墳	たつの市揖西町新宮	古墳	古墳・前期	メノウ製勾玉	2
					碧玉製勾玉	2
					ガラス製管玉	9
					石製模造品（臼玉）	5
					滑石製琴柱形	2
					ガラス小玉	170
141	黍田Ｆ号古墳	たつの市揖保川町黍田	古墳	古墳・中期	メノウ製勾玉	3
					ガラス製切子玉	2
					緑色凝灰岩製垂玉	12
					石製模造品（勾玉）	2
					石製模造品（臼玉）	90
					ガラス小玉	247
					鋳造鉄斧	2
142	長尾・タイ山 1 号古墳	たつの市揖西町長尾	古墳	古墳・後期	メノウ製勾玉	1
					水晶製勾玉	1
					碧玉製管玉	4
					石製模造品（管玉）	7
					石製模造品（臼玉）	3
					装飾付壺（小壺）	1
143	西宮山古墳	たつの市日山	古墳	古墳・後期	ガラス玉	156
					銀製丸玉	3
					銅製三輪玉	1
					装飾付壺（人・鹿・小壺）	3
					石見型盾形埴輪	1
144	龍子向イ山遺跡	たつの市揖西町龍子	古墳	古墳・中期	ガラス製管玉	1
					ガラス玉	42
					鍛造鉄斧	1
145	長尾谷遺跡	たつの市揖西町長尾	集落	古墳・後期	ヒスイ製勾玉	1
					石製模造品（有孔円板）	1
					石製模造品（管玉）	2
					石製模造品（勾玉）	1
					石製模造品（臼玉）	1

145	長尾谷遺跡			古墳・後期	頁岩製紡錘車	1
					土製紡錘車	2
146	小犬丸遺跡	たつの市揖西町小犬丸	駅家・祭祀	奈良～平安	木製模造品（馬形）	10
					木製模造品（斎串）	100
					鳥形木製品	1
					土製馬形（土師質）	1
147	田井遺跡	宍粟市山崎町田井	集落	弥生・中期	銅鐸形土製品	1
148	鹿沢・本多町遺跡	宍粟市山崎町鹿沢	集落	弥生・中期	碧玉製管玉	1
					ミニチュア土器	1
149	閏賀銅鐸出土地	宍粟市一宮町閏賀	埋納	弥生	銅鐸（扁平鈕式）	1
150	伊和中山１号古墳	宍粟市一宮町伊和	古墳	古墳・前期	碧玉製勾玉	2
					碧玉製管玉	3
					石製模造品（勾玉）	1
					石製模造品（臼玉）	120
151	飯見遺跡	宍粟市波賀町飯見	集落	弥生・後期～古墳・前期	土製模造品（鏡形）	2
					手捏土器	2
152	伊和遺跡	宍粟市一宮町伊和	集落	古墳・中期	石製模造品（有孔円板）	1
					石製模造品（勾玉）	2
					石製模造品（臼玉）	47
					手捏土器	2
					鉄剣	1
153	河東・南遺跡	宍粟市山崎町神谷	集落	古墳・後期	石製模造品（有孔円板）	1
154	平福遺跡	佐用郡佐用町平福	集落	縄文・後期	石棒	1
155	本位田遺跡	佐用郡佐用町本位田	集落	縄文・晩期	異形勾玉	1
				弥生～古墳	手捏・小型精製土器	13
156	長尾・沖田遺跡	佐用郡佐用町長尾	集落・墳墓	弥生・中期末	碧玉製管玉	2
					ガラス小玉	1
				古墳・前期	銅鏃	1
				奈良～平安	木製模造品（鋤形）	1
					木製模造品（斎串）	7
157	ごうろ山銅剣出土地	佐用郡（旧南光町）平松	埋納	弥生	銅剣（中細）	1
158	円応寺２号古墳	佐用郡佐用町円応寺	古墳	古墳・中期	碧玉製勾玉	40
					碧玉製管玉	
					ガラス小玉	
159	竹万宮ノ前遺跡	赤穂郡上郡町竹万	集落	弥生・後期	絵画土器（竜）	1
				古墳・後期	滑石製紡錘車	1
160	西野山３号古墳	赤穂郡上郡町西野山	古墳	古墳・前期	ヒスイ製勾玉	3
					ガラス製勾玉	2
					碧玉製管玉	94
					水晶製切子玉	6
					水晶製丸玉	2
					ガラス小玉	44
161	中山12号古墳			古墳・中期	石製模造品（勾玉）	1

161	中山 12 号古墳	赤穂郡上郡町西野山	古墳	古墳・中期	石製模造品（臼玉）	31
					ガラス小玉	739
					土製紡錘車	1
162	山野里大坪遺跡	赤穂郡上郡町山野里	官衙・祭祀・井戸	奈良～平安	木製模造品（人形）	5
					木製模造品（馬形）	3
					木製模造品（斎串）	3
163	壺根古墳群	相生市壺根	古墳	古墳・中期末	石製模造品（勾玉）	1
					石製模造品（棗玉）	27
					石製模造品（臼玉）	41
					碧玉製管玉	1
164	丸山窯跡群	相生市那波野	窯址	古墳・後期	土製模造品（鍬先形）	2
165	東有年・沖田遺跡	赤穂市東有年	集落・古墳	縄文・後期	石棒	2
				弥生・中期	分銅形土製品	1
				弥生・後期	土製紡錘車	2
					土製丸玉	1
					ガラス小玉	1
				古墳・後期	須恵器装飾付壺	1
					土製馬形（土師質）	1
166	有年原・田中遺跡（原小学校を含む）	赤穂市有年原	集落・井戸	弥生・中期	分銅形土製品	12
					銅鐸形土製品	2
				奈良	土製馬形（須恵質）	1
				鎌倉	呪符木簡（急々）	1
167	堂山遺跡	赤穂市塩屋	集落・製塩	弥生・後期～古墳・前期	銅鏃	1
					碧玉製管玉	1
					手焙形土器	4
				平安末	木製模造品（人形）	1
					木製模造品（刀子）	1
					木製模造品（斎串）	1
168	有年牟礼・井田遺跡	赤穂市有年牟礼	集落	弥生～古墳	小型銅鏡	1
				古墳・後期	石製模造品（勾玉）	1
					滑石製紡錘車	1
169	内場山城跡	篠山市下板井	集落・墳墓	弥生・後期	ガラス製管玉	8
					ガラス小玉	132
				平安	木製模造品（馬形）	1
170	西木之部遺跡	篠山市西木之部	集落	弥生～古墳	手焙形土器	3
				古墳・中期～後期	碧玉製勾玉	1
					石製模造品（勾玉）	1
					緑色凝灰岩製管玉	1
					凝灰岩製紡錘車	2
					土製勾玉	1
					土製馬形（須恵質）	1
				奈良～平安	木製模造品（人形）	2
					木製模造品（剣形）	1

170	西木之部遺跡			奈良～平安	木製模造品（斎串）	4
					小型素文鏡	2
171	大師山6号古墳	篠山市上板井	古墳	古墳・中期	石製模造品（勾玉）	116
					石製模造品（管玉）	2
					石製模造品（臼玉）	54
					ガラス玉	1
					鉄釧	2
					鉄鋌	10
172	葭池北遺跡	篠山市郡家	集落	古墳・前期	木製琴	1
					手捏土器	2
173	小西ノ坪遺跡	篠山市西浜谷	官衙	奈良	木製模造品（馬形）	1
					木製模造品（斎串）	3
174	板井・寺ヶ谷遺跡	篠山市上板井	集落・井戸	平安	木製模造品（人形）	9
					木製模造品（陽物）	3
				鎌倉	呪符木簡（急々）	3
175	初田館遺跡	篠山市初田	居館・井戸	平安	木製模造品（人形）	9
					木製模造品（斎串）	1
				鎌倉	呪符木簡（急々）	4
				室町	転読札	1
					木製模造品（斎串）	2
176	梶遺跡	丹波市山南町梶	集落	縄文	石棒	1
177	七日市遺跡	丹波市春日町七日市	集落・墳墓・官衙	弥生・前期	石棒（結晶片岩）	2
				弥生・中期～後期	石剣（有樋式）	2
					碧玉製管玉	86
					ヒスイ製勾玉	5
					ガラス小玉	4
					土製模造品（陽物）	1
					土製模造品（剣）	1
					土製模造品（勾玉）	1
				古墳・中期	石製模造品（臼玉）	3
					石製模造品（有孔円板）	1
				奈良～平安	木製模造品（人形）	34
					木製模造品（船形）	2
					木製模造品（陽物）	2
178	野村遺跡	丹波市春日町棚原	集落	弥生・中期	石剣（有樋式）	1
179	国領遺跡	丹波市春日町国領	集落	弥生・後期	ガラス小玉	74
					手焙形土器	1
180	野々間銅鐸出土地	丹波市春日町野上野	埋納	弥生	銅鐸（外縁2式、扁平鈕）	2
181	丸山古墳群	丹波市山南町野坂	古墳	古墳・前期～中期	車輪石	1
					ガラス小玉	88
182	山垣遺跡	丹波市春日町棚原	官衙	奈良	木製模造品（人形）	1
					木製模造品（馬形）	1
					木製模造品（鳥形）	1

184	山垣遺跡			奈良	木製模造品（斎串）	3
					琴	1
183	市辺遺跡	丹波市氷上町 市辺	官衙	奈良～平安	木製模造品（人形）	28
					木製模造品（馬形）	22
					木製模造品（船形）	2
					木製模造品（鋤形）	1
					木製模造品（斎串）	71
					銭貨（和同開珎）	12
184	井原・法ゲン経遺跡	丹波市山南町奥	集落	奈良末	木製模造品（人形）	2
185	辻遺跡	豊岡市辻字前田	集落	縄文・後期	石棒・石柱	7
					独鈷状石製品	1
186	見蔵岡遺跡	豊岡市竹野町 竹野	集落	縄文・後期	石棒・石柱	8
				鎌倉	呪符木簡（急々）	2
187	駄坂・川原遺跡	豊岡市駄坂	集落	弥生・前期	土笛（陶塤）	1
					石鋸	1
188	駄坂・舟隠 遺跡群	豊岡市駄坂	墳墓	弥生・中期	碧玉製（軟質）管玉	125
			古墳	古墳・前期 ～中期	ガラス小玉	2
					ガラス製勾玉	1
					ガラス製管玉	25
					水晶製算盤玉	1
189	気比銅鐸出土地	豊岡市気比	埋納	弥生	銅鐸（外縁鈕 2）	4
190	久田谷遺跡	豊岡市日高町 久田谷	集落	縄文	独鈷状石製品	1
					石棒	1
				弥生・後期	銅鐸（突線鈕 5）	1
191	女代神社遺跡	豊岡市 九日市上町	集落	弥生	碧玉未成品、石鋸	9
				弥生～古墳	銅鐸（突線鈕 2）鰭片	1
					小型素文鏡	1
192	香住ヱノ田遺跡（一部香住井走遺跡を含む）	豊岡市香住 字ヱノ田	集落・祭祀	弥生・後期	碧玉未製品	8
				奈良～平安	木製模造品（人形）	80
					木製模造品（馬形）	
					木製模造品（刀形）	
					木製模造品（斎串）	
193	東山墳墓群	豊岡市上鉢山	墳墓	弥生・後期	ガラス製管玉	18
					ガラス玉	6
					ガラス小玉	146
					銅鏃	2
194	鳥居遺跡	豊岡市出石町鳥居	集落	弥生・後期	破鏡	2
195	袴狭遺跡	豊岡市出石町 袴狭	集落・官衙	弥生・後期～ 古墳・前期	線刻絵画木製品（船団）	1
					琴板（魚の絵画）	1
				奈良～平安	木製模造品（人形）	1038
					木製模造品（馬形）	1479
					木製模造品（武器形）	57
					木製模造品（船形）	60

195	袴狭遺跡			奈良～平安	木製模造品（鳥形）	10
					木製模造品（農具形）	3
					木製模造品（斎串）	2939
					木製琴	1
					木製ささら	5
					土製馬形（土師質）	2
					銅製鈴	1
					八稜鏡	1
					琵琶	1
					土製馬形（須恵質）	1
196	森尾古墳	豊岡市森尾 字市尾	古墳	古墳・前期	ヒスイ製勾玉	1
					ガラス製勾玉	2
					緑色凝灰岩製管玉	25
					ガラス小玉	52
					棒状石杵（朱精製用）	1
					碧玉製管玉	2
197	入佐山3号古墳	豊岡市出石町 下谷・魚屋	古墳	古墳・前期	ガラス製管玉	1
					ガラス小玉	500
198	カチヤ古墳	豊岡市三宅 字カチヤ	古墳	古墳・前期 末～中期	碧玉製勾玉	11
					碧玉製管玉	21
					石製模造品（臼玉）	247
					ガラス小玉	5
199	長谷ホウジ1号古墳	豊岡市長谷	古墳	古墳・中期	鉄製模造品（鋤先）	2
200	大師山古墳群	豊岡市引野	古墳	古墳・後期	滑石製紡錘車	1
					メノウ製・滑石製他勾玉	144
					碧玉製他管玉	
					カラス玉	
201	入佐川遺跡	豊岡市出石町 宮内	集落・官衙	古墳・前期 ～中期	石釧片	1
					碧玉製管玉	1
					手焙形土器	1
					柄頭（直弧文）	1
					木製模造品（盾形）	1
					木製模造品（斎串）	1
				奈良～平安	木製模造品（人形）	9
					木製模造品（馬形）	8
					木製模造品（武器形）	7
					木製模造品（船形）	3
					木製模造品（鳥形）	1
					木製模造品（琴柱）	1
					木製模造品（斎串）	17
					木製絵馬	1
202	五反田遺跡	豊岡市祥雲寺	集落・祭祀	古墳・中期	琴柱形石製品	1
					石製模造品（有孔円板）	1

202	五反田遺跡			古墳・中期	木製模造品（刀形）	3
202	五反田遺跡			古墳・中期	木製模造品（剣形）	1
202	五反田遺跡			古墳・中期	木製模造品（鳥形）	2
202	五反田遺跡			古墳・中期	木製模造品（船形）	3
202	五反田遺跡			古墳・中期	石製模造品（勾玉）	1
202	五反田遺跡			奈良～平安	木製模造品（人形）	4
202	五反田遺跡			奈良～平安	木製模造品（馬形）	6
202	五反田遺跡			奈良～平安	木製模造品（刀形）	3
202	五反田遺跡			奈良～平安	木製模造品（斎串）	12
202	五反田遺跡			奈良～平安	木製模造品（鳥形）	1
203	市場神無５号窯跡	豊岡市市場	窯址	飛鳥	土製馬形（須恵質）	1
204	砂入遺跡	豊岡市出石町袴狭・田多地	官衙・祭祀	奈良～平安	木製模造品（人形）	750
204	砂入遺跡	豊岡市出石町袴狭・田多地	官衙・祭祀	奈良～平安	木製模造品（馬形）	623
204	砂入遺跡	豊岡市出石町袴狭・田多地	官衙・祭祀	奈良～平安	木製模造品（斎串）	2558
204	砂入遺跡	豊岡市出石町袴狭・田多地	官衙・祭祀	奈良～平安	木製模造品（その他）	50
205	田多地小谷遺跡	豊岡市出石町田多地	集落	奈良～平安	木製模造品（人形）	20
205	田多地小谷遺跡	豊岡市出石町田多地	集落	奈良～平安	木製模造品（馬形）	40
205	田多地小谷遺跡	豊岡市出石町田多地	集落	奈良～平安	木製模造品（刀形）	1
205	田多地小谷遺跡	豊岡市出石町田多地	集落	奈良～平安	木製模造品（斎串）	368
206	香住・荒原遺跡	豊岡市香住	集落・祭祀	奈良～平安	木製模造品（人形）	80
206	香住・荒原遺跡	豊岡市香住	集落・祭祀	奈良～平安	木製模造品（馬形）	80
206	香住・荒原遺跡	豊岡市香住	集落・祭祀	奈良～平安	木製模造品（斎串）	80
207	福成寺遺跡	豊岡市福成寺	官衙・祭祀	平安・前期	木製模造品（刀子形）	1
207	福成寺遺跡	豊岡市福成寺	官衙・祭祀	平安・前期	木製模造品（鳥形）	1
207	福成寺遺跡	豊岡市福成寺	官衙・祭祀	平安・前期	木製模造品（琴柱）	1
207	福成寺遺跡	豊岡市福成寺	官衙・祭祀	平安・前期	木製模造品（斎串）	8
208	但馬国分僧寺	豊岡市日高町国分寺	寺院・祭祀	平安	木製模造品（人形）	6
208	但馬国分僧寺	豊岡市日高町国分寺	寺院・祭祀	平安	木製模造品（馬形）	1
208	但馬国分僧寺	豊岡市日高町国分寺	寺院・祭祀	平安	木製模造品（船形）	2
208	但馬国分僧寺	豊岡市日高町国分寺	寺院・祭祀	平安	木製模造品（斎串）	4
209	祢布ヶ森遺跡	豊岡市日高町祢布	官衙・祭祀	平安	木製模造品（人形）	33
209	祢布ヶ森遺跡	豊岡市日高町祢布	官衙・祭祀	平安	木製模造品（馬形）	12
209	祢布ヶ森遺跡	豊岡市日高町祢布	官衙・祭祀	平安	木製模造品（船形）	1
209	祢布ヶ森遺跡	豊岡市日高町祢布	官衙・祭祀	平安	木製模造品（武器形）	3
209	祢布ヶ森遺跡	豊岡市日高町祢布	官衙・祭祀	平安	木製模造品（斎串）	27
209	祢布ヶ森遺跡	豊岡市日高町祢布	官衙・祭祀	平安	呪符木簡（急々）	1
210	深田遺跡（カナゲ田遺跡を含む）	豊岡市日高町水上	官衙・祭祀	平安・前期	木製模造品（人形）	81
210	深田遺跡（カナゲ田遺跡を含む）	豊岡市日高町水上	官衙・祭祀	平安・前期	木製模造品（馬形）	37
210	深田遺跡（カナゲ田遺跡を含む）	豊岡市日高町水上	官衙・祭祀	平安・前期	木製模造品（武器形）	13
210	深田遺跡（カナゲ田遺跡を含む）	豊岡市日高町水上	官衙・祭祀	平安・前期	木製模造品（斎串）	732
210	深田遺跡（カナゲ田遺跡を含む）	豊岡市日高町水上	官衙・祭祀	平安・前期	絵馬	1
210	深田遺跡（カナゲ田遺跡を含む）	豊岡市日高町水上	官衙・祭祀	平安・前期	木製模造品（その他）	5
211	川岸遺跡			平安・前期	木製模造品（人形）	45

211	川岸遺跡	豊岡市日高町松岡	官衙・祭祀	平安・前期	木製模造品（馬形）	6
					木製模造品（斎串）	80
212	月岡下遺跡（旧城崎郡）	香美町香住字伊原	集落・古墳	縄文・前期	石棒	1
				古墳・後期	丁字形利器	1
213	大平遺跡	美方郡香美町福岡	集落	弥生・後期	鋳造鉄斧	2
214	大寺山１号古墳	美方郡香美町黒田	古墳	古墳・中期	ヒスイ製勾玉	2
					緑色凝灰岩製管玉	14
					石製模造品（臼玉）	9
215	タツケ平遺跡	美方郡香美町福岡	集落	古墳・中期	石製模造品（有孔円板）	2
216	東家の上遺跡・小山３号古墳	養父市八鹿町小山	集落・古墳	弥生・中期	碧玉製管玉	5
				古墳・前期	ガラス小玉	2
217	田和古墳	養父市大屋町	古墳	古墳・前期	琴柱形石製品	2
					碧玉製管玉	4
218	びくに古墳	養父市八鹿町宿南	古墳	古墳・後期	碧玉製管玉	12
					緑色凝灰岩製管玉	2
					石製模造品（臼玉）	220
					土製玉	111
219	大田和遺跡	養父市八鹿町国木	集落	古墳・中期	勾玉	1
					管玉	1
					石製模造品（臼玉）	17
220	米里遺跡	養父市八鹿町米里	集落	奈良～平安	土製馬形（土師質）	2
221	仲田遺跡	朝来市山東町楽音寺	集落	弥生・中期	分銅形土製品	1
222	粟賀遺跡	朝来市山東町粟賀	集落・墳墓	弥生・中期末～後期	ガラス小玉	12
					碧玉製管玉	2
					碧玉未成品	7
				弥生・後期	銅鏃	1
				古墳・中期	碧玉製管玉	2
					石製模造品（勾玉）	1
223	梅田東木棺墓群	朝来市和田山町久留引	墳墓	弥生・後期	ガラス小玉	1172
					ガラス管玉	37
					碧玉製管玉	55
224	城の山古墳	朝来市和田山町東谷	古墳	古墳・前期	琴柱形石製品	1
					石釧	4
					石製合子	1
					ヒスイ製勾玉	5
					琥珀製勾玉	3
					ガラス製勾玉	38
					碧玉製管玉	91
225	池田古墳	朝来市和田山町平野	古墳	古墳・中期	水鳥形埴輪	25
					樋形・槽形土製品	3
					土製模造品（棒状）	3
					土製模造品（餅状）	1
226	梅田１号古墳			古墳・中期	琴柱形石製品	4

226	梅田1号古墳	朝来市和田山町久留引	古墳	古墳・中期	碧玉製勾玉	3
					碧玉製管玉	8
					石製模造品（勾玉）	88
					石製模造品（臼玉）	264
					緑色凝灰岩製管玉	20
227	茶すり山古墳	朝来市和田山町	古墳	古墳・中期	碧玉製勾玉	3
					碧玉製管玉	25
					緑色凝灰岩製管玉	22
					ガラス小玉	1905
					鉄製模造品（刀子）	7
					鉄製模造品（鉇）	5
					鉄製模造品（鋤先）	3
					鉄製模造品（斧）	10
					鉄製模造品（鎌）	10
228	馬場17号古墳	朝来市山東町柿坪	古墳	古墳・中期	緑色凝灰岩製勾玉	2
					メノウ製勾玉	4
					緑色凝灰岩製管玉	20
					石製模造品（棗玉）	1
					石製模造品（臼玉）	943
					子持勾玉	1
229	片引遺跡	朝来市和田山町筒江	集落	古墳・前期	木製船形	1
					木製剣形	1
230	柿坪遺跡	朝来市山東町柿坪	集落・居館	古墳・中期～後期	石製模造品（勾玉）	1
					石製模造品（臼玉）	1
231	加都遺跡	朝来市和田山町加都	集落	古墳・中期～後期	石製模造品（勾玉）	1
					石製模造品（剣形）	3
					石製模造品（臼玉）	2
					滑石製紡錘車	1
					土製紡錘車	1
					土製鳥形	1
				奈良～平安	木製模造品（人形）	2
					木製模造品（刀形）	4
					木製模造品（船形）	1
					木製模造品（斎串）	5
				鎌倉時代	北宋銭	14
232	宮ノ本遺跡	朝来市和田山町東谷	集落	古墳・後期	石製模造品（有孔円板）	1
233	柴遺跡	朝来市山東町柴	官衙・駅家	奈良～平安	木製模造品（人形）	9
					木製模造品（馬形）	14
					木製模造品（斎串）	12
					呪符木簡（急々）	3
234	釣坂遺跡群	朝来市朝来町立脇	官衙	奈良～平安	木製模造品（人形）	5
					木製模造品（馬形）	3
					木製模造品（斎串）	10

235	佃遺跡	淡路市浦	集落	縄文・後期～晩期	石棒・石剣・石刀	4
					土偶	7
				古墳	石製模造品（臼玉）	1
				奈良	土製馬形	1
236	富島遺跡	淡路市富島	集落	縄文・後期	土製面	1
				奈良	土製馬形（土師質）	1
237	舟木遺跡	淡路市舟木	集落・鍛冶	弥生・後期	銅鏡片	1
238	今出川遺跡	淡路市久留麻	集落	古墳・前期	石製模造品（有孔円板）	2
					手捏土器	25
239	伊佐奈岐神社遺跡	淡路市多賀	禁足地	古墳・中期	石製模造品（斧形）	1
					石製模造品（剣形）	1
					石製模造品（刀子）	1
					メノウ製勾玉	1
					水晶製勾玉	1
					碧玉製管玉	1
					水晶製切子玉	1
240	貴船神社遺跡	淡路市野島	製塩	古墳・後期	土製模造品（船形）	2
					手捏土器	3
					石製模造品（管玉）	1
241	田井Ａ遺跡	淡路市志筑	官衙・津	奈良～平安	木製模造品（人形）	27
					木製模造品（船形）	1
					木製模造品（斎串）	12
					小型素文鏡	1
					土製馬形（土師質）	2
242	中川原銅鐸出土地	洲本市中川原町二ツ石	埋納	弥生	銅鐸（菱環鈕）	1
243	二ツ石戎ノ前遺跡	洲本市中川原町二ツ石	集落	弥生・後期	ガラス玉	2
					石杵	6
244	下内膳遺跡	洲本市下内膳	集落	弥生・中期	碧玉製管玉	1
				古墳・中期	石製模造品（有孔円板）	1
245	井手田遺跡	南あわじ市阿万	集落	弥生・前期	石棒（結晶片岩）	10
				古墳・前期	石製模造品（管玉）	3
					石製模造品（臼玉）	8
					ガラス玉	1
				古墳・中期	石製模造品（管玉）	1
					石製模造品（臼玉）	3
246	松帆銅鐸出土地	南あわじ市松帆	埋納	弥生	銅鐸（菱環鈕）	1
					銅鐸（外縁鈕１）	6
247	中ノ御堂銅鐸出土地	南あわじ市松帆慶野	埋納	弥生	銅鐸（外縁鈕１）	1
248	古津路銅剣出土地	南あわじ市松帆	埋納	弥生	銅剣（細形）	1
					銅剣（中細形）	13
249	幡多遺跡	南あわじ市榎列	集落	弥生・中期	銅戈（大阪湾形）片	27
250	嫁ヶ渕遺跡	南あわじ市賀集	集落・官衙	弥生・中期	青銅器片	1
				奈良	土製馬形（土師質）	1

250	嫁ヶ渕遺跡			奈良	土製馬形（須恵質）	1
251	鈩田遺跡	南あわじ市志知	集落	弥生末〜	小型銅鏡（内行花文）	1
252	木戸原遺跡	南あわじ市市新	集落・祭祀	古墳・中期	メノウ製勾玉	3
					碧玉製管玉	4
					石製模造品（有孔円板）	34
					石製模造品（剣形）	4
					石製模造品（勾玉）	31
					石製模造品（管玉）	31
					石製模造品（臼玉）	1467
					ガラス小玉	18
					土製紡錘車	1
					小型素文鏡	1
					銅鏡片	1
					鉄鋌	5
253	雨流遺跡	南あわじ市志知	集落・祭祀	古墳・中期〜後期	メノウ製勾玉	1
					碧玉製管玉	2
					石製模造品（有孔円板）	3
					子持勾玉	1
					ガラス玉	1
					滑石製紡錘車	3
					木製模造品（鏃形）	1
254	沖ノ島古墳群	南あわじ市阿那賀伊毘	古墳	古墳・後期	棒状石製品	6
255	鎧崎古墳群	南あわじ市阿那賀鎧崎	古墳	古墳・後期	棒状石製品	2

※一覧の作成にあたり、主要なもののみの掲載としました。全容を知りたい方は兵庫県立考古博物館のホームページでご覧ください。

※古墳出土の銅鏡は櫃本誠一『兵庫県の出土古鏡』（学生社、2002 年）、青銅器は兵庫県立考古博物館展示図録の『青銅の鐸と武器』を参照ください。

※作成にあたり、兵庫県立考古博物館（鐵英記・池田征弘・上田健太郎）、神戸市教育委員会（斎木厳・中村大介）、川西市教育委員会（山田浩史）、加西市教育委員会（永井信弘）、姫路市教育委員会（大谷輝彦・森恒裕）、太子町教育委員会（田村三千夫）、朝来市教育委員会（中島雄二）の各氏に協力を得ました。

【引用・参考文献】

石野博信・森浩一他　２００３『三輪山の考古学』学生社
上田正昭・松前健・伊藤幹治編　１９８０『講座日本の古代信仰』第1～3巻　学生社
榎村寛之　２００８『古代の都と神々』歴史文化ライブラリー２４８　吉川弘文館
大場磐雄　１９６７『まつり』學生社
大場磐雄　１９７０『祭祀遺蹟』角川書店
大場・椙山編　１９７２～『神道考古学講座』全6巻　雄山閣
大平茂　２００８『祭祀考古学の研究』雄山閣
大平茂編　２００９『古代祭祀の世界』平成21年度特別展図録　兵庫県立考古博物館
大平茂　２０１２「祭祀遺跡」『古墳時代研究の現状と課題』下巻　同成社
小田富士雄編　１９８８『沖ノ島と古代祭祀』吉川弘文館
片山一道　２０００『縄文人と「弥生人」』昭和堂
金子裕之編　１９９８『日本の信仰遺跡』雄山閣
金子裕之　２０１４『古代都城と律令祭祀』柳原出版
小林達雄　２００８『縄文の思考』ちくま新書
小林行雄　１９７２『民族の起源』塙新書
坂江渉編　２００７『風土記からみる古代の播磨』神戸新聞総合出版センター
笹生衛　２０１２『日本古代の祭祀考古学』吉川弘文館
笹生衛　２０１６『神と死者の考古学』歴史文化ライブラリー４１７　吉川弘文館

佐田茂　１９９１『沖ノ島祭祀遺跡』考古学ライブラリー63　ニュー・サイエンス社
佐野大和　１９９２『咒術世界と考古学』続群書類従完成会
佐原眞編　１９９９『神と祭り』古代史の論点⑤　小学館
白石太一郎・春成秀爾他　１９８５『古代の祭祀と信仰』研究報告第7集　国立歴史民俗博物館
新谷尚紀・関沢まゆみ編　２００６『日本の神々と祭り』国立歴史民俗博物館
椙山林継編　１９９９『祭祀空間・儀礼空間』雄山閣
辰巳和弘　２００６『聖なる水の祀りと古代王権　天白磐座遺跡』遺跡を学ぶ０３３　新泉社
辰巳和弘　２０１５『古代をみる眼』新泉社
樋口隆康編　１９７４『大陸文化と青銅器』古代史発掘⑤　講談社
広瀬和雄　２０１０『カミ観念と古代国家』角川叢書　角川学芸出版
福永伸哉　２００１『邪馬台国から大和政権へ』大阪大学出版会
穂積裕昌　２０１２『古墳時代の喪葬と祭祀』雄山閣
松前健・白川静他　１９９７『古代日本人の信仰と祭祀』大和書房
三宅和朗　２００１『古代の神社と祭り』歴史文化ライブラリー１１１　吉川弘文館
弓場紀知　２００５『古代祭祀とシルクロードの終着地　沖ノ島』遺跡を学ぶ０１３　新泉社
吉川真司編　２００６『信仰と世界観』列島の古代史7　岩波書店
吉野裕子　１９７２『祭りの原理』慶友社
その他、『兵庫県史』考古資料編　１９９２、『新修神戸市史』自然・考古編　１９８９、『姫路市史』考古資料編　２０１０など県下市町史と県下市町教委発行の発掘調査報告書

あとがき

兵庫県立考古博物館を定年退職後、播磨町立郷土資料館・三木市立金物資料館とお世話になり、閑な時間が多くなると共にテレビや映画で警察物・事件物を見る機会が増えてきました。

見れば見るほど、事件物の解決法は考古学の発掘調査・研究方法によく似ているなと感じます。例えば、「科捜研の女」や「警視庁捜査一課長」・「特捜9」のように捜査で発見した種々な資料（現場状況証拠・遺留品）を分析・解明し、時には科学的機器も導入して、事件を無事解決に導くものがあります。警察・刑事物の王道です。また、一方「新参者」・「遺留捜査」のように事件関係者の心理を丁寧に掘り下げて、犯人（真実）に辿り付くものもあります。特に、刑事・加賀恭一郎（俳優、阿部寛）と刑事・糸村聡（俳優、上川隆也）の推理は考古学資料から宗教（祭祀）を考えようとする私にピッタリ嵌まったドラマ（映画）です。

小生にこうした才能があれば、もっと早く原始・古代人の精神生活（信仰・心理）を理解し、真実を解明できたことでしょう。「新参者」原作者の東野圭吾氏には、敬服するばかりです。時代劇なら、野村胡堂氏の「銭形平次」や池波正太郎氏の「鬼平犯科帳」と言ったところでしょうか。

さて、現実に戻ると私自身が過去に関わってきた発掘現場の状況証拠（発掘調査報告書）を、定年までに無事刊行できたのは一緒に担当した兵庫県教育委員会の調査員と、発掘調査現場の補助員（小谷五郎・義男さん親子・田中騰さん・西本寿子さん等）の方々、そして夜遅くまで作業していただいた整理担当員の皆さんのお蔭です。特に、王子分館の時代から、魚住分館・荒田埋文調査事務所・考古博物館の時代まで、遺物の実測そして実測図や遺構図のトレースなど、報告書を作成するための裏方作業を黙々と仕上げていただいた整理職員（栗山美奈・清水洋子・西尾智恵子・友久伸子・中筋貴美子・伴悦子・広戸紀子・古谷章子・松本睦・蜜谷美音・宮田麻子・森本貴子・八木和子・和田早芳子さん等）の頑張りには、唯々感謝の思いしかありません。また、職場最後の楽園（考古博物館）では、種定淳介君が養成に携わった考古楽者（ボランティア）の方々にも多くの支援をいただきました。

このような中、小生の「行政考古学」の人生では開発の障害になる遺跡発掘だけをしていれば良いとか。「モノ」の研究をして何になるのか。年代を決めることだけが考古学なのか。考古学は歴史学ではないのか等々。「行政考古への不安・悩み・迷い」が、次々と生じてきたのです。それでも、考古学研究の基本はやはり「モノ」の年代を決定することでした。この足場を固めてこそ、歴史の叙述も可能になってきたように思います。

なお、本書は兵庫県立考古博物館が平成二十一年秋に実施した特別展『古代祭祀の世界』の展示図録（小生の企画）を底本として書き直しました。その際、お世話になった三人の先生方（故水野正好氏・弓場紀知氏・辰巳和弘氏）と、宗像大社神宝館（学芸員の重住真貴子氏）始め関係機関の皆さんに心から感謝申し上げます。また、第六章『祭祀具から見た古代のまつり―通史』は、小生の学位論文を査読いただいた國學院大學椙山林継先生の古稀記念論集『日本基層文化論叢』に献呈した小論を、兵庫県内の遺跡・遺物を加えて縄文・弥生の自然神から倭王権の人格神、そして律令制祭祀から神仏習合までの流れを理解しやすく改定したものです。

定年、そして再任用を終えた今般、小生が「行政考古学者」として築き上げた「祭祀考古学」の集大成（総括）を県民の方々に還元することも元兵庫県職員（県立考古博物館・名誉学芸員）としての責務と考え、改めて筆を取った次第です。基本方針は、兵庫県内の遺跡・遺物を用い、ひょうご原始・古代人の宗教（神道）を通史として捉え直すことにあります。そして、兵庫県の行政考古学（旧石器時代の七日市遺跡・板井寺ヶ谷遺跡の調査、水田遺跡の調査）が一時期イニシアチブを取ったように、県下の若手考古学研究者の皆さんに日本考古学をリードできる人材に育ってほしいとの願いを込めています。

本書が成るにあたっては「はじめに」にも書いたように、兵庫県下の考古学研究者の方々、県立考古博物館の職員及び市町埋蔵文化財担当の皆さんに多くの資料の提供とご教示を受けました。また、定年後お世話になった県立歴史博物館ひょうご歴史研究室の藪田貫室長、坂江渉研究コーディネーターに厚くお礼を申し上げたいと思います。深謝。

さらに、本書の刊行が東京の「雄山閣」や「同成社」・「学生社」等の考古学商業出版社ではなく、『祖先のあしあと』と同じ兵庫県・神戸新聞社の「のじぎく文庫」であることが、その発刊の趣旨に照らし大きな意義と感じています。神戸出身の偉大な考古学者である小林行雄博士の名著『民族の起源』（塙新書、一九七二年）の文章表現、その弟子佐原眞氏の考古学を易しく話す『遺跡が語る日本人のくらし』（岩波ジュニア新書、一九九四年）に倣って頑張りましたが、その足元にも及びませんでした。どうしても、難解な専門用語が出てきます。お手を煩わせた神戸新聞総合出版センターの皆さまには深く感謝いたします。

二〇二〇年二月

著者

大平　茂（おおひら　しげる）
1951年生まれ、兵庫県の佐用町（旧三日月町）出身、小野市在住。兵庫県立佐用高等学校、國學院大學、同大学院中途で兵庫県教育委員会に奉職。県立考古博物館を定年退職後は播磨町立郷土資料館、三木市立金物資料館に勤務。現在は、兵庫県立考古博物館の名誉学芸員、西脇市文化財審議会委員。そして、兵庫県立歴史博物館ひょうご歴史研究室共同研究員として、兵庫県の考古学並びに『播磨国風土記』研究の活動を継続中。その他、國學院大學にて論文博士神道（考古）学学位取得。
著書／『祭祀考古学の研究』雄山閣（単著）、『私が見た兵庫県の考古学史・博物館史』大平茂氏の退職を祝う会（単著）、『原始・古代日本の祭祀』同成社（共著）、『風土記の考古学 2』同成社（共著）、『地中に眠る古代の播磨』神戸新聞総合出版センター（共著）など。
近年の論文／「北播磨地域の祭祀遺跡・祭祀遺物概観」『童子山』第24号 西脇市郷土資料館 2018年、「大宮大寺出土木簡「讃用郡驛里鐵十連」から見えるもの」『ひょうご考古』第16号 兵庫考古研究会 2019年など。

ひょうごの遺跡《いせき》が語《かた》る
まつりの古代史《こだいし》

2020年4月15日　初版第1刷発行

著　者――大平　茂
発行者――吉村一男
発行所――神戸新聞総合出版センター
〒650-0044　神戸市中央区東川崎町1-5-7
TEL 078-362-7140／FAX 078-361-7552
https://kobe-yomitai.jp/
編集／のじぎく文庫
装丁・組版／正垣　修
印刷／神戸新聞総合印刷

落丁・乱丁本はお取替えいたします

ISBN978-4-343-01075-9　C0021